JUSQUE-LÀ
TOUT ALLAIT BIEN
EN AMÉRIQUE

PETITE BIBLIOTHÈQUE DE L'OLIVIER

Jean-Paul Dubois

JUSQUE-LÀ TOUT ALLAIT BIEN EN AMÉRIQUE

Éditions de l'Olivier

Les textes composant le présent ouvrage
ont paru dans *Le Nouvel Observateur* de 1996 à 2001.

ISBN 2-87929-417-7

© Éditions de l'Olivier / Le Seuil, 2002.

REMERCIEMENTS

Au *Nouvel Observateur* qui a rendu possibles tous ces voyages,
au service de documentation de ce journal
pour son précieux concours,
à Patrick Filippini pour sa science et sa patience,
à Gilles Mingasson pour l'ensemble de son œuvre.

Je me souviens très bien de son visage irrégulier, de ses traits tirés, de sa voix fatiguée, de cette façon à la fois démonstrative et sereine qu'il avait de s'ennuyer sur son siège. Ce jour-là, nous survolions l'Islande, en route vers New York, lorsque ce voisin voyageur que je n'avais jamais vu me posa cette étrange question que je n'avais jamais entendue : « Avez-vous déjà songé à quoi ressemblerait le monde si l'Amérique n'existait pas ? »

En entendant cela, et sans pouvoir l'expliquer, j'eus la sensation de plonger la main dans un bocal rempli d'insectes. L'homme esquissa un sourire dubitatif et souleva d'un air narquois la pointe de son menton. Puis, satisfait de son sort, délivré de quelque chose, il resta silencieux pour la suite du voyage, me laissant perplexe face au bourdonnement des interrogations que suscitait sa proposition. Y avait-il jamais eu, dans l'Histoire, un pays qui ait à ce point pesé sur chaque parcelle de cette terre ? Une nation dotée d'une telle densité économique, qui ait influencé toute la vie de la planète, y imprimant sa marque, imposant sa musique, sa nourriture, ses distractions, son mode de vie, ses vices, ses valeurs, ses visions, ses armées, et ne laissant d'autre choix aux habitants de ce monde que cette vague impression de végéter dans l'ombre terne et alanguie des colonies ?

Pourtant, cette masse dominante que l'ont avait crue longtemps pourvue d'une structure inoxydable semblait, à chaque voyage, un peu plus louche, un peu plus tordue, paradoxale, traversée de courants contraires et équivoques, peuplée de personnages aux étranges destins, tantôt terrifiants, tantôt pitoyables.

Les histoires qui vont suivre (1996-2001) sont la suite chronologique de *L'Amérique m'inquiète* (1990-1996), le compte-rendu têtu de rencontres et d'événements singuliers, révélateurs de l'âme d'une nation qui s'est plue à salarier des bourreaux affables, à élire des flics pervers, à fermer des hôpitaux psychiatriques pour emprisonner les fous, à vendre des quartiers de Lune, à acheter les silence des Indiens, à chasser les Mexicains et à ouvrir des restaurants pour chiens.

Au fil du temps, on avait l'impression que l'Amérique était devenue un pays sans fin, sans limites, un territoire à la morale réversible, aux contours extensibles, une abstraction médiatisée s'étirant du levant au couchant. Mais à fréquenter ses cercles, on percevait confusément que, derrière l'apparente puissance de ses parades, l'Amérique semblait se fatiguer d'elle-même, s'épuiser de porter, de supporter son propre poids.

Pourtant, « jusque-là, tout allait bien ». Évidemment ce n'était pas tout à fait vrai, mais chacun s'efforçait de le donner à croire. Aujourd'hui, devant ce monde qui bougeait comme un gros animal, observant les frissons de cette Amérique intranquille, il nous fallait désormais considérer la troublante question d'un passager d'avion : si ces États n'étaient pas unis, qu'aurions-nous fait de notre vie ?

1

New York City

Ce qu'il faudra de choses nouvelles pour remplacer les précédentes

Il ne dort pas. Il est debout devant la fenêtre. À simplement regarder dehors, à se dire qu'à cette heure-ci bien des gens, comme lui, doivent chercher le sommeil et attendre. Il imagine tous les téléphones qui, en ce moment, dans cette ville, sonnent dans le vide, les téléphones de tous les morts qui ne sont pas rentrés chez eux, les morts que l'on continue d'appeler, jour et nuit, dans l'espoir qu'ils finissent par décrocher. Il ne dort pas. Il revoit les voitures garées dans les rues avoisinant le World Trade Center, des berlines couvertes de poussière et de gravats, presque fossilisées, sorties des greniers du temps, attendant depuis maintenant une semaine leurs propriétaires ensevelis à quelques pas de là. Sur Hudson Street, une Ford bleu nuit. Sous l'essuie-glace quelqu'un a glissé un mot : « Dieu vous bénisse. »

Il ne dort pas. Le métro fait vibrer les murs de sa chambre. Cette irruption brutale a quelque chose de rassurant. Aujourd'hui c'était la première fois qu'il voyait de si près des milliers de morts et autant de vivants s'acharnant à les déterrer. En fait, il n'avait aperçu aucun de ces corps, mais il avait pu les sentir, ce qui était presque pire. Une odeur bizarre, indéfinissable, remontait des gorges du chantier, des fosses macabres. En regardant les ruines, sans cesse arrosées mais toujours fumantes, collines délabrées d'une hauteur d'un immeuble de dix ou quinze étages, il songeait que la télévision rapetissait la souffrance du monde. Une chose était de voir les 16/9ᵉ du spectacle de l'effondrement, une autre de se ranger au pied de l'immense et informe carcasse exhalant vapeurs malsaines et poussière d'hommes, en se répétant cette phrase lourde, ici, de tout son sens : « Ce qu'il faudra de choses nouvelles pour remplacer les précédentes. »

Il ne dort pas. Il revoit les visages poudrés de ciment des sauveteurs revenant du chantier après dix ou douze heures d'efforts invisibles, de gestes discrets, des sauveteurs applaudis par les passants, marchant du pas lent des mineurs remontant du tréfonds. À bien y regarder, ces hommes-là semblaient revenir du néant, surgir d'entre les morts après s'être acharnés à chercher sans relâche quelque chose qu'ils savaient au fond d'eux-mêmes ne jamais trouver. L'un d'eux s'appelait Hoenig. Il avait les mains noires, une bonne tête et la taille d'un colosse bienveillant. Il s'était arrêté un moment, lui avait dit qu'il n'en pouvait plus. Que tout cela était trop dur. Que personne ne pouvait imaginer ce qu'il voyait entre les blocs et la ferraille. Et qu'après tout il valait mieux que nul ne sache, que, sur le sujet, tout le monde se taise. En cette fin de journée Hoenig n'était plus qu'une lourde chose grise, un homme pesant de tout son poids sur cette terre, un fantôme livide qui passait ses journées à recueillir des morts.

Il ne dort pas. Dans la rue, un taxi s'est arrêté devant chez Blarney Stone, un restaurant de rien du tout. À côté, il y a un présentoir à journaux. Tout à l'heure, là-bas, il a lu le décompte provisoire des disparus : bientôt 6 000. En cet instant, lui revient à l'esprit la phrase terrible qu'une femme a confiée à un journaliste de *Libération* au lendemain de l'attaque : « Qu'on ne vienne pas me dire que mon cousin est mort. C'est un homme en pleine forme. Je sais qu'il va s'en sortir, émerger des décombres, et tout le monde sera soulagé. »

Il ne dort pas. Il se souvient de la nuit précédente. D'un moment étrange, à la fois intense et presque silencieux, de cette heure passée avec Eddy, le portier d'un bien modeste hôtel, un hôtel avec un poste de télévision en noir et blanc dans le hall, et toutes sortes de clients qui partageaient leur chambre avec des tas d'ennuis. Pour passer le temps, le portier sautait d'un sujet à l'autre. Wall Street, le monde arabe ou les filles qui travaillaient en bas de la rue. Il lui arrivait de poser des questions inattendues comme : « Tu sais pourquoi, toi, dans les avions, les transpondeurs sont déconnectables ? » Bien sûr que non. Personne ne sait cela. Personne, même à New York, ne peut répondre à une telle question au milieu de la nuit. Mais lui s'entêtait. « Des fois je me dis que, si les transpondeurs n'étaient pas déconnectables, tout ça ne serait peut-être pas arrivé. On aurait repéré tout de suite les bizarres trajectoires des jets. » Il avait bu une gorgée et lissé ses paupières comme quelqu'un qui soudain ne voit plus clair en lui ni dans la vie. Depuis le jour de l'attaque, Eddy, le portier, était ainsi fixé sur son histoire de transpondeurs, à répéter la même chose, à suivre une idée qui ne le menait nulle part. En revanche, il ne parlait jamais de son frère, coursier, enseveli sous la montagne de fer.

Il ne dort pas. Comme souvent à pareille heure, une phrase familière d'Emmanuel Bove lui tient compagnie : « Il y avait dans l'air quelque chose qui disait qu'une époque était en train de finir, qu'une autre allait commencer, mais forcément moins belle que la précédente. » Il se dit que ces quelques mots semblent écrits pour la circonstance, puis va chercher les somnifères qu'il emporte toujours avec lui. Ensuite, bien sûr, très vite, tout va bien.

Il fait jour. Extrêmement jour. Une lumière de dimanche, aveuglante, presque écrasante. Très tôt ce matin, il traverse la rue pour boire un Sanka au Deli d'en face. Le patron est un musulman yéménite. Il est né à Ibb et s'appelle Esmael Ziad. Esmael est capable de vendre à peu près tout ce qui s'achète. Mais depuis l'attentat, sa tête n'est plus au commerce. Il dit « avoir mal au corps et à l'esprit ». Esmael Ziad caresse le fil de son téléphone, semblant ainsi flatter un invisible correspondant. « Je ne comprends plus ce qui se passe dans ce monde. On ne peut pas tuer des milliers de gens, comme ça, avec des avions qui entrent dans des villes. C'est impensable. La vie ne peut pas ressembler à ça. Mes voisins, ce sont les pompiers du 9ᵉ bataillon. Ils venaient souvent ici. Aujourd'hui je n'en vois plus aucun. Dans la caserne, ils sont presque tous morts. Tuer des pompiers, qui peut comprendre ça ? »

Tout à l'heure, avant le lever du jour, Esmael a pris son échelle et grimpé jusqu'au dernier barreau pour accrocher un grand drapeau américain à sa vitrine. Les drapeaux. Ils sont partout. C'est à devenir fou. Les magasins Kmart en ont vendu 314 000 en deux jours. Wall Mart, la chaîne concurrente, 250 000. Ce matin, Kmart, reconnaissant envers la patrie, a acheté la dernière page de l'édition dominicale du *New York Times* pour y imprimer une bannière étoilée, avec cette recommandation : « À découper et à placer sur votre fenêtre. »

Cette affliction d'État le met mal à l'aise. Déjà, sur la route qui l'avait conduit du Canada à New York, il n'avait cessé de croiser ces drapeaux obsessionnels et immenses, accrochés aux flancs des camions, tendus aux parapets des ponts, flottant aux rétroviseurs des voitures ou brandis par des patriotes têtus sur le bord des routes. À Pottersville, un village où il avait fait le plein d'essence, les gens marchaient dans la rue drapés dans des bannières. À New York, dans leur quartier, les Chinois s'étaient fait un devoir de déployer l'emblème national. Et aussi les Juifs. Et les Italiens. Et les Russes. Et les Irlandais. Et les Sikhs. Et même M. Ziad, natif d'Ibb, marchand de soda, de soupe, de Sanka.

Maintenant, il est assis à l'arrière de la Chevrolet d'Enos Cunningham. Enos est un chauffeur de taxi sans oriflamme, un solide Noir du Bronx, qui, à huit heures du matin, soleil dans les yeux, mange d'une main du poulet frit, trafique de l'autre son émetteur radio, et s'en remet à l'expertise de son genou pour survivre jusqu'au soir et diriger la voiture. Il se sent parfaitement à l'aise en compagnie de cet homme qui traite la vie avec autant de désinvolture. Et qui en plus raconte des miracles. « Le matin de l'explosion, mon amie était dans le World Trade. Elle est sortie juste au moment où la tour s'est effondrée. Elle a couru, mais le souffle était si fort qu'il l'a projetée à genoux. C'est dans cette position que l'ont retrouvée les sauveteurs. Pareille à une statue couverte de cendres. Vous imaginez ? Elle a eu une sacrée chance. Ce n'était vraiment pas son jour. »

Au feu rouge, à côté du taxi, se range une voiture. Sur ses flancs, on peut lire le nom de la compagnie *Petride*, une société de taxis pour chiens. Sur le siège arrière, un lévrier afghan jette autour de lui un regard condescendant. Tant d'insolence, si proche du charnier, lui fait revenir à l'esprit une phrase de Jerome Charyn rapportée dans un entretien au lendemain de l'attaque des commandos suicide : « New York est un monstre étrange plein de monstres très humains. »

Parfois, tout de même, il se demande quelle est la véritable part d'humanité qui prévaut dans ce pays. Si l'on ne mélange pas tout, la couleur de l'argent et la douleur des gens. Il dit cela parce que depuis hier, à deux pas des morts encore fumants, tout le monde s'arrache le T-shirt « *I survived the attack* ». Comme, à Miami, au lendemain de l'ouragan, s'était vendu « *I survived Andrew* » et, plus tard, à Los Angeles, « *I survived the earthquake 7.5* ». On dirait parfois que, plutôt que de se contenter de vivre, l'Amérique, avide, se délecte de survivre. À l'angle de la 26ᵉ Rue et de Lexington, en revanche, s'allonge la liste de ceux qui n'auront pas cette chance. C'est ici que l'on a ouvert le centre des disparus, ici que l'on recense les morts en suspens, ici que les familles viennent déclarer leur peine et leur perte, répondre à toutes sortes de questions intimes, présenter des photos, confier des brosses à cheveux porteuses d'ADN, décrire des cicatrices, parler du passé, et à la fin, toujours, pleurer.

Au fil des jours, des milliers de photos de disparus ont recouvert les murs des immeubles. Il marche donc parmi les morts, lisant ces pierres tombales provisoires, des stèles de papier. Sur les trottoirs, les gens défilent en silence. Puis s'arrêtent pour se faire photographier devant ces murs funèbres, mêlant ainsi leurs visages à ceux des absents. Qu'attendent-ils de ces étranges photos ? Pouvoir dire plus tard : là, c'est moi, vivant, entre Luke Rambour, « 2 mètres et 120 kilos », et Michelle-Renée Baratton dite « Shell, Shelly, Mishy, ou Yaya, portant un collier Tiffany, des chaussures Kenneth Cole, de nombreux bijoux et ayant un téléphone Motorola Startac dans son sac » ? Dans ce cimetière de rue, tout finit par se mélanger, parents et passants, absents et présents, manants et possédants.

À ce point de l'histoire, il tient à raconter comment, dans ce drame collectif, le destin s'est incroyablement attaché à frapper puis à tourmenter toute une famille. Le jour de l'attaque, découvrant les images à la télévision, John Clifford s'enquit de la situation de son frère Ronnie qui travaillait dans l'une des tours. Très vite, il apprit que celui-ci avait pu s'échapper avant l'effondrement. À l'instant du soulagement, il reçut un autre appel qui lui annonça que sa sœur Ruth et sa petite-fille Juliana étaient passagères de l'avion qui venait de s'écraser au cœur même des étages que Ronnie avait fuis. Une heure plus tard, John Clifford fut à nouveau appelé au téléphone. Cette fois, on lui rapporta cet épilogue qui aujourd'hui encore le met mal à l'aise. Le 11 septembre, sa sœur Ruth et sa meilleure amie, Paige Hackel, avaient prévu de se rendre, ensemble, en avion, de Boston à Los Angeles. Mais, n'ayant pu obtenir des places sur la même compagnie, Ruth décida d'emprunter le vol United 175 et Paige celui d'American. À quelques minutes d'écart, elles s'envolèrent donc séparément vers la Californie. Jusqu'à ce que le hasard infléchisse leurs routes vers Manhattan où chacune percuta une tour à bien peu d'intervalle.

Ce soir, au bout de Greenwich Street, revenu à deux pas du charnier, il parle un moment de ces passagères avec l'agent 2564 qui se nomme Scandale. Et Scandale lui raconte d'autres petites choses, comme l'histoire des types qui se faufilent, la nuit, dans la zone interdite pour voler des poussières d'empire et des débris de tour. Soudain, au milieu de cet opéra du désastre, passe une femme vêtue d'une longue robe verte. Elle porte le masque de la statue de la Liberté et brandit une torche grotesque, croisant des sauveteurs brisés ou d'élégants résidants autorisés à collecter quelques effets à leur domicile. En lisière de cet exode de luxe, encadré par l'armée, entre camions et grues, chevalet déployé, un peintre illuminé, surgi d'un autre monde, pinceaux en mains, livre sa vision picturale du chaos. Scandale se passe la main sur le visage. Comme quelqu'un qui refuse d'en voir davantage.

La journée est finie. Il prend congé de l'agent et regagne sa chambre, traversant, à pied, des squares en prière, des rues en jachère et croisant çà et là quelques autres « monstres très humains ». À la télévision ils ont dit que la Bourse s'était effondrée mais que les affaires allaient reprendre. « *Business as usual*», répètent-ils. Avec, bien sûr, la guerre en corollaire. 88 % des Américains l'attendent avec confiance. Il songe, alors, que la confiance est une chose terrible, un sentiment aveuglant et ravageur. Il en veut pour preuve tous les témoignages rapportant les propos d'un officiel du World Trade qui, du 44e étage, s'adressa par mégaphone à ceux qui fuyaient les flammes de la tour numéro un : «Notre immeuble est sûr. Regagnez vos bureaux. Si vos locaux sont endommagés ou trop ventés venez donc boire un verre et patienter à la cafétéria. Faites-moi confiance.»

Par la fenêtre, il jette un œil vers la caserne des pompiers dont le trottoir est recouvert de bougies ardentes. Puis il avale ses cachets. Avant qu'ils produisent leur effet, il songe à ceux qui, bientôt, nous parleront avec des mégaphones, il repense à Clifford, à Ziad, à Eddy, à Scandale, au genou de Cunningham, mais aussi aux écueils qui nous attendent, à tout ce qui est encore à venir.

New York, 15 septembre 2001

En compagnie des morts

Depuis le 11 septembre, nul n'a revu Brandon Buchanan, vingt-quatre ans, employé au 104e étage du World Trade Center, et son nom, dans l'ordre de l'alphabet, figure sur la liste des 6 000 disparus. Pourtant, le téléphone cellulaire qu'il utilisait au moment de l'effondrement de la tour nord continue d'enregistrer les appels qui lui sont régulièrement adressés. Par Cameron Buchanan, notamment, son frère cadet âgé de treize ans, qui, chaque jour, compose son numéro. Après six sonneries la messagerie s'enclenche. Alors Cameron dit : « Brandon, tu es pour moi un héros. Je veux grandir vite pour, un jour, te ressembler. » Et puis il raccroche.

Cette fois, nous sommes peut-être allés trop loin. Sans même le savoir, ni vraiment le vouloir. En nous laissant emporter par notre façon de vivre, nos habitudes et le souffle des circonstances. En laissant ainsi des messages à des morts. En écoutant les leurs. En espérant quelque chose de cet échange. La réapparition des disparus et, aussi, d'autres improbables miracles, qui jamais n'arrivent dans cet entre-deux-mondes moderne créé par la technologie. Trop de mots, trop de morts, mais jamais le moindre corps.

Pour la première fois dans l'histoire des catastrophes humaines, des centaines de victimes ont parlé à des parents ou des amis jusqu'au dernier moment de leur vie. Et lorsque ceux-ci n'étaient pas joignables, ils se sont confiés à leurs répondeurs, abandonnant sur ces plages, au terme de leur existence, tout ce qui leur restait de courage, de regrets, de tension et d'affection. Aujourd'hui, dans cette ville, ces dialogues intimes, ces volontés ultimes d'agonisants sont programmés à la télévision, radiodiffusés, transcrits dans la presse, lus dans les rassemblements de prière. Après avoir rendu publiques ces paroles privées, des familles, en l'absence de dépouilles, se réunissent pour écouter les derniers mots des disparus.

Quant aux autres, ceux qui, ce matin-là, ont décroché leur téléphone et entendu les voix d'hommes et de femmes en train de disparaître lentement dans les flammes, ceux qui ont entendu ces êtres enfermés à l'intérieur des images qu'ils regardaient à la télévision, ces spectres avec lesquels ils avaient déjeuné et dormi, ceux-là devront vivre avec le souvenir sacré de chacun de leurs mots, chacune de leurs intonations, qui, longtemps, les hanteront. Quelques psychiatres se sont risqués à expliquer que tout cela n'était peut-être pas dans l'ordre des choses, que les abords de la mort étaient des terres intimes et que nous avions sans doute eu à écouter plus que nous l'aurions, au fond, souhaité. Mais leurs observations furent vite couvertes par le tumulte de cette ville renaissante, d'abord sensible aux vérités prosaïques.

La mort était entrée dans New York et New York l'avait racontée. Ses habitants l'avaient racontée. Les victimes l'avaient racontée. Tout simplement parce qu'ils possédaient des téléphones. Et des répondeurs. Et des *pagers*. Et des e-mails. Et qu'ils avaient grandi dans les sacristies du verbe et sous les absides de la communication. Et que c'était ainsi que fonctionnait le monde moderne. La vie jusqu'au bout du fil. Lorsque la ligne était coupée, il y avait les piles. Pour les messages de l'au-delà. Parce que, même aujourd'hui, lorsque Cameron Buchanan faisait le numéro de son grand frère, c'était bien la voix de Brandon, mort depuis quatorze jours, qui lui promettait de le rappeler dès que possible.

Nous voilà donc, parmi tant d'autres, dans ce cimetière virtuel, en compagnie des morts, à les entendre, les écouter, sans savoir véritablement où mène ce genre de choses. Ni tout ce que cela veut dire. Sinon que derrière chaque phrase téléphonée perce souvent la part fragile de notre humanité, les inflexions de la douleur, de la solitude et de la peur dernière.

Stuart T. Meltzer a trente-deux ans et le sentiment d'être sur la bonne voie. Il a été embauché il y a moins d'un mois et travaille au 105ᵉ étage. Il se sent littéralement au sommet. Pourtant, lorsque le premier avion percute la tour, sa confiance s'écroule aussitôt, ses espérances aussi. Après avoir rangé ses affaires, il décroche son combiné et laisse le message sobre d'un homme déjà absent sur le répondeur de sa femme : « Quelque chose de terrible vient d'arriver. J'ai le sentiment que je ne m'en sortirai pas. Je t'aime. Occupe-toi bien des enfants. »

Brian Sweeny est originaire de Barnstable. Il a trente-huit ans. Lui est passager du vol 175 qui vient d'être détourné, et très vite il comprend qu'il n'atterrira plus jamais. De son portable il laisse ces derniers mots sur l'enregistreur de sa femme : « Julie, c'est moi. Je suis dans l'avion et les choses tournent très mal. Je veux juste que tu saches combien je t'aime. Si on ne se revoit pas, je t'en prie, sois heureuse et essaye d'avoir la meilleure vie possible. Quoi qu'il arrive, dis-toi qu'on se retrouvera un jour. » Proche de Sweeny, dans le même avion, Peter Hanson, trente-deux ans, voyage avec sa femme et sa fille. Tandis que l'avion pique sur son objectif, il compose le numéro de ses parents. Lorsque ceux-ci décrochent, ils entendent seulement cette chose terrible : « On est à bord d'un jet qui va s'écraser. Ne vous faites pas de soucis, maintenant je crois que les choses vont aller très vite. » Et la ligne est coupée. Au même moment le père et la mère de Peter Hanson voient, à la télévision, l'avion de leur fils exploser sur la façade du World Trade Center.

Bloqué au 105e étage, le laveur de vitres Roko Camaj, lui, a confiance. Il appelle sa femme sur son portable : « Tout va bien. On attend du secours. Ne sois pas inquiète. Rien ne peut arriver. Ici, à cette altitude, nous sommes entre les mains de Dieu. » Suspendu dans le vide, accroché à des sangles, Camaj lave souvent les baies extérieures du sommet de la tour. En rentrant chez lui, le soir, il aime répéter à sa compagne : « Quand je suis là-haut, personne ne vient jamais m'emmerder. »

À cinq mille kilomètres du building en flammes, à Los Angeles, les employés de la compagnie Cantor Fitzgerald, qui possède des bureaux dans la tour nord, suivent la catastrophe en direct. Un employé qui était en communication avec l'agence de New York au moment où le premier avion s'est écrasé a décidé de basculer la conversation privée sur le système de sonorisation générale de la compagnie. À Los Angeles, tous les gens de Cantor Fitzgerald sont rivés à cette voix inconnue, lointaine et terrifiante : « Il y a de la fumée qui sort de partout et des gens crient, hurlent... Il faudrait que quelqu'un nous aide, qu'on essaye de nous tirer de là... il faudrait vraiment que quelqu'un fasse quelque chose pour nous sinon on ne pourra pas sortir d'ici. » Dans les haut-parleurs, on perçoit alors le bruit d'une explosion, des hurlements puis une éternité de silence.

Au 91e étage du World Trade sud, Robert DeAngelis est pétrifié devant ce qu'il voit. Il décroche son téléphone et appelle sa femme : « Je ne peux pas croire ce que je suis en train de regarder... Denise... Mon Dieu, ils se jettent par les fenêtres, les gens se jettent par les fenêtres. » À l'autre bout du fil, Denise DeAngelis allume la télévision et suit le spectacle que lui décrit son mari. Puis soudain, sur l'écran, elle aperçoit le second avion : « Robert, un autre avion arrive ! Va-t'en, je t'en supplie, quitte le building, vite, vite ! » Elle n'a pas fini sa phrase que la tour nord explose sous l'impact. La communication est coupée. Avant de raccrocher elle se souvient d'avoir dit : « Je t'aime. »

Au 92ᵉ étage, c'est Steve Cafiero qui a appelé sa mère pour lui raconter tout ce qui se passait dans l'immeuble d'en face. Soudain il se met à hurler, il vient de voir le second avion foncer droit vers lui. La communication est aussitôt coupée. Une demi-heure durant, sa mère garde le combiné pressé contre son oreille. Et se résigne à raccrocher.

Abe Zelmanovitz, cinquante-cinq ans, est assis à son bureau au 27ᵉ étage du World Trade nord. Ce programmeur informatique parle calmement au téléphone avec son frère Jack qui suit la catastrophe à la télévision : « Je suis encore là, tout va bien, ne te fais pas de soucis. » Jack : « Qu'est-ce que tu fous encore là-dedans, sors de cette horreur tout de suite. » Abe : « Je peux pas. Je reste avec Ed, mon copain tétraplégique. Il est ici. Il a peur. Je peux pas le laisser seul. Il est sur sa chaise roulante. Ça va aller. » Jack : « Sors immédiatement. Demande de l'aide à un pompier. Tirez-vous de là. » Abe : « Ne te tracasse pas. Tout va bien. On va s'en sortir. » À la télévision, Jack voit la tour qui s'effondre, et la voix de son frère disparaît de la ligne.

Il existe des centaines de confidences semblables à celles-ci, tranchées au ras de la mort, venant de la terre comme du ciel, émanant de partout où les hommes pouvaient parler, regretter et pleurer, d'aussi loin que portaient leur antennes et leurs affections. Pour toutes ces circonstances, ces jeux de miroirs dans l'espace et le temps, ces déchirements à la fois instantanés et lointains, cette omniprésence des morts et la totale absence de leurs corps, l'attentat de New York restera un phénomène unique, une sorte de longue phrase inachevée. Privés de tombes, de terre, de cimetières, les défunts sans dépouilles ont naturellement migré sur Internet pour s'aligner dans des funérariums au pentium, où, là encore, dans l'ordre d'un monde inversé, ce sont eux, les morts, qui « hébergent » les vivants. En deux jours, le mémorial de Christoffer Carstanjen, motard invétéré, informaticien révéré et passager avéré du vol United 175, a été visité par 4 965 passants, sans doute pensifs en découvrant l'épitaphe fellinienne inscrite sur le « portail » du disparu : « Il n'y a pas de fin, pas de début, seulement un amour infini de la vie. »

Avec le temps, toutes sortes d'experts réexamineront ces particules d'humanité accrochées aux fils de la toile technologique. Ils découvriront que, si nous avons tout su, tout vu, tout entendu de l'intimité des mourants, nous avons été incapables de les retenir dans les mailles des filets virtuels. Ainsi, James Gartenberg, à genoux, prisonnier des flammes au 86ᵉ étage de la tour nord, tenant un téléphone dans chaque main, répétant à sa femme, sur la première ligne, qu'il l'aimerait toujours, et adressant, simultanément, sur la seconde, cette incroyable requête à Adam Goldman, son ami d'enfance vivant à Chicago : « Oui, je te promets, je vais essayer de rester calme, Adam, mais je t'en supplie, je t'en supplie, viens vite me sortir de là. »

New York, 22 septembre 2001

En attendant l'anthrax

Ici, chaque famille a sa maison. Chaque maison, son jardin. Chaque jardin, ses arbres. Chaque arbre, ses oiseaux. Tout cela ordonné dans un cadre si doux, baigné d'un air si frais, que l'on se croirait dans un monde parfait. Manhattan est à trois heures vers le sud, presque de l'autre côté de la Terre. En bout de route, au bord d'un lac qui dort, cet endroit préservé s'appelle Speculator. Trente habitants, aucun dehors. Sauf un homme et son chien qui s'affairent sur une tondeuse à gazon en bordure d'accotement. « La 87 pour New York ? Tout droit, dans trente miles. J'espère que vous avez de bonnes raisons d'aller là-bas. Parce que cette autoroute mène tout droit vers les ennuis. »

L'homme de Speculator n'a pas vraiment tort. Pour avoir une idée des choses, il fait comme tout le monde, il regarde la télévision. Ce matin, Diane Sawyer, la présentatrice de *Good morning America* sur ABC, a commencé son émission par deux questions : « Devez-vous acheter un masque à gaz ? Faut-il faire vacciner vos enfants ? » Et ce soir, s'il veille assez tard, il pourra entendre un expert militaire confier sereinement à Larry King sur CNN : « Le problème n'est pas de se demander si nous allons subir une attaque biologique ou chimique mais bien de savoir où et quand elle va se produire et quelle en sera l'ampleur. » Et qu'après cela, la nuit vous soit douce. Parce que demain les alertes continueront avec ce titre à la une de l'édition dominicale du *New York Times* : « Des experts avouent que le pays est vulnérable au bioterrorisme. » L'Amérique s'inquiète, et New York, à défaut d'agression virale avérée, subit une épidémie de panique qu'aucun antidote ne semble pouvoir enrayer. « En fait nous sommes entrés dans un cercle vicieux, explique Jonathan Tucker, responsable du programme d'armes chimiques et biologiques au Monterey Institute de Washington. Dès qu'on évoque la possibilité de telles attaques, cela rend les gens extrêmement anxieux. Lorsqu'ils demandent davantage d'informations et qu'on les leur donne, cela les terrifie encore plus. Les médias rendent alors compte de cet affolement, et le cycle, amplifié, recommence. »

Cela tient peut-être aussi à la façon de présenter les choses. Avant d'évoquer les menaces biologiques et chimiques, Diane Sawyer demande carrément aux téléspectateurs de faire sortir les enfants de la pièce. John Stack, directeur de Fox News, lui, au contraire, rassemble tout son monde avant de déclarer : « Cette fois-ci, ce n'est plus du Tom Clancy. C'est la réalité. Notre pays doit faire face à une menace terrible et c'est notre devoir d'en évoquer les dangers dans nos bulletins. » Tous les programmes les plus populaires de NBC, CBS, avec *60 Minutes*, multiplient les sujets sur les modes de contaminations chimiques ou microbiennes. Le *New York Times*, dans un souci de clarification, dresse, sur une page, un catalogue de ces fléaux, de leurs symptômes et des maigres espoirs de survie qu'ils laissent aux contractants : « Peste (fièvre, maux de tête, difficultés respiratoires, toux sanglante), la mort survient entre deux et quatre jours. Anthrax (douleurs dans la poitrine, asphyxie), fatal en 24 ou 36 heures. Virus Ebola (fièvre, convulsions, hémorragies), le malade meurt en moins d'une semaine. Botulisme (vision altérée, difficultés d'élocution, paralysie progressive des muscles respiratoires), fatal dans les 24 heures qui suivent l'apparition des symptômes.» Dans les colonnes du *Post*, on découvre le programme tout aussi réjouissant des agonies au gaz, des horreurs chimiques ou nucléaires, ainsi que des conséquences pour la population d'une contamination des réservoirs et de tout le réseau d'eau de la ville. Après un tel inventaire, on comprend que les New-Yorkais aient l'âme sombre et fassent leur cette lumineuse réplique de l'écrivain espagnol Delibes critiqué pour son pessimisme : « Je ne suis pas pessimiste. Je pense simplement être un optimiste bien informé.»

Ce luxe de détails lugubres, de perspectives apocalyptiques engendre évidemment chez les New-Yorkais toute une série des comportements irrationnels. Sebastian Manciamelli, pharmacien à Manhattan, vend, comme tous ses confrères, depuis plusieurs jours, des milliers de cachets de Cipro, un antibiotique jusque-là fort discret, mais dont une rumeur murmure qu'il combattrait les attaques d'anthrax. Chez Manciamelli, un seul client en a acheté 900 doses et les médecins croulent sous les demandes de prescriptions. Dans les surplus militaires de l'île, les ventes ont augmenté de 700 % en quelques jours. On vient s'y approvisionner en armes, munitions, couteaux de combat, gilets pare-balles, nourriture lyophilisée, équipements de survie, bougies longue durée, radios à batteries solaires, doses de désinfectant pour l'eau.

Mark Jones est un solide Noir que l'on imagine formé dans les sections « force de vente » des commandos de marines. À Soho, c'est avec un visage glacial qu'il dirige Iceberg, un magasin regorgeant de tenues camouflées et de produits militaires. « Croyez-le ou non, mais je viens de vendre 3 000 masques à gaz en quatre jours. 85 dollars la pièce. Il n'y en a plus un seul à New York. Je fais des listes d'attente pour les commandes. C'est comme ça. Les combinaisons antichimiques, pareil. À 50 dollars c'est une affaire. Il en reste huit, après je n'en ai plus. J'ai même vendu des parachutes. 450 dollars. À cause des gens qu'on a vu sauter dans le vide depuis le sommet du World Trade. Mes clients pensent qu'avec des parachutes ils s'en seraient peut-être sortis. La dernière personne à m'en avoir acheté un est une femme. Elle vit tout en haut d'une tour. En partant elle m'a dit : " Au moins, avec ça, j'aurai une petite chance. " Allez savoir. »

Du côté de Central Park et de la Cinquième Avenue, les traiteurs et les restaurants de luxe croulent sous les demandes de « rations de survie » cuisinées par de grands chefs et l'on se téléphone pour échanger des recettes de cocktails d'antibiotiques ou des adresses de toiletteurs susceptibles de fournir des masques à gaz pour chiens.

Toutes ces petites choses insignifiantes finissent par créer une brume d'angoisse, un climat délétère, et en attendant d'hypothétiques barbares, on ne fréquente même plus les bars. Les hôtels sont inoccupés, les aéroports, déserts, les salles de spectacle, vides, les restaurants, les commerces, délaissés. Quant aux femmes célibataires elles méditent sur l'étude mémorable qu'un chercheur leur avait consacrée il y a quatre ans et qui se concluait ainsi : « Si vous avez plus de 40 ans et vivez seule à New York, vous avez deux fois plus de chances de mourir d'une attaque terroriste que de trouver un mari. » Les couples, eux, préfèrent rester chez eux et regarder la télévision dont les taux d'audience ne cessent de grimper (4 millions de spectateurs en plus). Sur les écrans, on leur raconte des histoires d'Américains qui leur ressemblent, des Américains essayant de tromper leur angoisse en achetant des centaines de milliers de bannières étoilées ou en se ruant chez les tatoueurs pour avoir la patrie et son drapeau gravés dans la peau. Ils suivent aussi les tentatives maladroites de l'administration des transports qui, pour redonner confiance aux passagers d'avions, retransmettent les images peu engageantes de l'entraînement tâtonnant des nouveaux US marshals des airs : ils trébuchent et tirent tous azimuts, d'un bras mal assuré, dans le couloir d'une carlingue pressurisée censée voler à 30 000 pieds. Malgré ou à cause de cela, les voyageurs continuent de préférer 3 jours de bus, de train et de courbatures aux 5 heures 50 que met habituellement un jet pour relier Los Angeles à New York. Deux jours après que le gouvernement eut donné ordre aux chasseurs de combat d'abattre tout avion qui semblerait détourné par des pirates, deux F16 décollaient en trombe de Los Angeles pour obliger le vol 792 d'Air Canada à se poser d'urgence à San Francisco au motif qu'un passager sournois, mais surtout iranien, avait été surpris en train de fumer dans les toilettes. Bref, ces Américains-là, à la fin des programmes, ont de plus en plus de mal à croire que demain sera un autre jour.

Dans ces conditions, il n'est guère surprenant que, selon un sondage de fin de semaine, sept New-Yorkais sur dix se disent déprimés, redoutent l'avènement d'autres fléaux, reprennent le chemin des églises et avouent se remettre à la prière « surtout le soir avant de s'endormir ». Au réveil, les plus endurants repartent en quête de réconfort en souscrivant aux dernières extravagances offertes par les compagnies de sécurité. Les uns louent des chiens renifleurs de bombes proposés par la Stapleton Company, d'autres engagent des experts réputés savoir protéger familles et biens des gaz et autres bubons, les plus méfiants réclament des gardes du corps gradés, le gratin des gardiens d'immeubles et des enquêteurs quasi gourous, habiles à fouiller aussi bien le passé d'employés suspects qu'à anticiper les menaces d'un avenir incertain. Bref, comme il n'y a pas pire prescripteur que la peur – « Elle est partout où nous regardons », titre *USA to Day* –, New York a évidemment fait des prophéties de Nostradamus son livre de chevet. Quant aux habitants les moins aguerris, ils quittent la ville.

En revanche, il est un citoyen résidant un peu plus au sud, dans la ville de garnison de Fort Bragg, en Caroline, qui, lui, n'a d'autre choix que de demeurer rivé à son destin. Il y a quelques mois, cet homme a acheté un restaurant fort prisé des militaires de l'endroit. L'affaire appartenait à un Jordanien installé à Fort Bragg depuis dix ans. Mustapha Ghassan, le nouveau propriétaire, également jordanien, espérait donc prospérer en ces lieu et place pour une aussi longue période. Mais ses rêves se sont effondrés le 11 septembre. Depuis cette date, plus un soldat ne fréquente son établissement qui s'appelle *Oussama's Place*. Mustapha a beau répéter que c'est simplement le prénom de l'ancien gérant, nul ne lui prête l'oreille. Envahi par la peur et menacé de faillite, Mustapha refuse cependant de changer d'enseigne expliquant qu'en arabe « Oussama » est un nom respectable qui veut dire « gros chat ». Alors ce soir, marchant dans les rues d'un New York intranquille et fragile, on pense à Ghassan le têtu, à sa poisse tenace, et, vraiment, on lui souhaite bonne chance.

New York, 29 septembre 2001

2

Histoires à dormir debout

J'ai décroché la lune

Cette fois j'ai vraiment décroché la lune. Ce n'est pas une clause de style. Depuis le 24 juillet, à 17 h 30, je suis officiellement propriétaire de deux parcelles de terrain sur la Lune et la planète Mars. La première a une superficie de 1 777,58 acres. Elle est située dans l'aire G4, quadrant Charlie, lot 460, latitude de 6º 10' nord, longitude 30º 34' est, à proximité du *Kepler crater*. Ma propriété martienne est un peu plus vaste : deux mille acres. Elle se trouve sur l'aire J26, lot 34, quadrant Juliet, à l'extrême nord-ouest de la planète. La transaction a été enregistrée à l'« ambassade de la Lune », 6000, Airport Road, Rio Vista, Californie, dans les bureaux de Dennis Hope, « l'agent immobilier le moins cher du cosmos ». Les sept mille mètres carrés de Lune m'ont coûté 15,99 dollars, auxquels il faut ajouter 1,16 dollar de « *Lunar tax* ». Quant à mon petit hectare sur Mars, il m'a été facturé 19,99 dollars, plus, bien sûr, l'inévitable 1,51 dollar de « *Martian tax* ».

Selon les termes des contrats, il est stipulé que je suis libre de négocier ces biens, de les léguer à mes héritiers et d'exploiter à ma guise les éventuels minerais qui seraient enfouis dans le sous-sol de mes parcelles. Cette dernière clause, je l'avoue, me remplit d'espoir.

Vous mettez mes propos en doute ? Alors laissez-moi vous donner les noms de quelques célébrités qui elles aussi ont investi dans la pierre de l'espace. Mes plus proches voisins s'appellent Ronald Reagan, Jimmy Carter, Tom Cruise, John Travolta, Christopher Reeve, David Letterman, Nicole Kidman, Clint Eastwood, Harrison Ford, sans parler d'une trentaine d'ingénieurs travaillant tous pour la Nasa. C'est ce que l'on appelle un quartier bien fréquenté.

À l'est de San Francisco, par-delà les champs d'ail, au bord de la Sacramento River, se trouve Rio Vista, une base militaire abandonnée, et 3 700 habitants qui ont appris à vivre en penchant du côté où souffle un immuable vent. C'est ici que tout a commencé, dans ce modeste bâtiment au bord d'un aérodrome désert flanqué de deux pompes à essence rouges et d'un petit chien noir qui patiemment espère les avions. Nous voici au bout du monde et aux portes du ciel.

La Lunar Embassy est la première agence immobilière de l'espace. Son patron s'appelle Dennis Hope. Sur son bureau, une plaque commémorative de cuivre rappelle qu'il a été « le plus mauvais vendeur automobile du monde » avant d'exercer un temps le métier de ventriloque. Aujourd'hui, il ne mâche pas ses mots pour dire le bonheur qu'il a de vivre sur cette terre depuis qu'il solde l'Univers. Son histoire commence pourtant dans un trou noir, un soir de réveillon de Noël, en 1980. Hope n'a plus d'espoir. Sa femme l'a quitté, il est seul, sans argent ni travail. « Je me souviens d'avoir levé la tête vers le ciel et regardé la Lune un long moment. Et là, allez savoir pourquoi, l'idée m'est venue que je pouvais vendre des parcelles de cette planète. » Mais avant de vendre il faut posséder.

Le traité de l'Espace signé en 1967 par la plupart des pays interdit aux nations de s'approprier un quelconque corps céleste. Hope en conclut que la règle vaut pour les États et non les individus. Il enrôle un juriste et établit un document inspiré d'un acte de 1862 stipulant que la Lune et huit autres

36

planètes sont désormais sa propriété privée. Il écrit une *Lunar Constitution Bill of Rights*, et c'est le plus normalement du monde qu'il fait enregistrer ses titres par un fonctionnaire du San Francisco County Office. Quelques semaines plus tard, c'est à Martinez, toujours en Californie, qu'il dépose les statuts de sa société devant le Contra Costa County Office. Elle s'appellera The Sovereign Worlds of Hope, alias Lunar Embassy. Après avoir cartographié la Lune, il la divise en 3 112 002 parcelles de 1 777,58 acres chacune. La vente peut commencer.

Il s'installe d'abord dans les halls de supermarché et obtient un succès d'estime. Mais rien de bien saisissant. Pendant seize années les affaires vont stagner. Pour survivre, il tente de vendre des automobiles d'occasion, s'essayer au métier d'acteur et à celui de ventriloque. Finalement il se retrouve à Rio Vista, où il monte un magasin d'accessoires d'aviation en bordure de l'aérodrome. Et c'est là que tout décolle.

À la suite d'une émission de télévision où l'on évoque son job à Lunar Embassy, des centaines de clients appellent pour acheter leurs 1 777,58 acres de Lune. Depuis, ce sont des dizaines de milliers de titres qui sont partis dans tous les coins du monde. Chaque fois qu'un pays découvre l'existence de ce céleste agent immobilier, une pluie de dollars s'abat sur Rio Vista. Le dernier en date fut la Suède. Seize jours après la diffusion d'un reportage sur Hope, quatre mille commandes étaient déjà arrivées sur les bureaux de Lunar Embassy. Hope vend ses territoires grâce à deux sites sur Internet et par téléphone. Sept personnes travaillent pour lui à plein temps, tenant à jour le cadastre spatial, répertoriant les sites, envoyant les titres de propriété aux clients. « Vous voyez : un tocard incapable de vendre des voitures peut faire un bon négociant lunaire. J'ai attendu si longtemps que cette chance m'arrive ! Mais je ne suis pas dupe : je sais très bien que tout cela ne tient que par un fil, que le rêve peut s'arrêter brutalement. En attendant, tous les matins, je me lève heureux. La seule question que je me pose est celle-ci : quelle partie du monde va m'acheter la Lune aujourd'hui ? » Hope n'est ni un cinglé, ni un escroc, ni un affairiste. C'est un Californien en casquette et bermuda, gentil, drôle, et sincèrement stupéfié par son coup de bluff qui lui permet soudain de vivre et de régner en short sur Internet.

« Est-ce que c'est vraiment légal, ces ventes ?

– Ça, l'ami, je n'en sais foutre rien et je n'en ai rien à foutre. De toute façon, à 15,99 dollars l'hectare, je peux bien vous promettre la lune, je ne vole personne. Et puis j'ai envoyé les statuts de ma société, ma Constitution ainsi que mes déclarations de propriété aux gouvernements russe, américain et aux Nations unies. Ils sont au courant. À ce jour ils n'ont pas réagi.

– Combien de parcelles puis-je acheter ?

– Combien avez-vous d'argent ?

– Comment trouvez-vous vos clients ?

– Principalement dans les asiles.

– C'est quoi, cette fameuse *Lunar tax* ?

– La somme exacte qui me permet de couvrir mes frais d'imprimerie. »

Hope, quarante-neuf ans, ne peut s'empêcher de dire des bons mots, de blaguer, de répondre aux questions en faisant le ventriloque. Dans son bureau, il y a trois pendules. L'une est réglée sur l'heure de Greenwich (*Zulu time*), l'autre sur celle de Los Angeles, la dernière, *Lunar time*, est arrêtée, figée. « Et vous savez pourquoi ? Mais bon Dieu, parce que personne ne sait quelle foutue heure il peut bien être en ce moment sur la Lune ! » Hope se lève, tape sur le cadran, et hop ! soudain la trotteuse se met à tourner dans le sens inverse des aiguilles d'une montre. Telle est la vie à Rio Vista. En dix mois, Lunar Embassy a généré un chiffre d'affaires de plusieurs centaines de milliers de dollars, et les récentes aventures de Pathfinder sur Mars ont encore dopé les ventes. « Ça, c'est notre meilleure publicité. Depuis que la Nasa a diffusé les photos de Mars, les gens s'arrachent les terrains. Je vous jure que c'est vrai ! Le robot Sojourner, c'est mon meilleur représentant. »

Mais le classique de la maison demeure la Lune. Récemment, d'importantes sociétés comme Dry Vac, une grosse entreprise de nettoyage, ont acheté des terrains lunaires pour les offrir à leurs bons clients et flatter leur image de marque. Un riche Israélien, lui, a passé commande de 75 000 parcelles, et il arrive souvent qu'un hurluberlu se porte acquéreur de tous les lots de Mars et de la Lune. « J'annonce froidement à l'acquéreur que ça va lui coûter 225 millions de dollars. En général, ça le calme pour un moment. » Quand il a appris que trois Yéménites, affirmant être propriétaires de Mars, avaient engagé il y a quelques jours des poursuites contre la Nasa pour violation de domicile, Hope a gentiment souri en observant qu'Adam Ismail, Moustafa Khalil et Abdoullah el-Oumari ne faisaient pas partie de ses clients. Pour ne pas trop dénaturer ses planètes, les préserver de la frénésie immobilière, Hope a décrété inconstructibles et légalement enregistré des zones qu'il a baptisées « parcs nationaux ». Et comme un type aussi farfelu ne peut pas être franchement mauvais, il a décidé de prélever vingt cents sur chaque contrat pour les verser à une œuvre caritative. À tous ses clients il remet une *Lunar Constitution Bill of Rights* rédigée par lui, et qui commence ainsi : « Laissez-vous guider par votre cœur. Pour trouver la dignité et l'honneur. Pour rechercher le bonheur, la liberté de parole, de religion, et l'art de la gestion foncière. »

Son « ambassade » prospérant, Dennis Hope rêve maintenant de monter à Rio Vista un grand hôtel de la Lune, pour y réunir des amoureux de l'astre, organiser des conférences, monter des attractions, devenir la Venise des *moonlight serenades*, la Riviera des lunes de miel. Il ignore si des investisseurs seront assez audacieux pour choisir ce vieux bout de terre venté comme base d'une telle aventure spatiale.

Lorsqu'il cesse de faire le pitre, lorsqu'il a fini de remplir le container des expéditions journalières, Hope se retourne sur le long chemin qu'il a parcouru depuis le temps où il gagnait sa vie avec sa ventriloquie. « Vous savez, j'ai parfois le sentiment d'avoir initié un truc qui me dépasse, surtout quand je reçois des lettres comme celle-là. » C'est une dame, une Allemande, qui écrit à Dennis. Il y a quelque temps, elle avait offert une parcelle de Lune à son mari hospitalisé en phase terminale d'un cancer ; celui-ci avait été transporté de joie à l'idée qu'il « possédait maintenant une vraie place au ciel ». Et puis il y était monté. En paix. Avec son âme de propriétaire. C'est pour cela, ce bout de rêve, ce bonheur ultime, que la vieille dame disait merci à Lunar Embassy.

Cette nuit-là, après avoir pris congé de Hope, de ses pompes rouges et du petit chien noir, mes parchemins sous les bras, je quittai Rio Vista et m'engageai sur l'autoroute n° 5 pour un interminable trajet en voiture. La Lune m'accompagna tout au long du voyage. Sur la route, mêlée aux fortes odeurs de la nuit, j'entendais la voix moqueuse et flûtée de Dennis Hope me rappeler mes droits de copropriété et me recommander d'inscrire mes nouvelles terres sur mon testament. Je songeai que désormais je pouvais me permettre de promettre la lune. Levant les yeux vers le ciel, j'essayai de discerner les contours de mes 1 777,58 acres au cœur de ce quadrant Charlie que j'aimais déjà, et qui là-haut m'attendait.

Rio Vista, Californie, 7 août 1997

Roby, Texas

Le monde est un endroit bizarre. Surtout du côté de Roby, Texas. Ce n'est pas encore le désert, mais déjà cela lui ressemble. Quatre rues pelées, un village tondu, des commerces fermés, des maisons délabrées, et 616 habitants qui survivent de l'élevage de quelques bêtes ou de la culture du coton quand la sécheresse ne vitrifie pas le comté. Au mois de juin dernier, Roby ressemblait à une banlieue de l'enfer. Les derniers négociants avaient quitté l'endroit en oubliant sur leurs devantures quelques affiches révélatrices d'un monde à l'abandon : « Vêtements usagés en bon état : de 10 cents à 1 dollar. » La nuit, Manuel Valdez, contremaître agricole, se réveillait avec une douleur dans l'estomac : « Je n'arrivais plus à dormir. Je me levais, j'allais sous le porche avec ma femme et, ensemble, nous regardions le ciel. Vers le sud on apercevait quelques éclairs, mais ici, rien, pas un nuage, pas une goutte de pluie. La nature était morte, les oiseaux ne chantaient plus. Alors, au fond de nous, nous sentions que tout était fini et nous retournions nous coucher. »

À cette même époque, le *Dallas Morning News* consacrait deux pleines pages au calvaire de cette commune. Le titre de l'article disait : « Ruiné, anéanti par la sécheresse, Roby craint pour sa survie. » Les bêtes crevaient une à une et les hommes ne valaient guère mieux. Quant au pasteur Patterson, sous le toit de bois de la petite First United Methodist Church, il encourageait ses fidèles : « Nous devons tous prier très fort. Un jour le Seigneur entendra notre appel. » L'été passa et l'automne avec, sans qu'une goutte d'eau tombe sur les champs.

Fin novembre, le soir de Thanksgiving, alors que les banques avaient déjà saisi tout ce qui pouvait l'être, une averse diluvienne, historique, unique, s'abattit sur Roby. Une pluie de dollars. Exactement 46,6 millions de dollars, 256,6 millions de francs ! Le montant du gros lot de la loterie du Texas. Depuis des années, trente-neuf habitants se cotisaient régulièrement pour jouer 450 combinaisons à un dollar chacune. Et cette fois, le Seigneur avait entendu leurs prières et tiré les bons numéros. Voici pourquoi, du côté de Roby, le monde était un endroit bizarre : en l'espace d'une nuit, cette principauté de la misère était devenue la cité du monde où l'on comptait le plus de millionnaires en dollars au mètre carré.

Comme si tout cela ne suffisait pas, voilà qu'en cette matinée de janvier les rues de Roby sont couvertes d'une bonne épaisseur de neige et que le thermomètre affiche − 12 °C. Deux mois après le miracle, rien n'a vraiment changé. Les jardins ressemblent toujours à des friches et les façades des maisons ont toutes ce même rictus navré, fatigué. Seuls signes extérieurs de richesse, quelques pick-up flambant neufs garés sous les porches des gagnants. Aucun d'entre eux n'a cependant quitté Roby. Tous sont restés chez eux, pleins d'usage et raison, sans rien changer à leurs habitudes. Simplement, la nuit, au lieu de guetter la pluie, ils dorment comme des millionnaires. À dire vrai, ils n'ont pas touché cette somme dans sa globalité. Au Texas, les gagnants perçoivent une annuité pendant vingt ans, en l'occurrence 54 255,81 dollars − 41 760 dollars (230 000 francs) après impôts. En revanche, les élus ont la possibilité de rétrocéder leurs rentes à des sociétés financières qui leur paient la totalité de leur gain amputée d'une substantielle commission de 25 à 30 %. Pour l'instant, aucun des trente-neuf heureux de Roby n'a traité avec ces bureaux d'usuriers. Au point qu'à Prosperities Services Partners, l'une de ces pompes à finance qui a tout tenté pour séduire et emberlificoter ces nouveaux riches, on avoue ne plus espérer grand-chose de « ces sacrés lascars ».

En deux mois, ces paysans du Texas ont vu défiler dans leurs rues toutes les sirènes du monde moderne : des représentants de John Deere ou General Motors qui cherchaient à vendre tracteurs et limousines, des compagnies financières venues d'Allemagne pour « conseiller » des placements avantageux, la presse et la télévision du monde entier, jusqu'au magazine télévisé de Dan Rather, *48 Hours*, qui est resté dix semaines dans le village. Et tous, qu'ont-ils vu ? Des types sans histoires, avec des chapeaux sur la tête et des bottes aux pieds, qui, aux portes du désert, tentaient de marcher droit dans la neige puisque telle était la dernière fantaisie du Seigneur.

Bien sûr, quelque chose séparait les trente-neuf familles sorties d'affaire de celles qui n'avaient pas joué et étaient plus que jamais condamnées à se lever la nuit pour espérer la pluie. Mais cela, les gens de Roby ne le montraient ni n'en parlaient. Surtout pas à des étrangers vêtus comme des explorateurs polaires et chaussés de mocassins italiens. Ce qu'ils acceptaient de dire devant des caméras, c'est qu'il faisait froid. Ou que les gagnants avaient entre vingt-quatre et quatre-vingt-six ans. Ou encore que 21 d'entre eux étaient membres de la famille Terry, celle-là même qui était à l'origine de la création de la ville. Ou enfin que c'était Peggy Dickson, la comptable de l'entreprise de coton, qui avait joué la formule gagnante.

Peggy, justement, ce matin, est installée comme d'habitude derrière ses livres, à calculer la différence entre les recettes et les dépenses. « Quand j'ai fait mes 450 combinaisons, je ne me doutais pas qu'avec l'une d'entre elles j'étais en train de nous offrir vingt ans de répit. » C'est ce qu'elle dit.

Un peu plus loin sur Concho Street, malgré leurs gains, Tony et Cathy Terry continuent à vendre des pelles, des pioches, des socs, des boulons et des bottes aussi dures que du bois. « Vous savez, cet argent, ce n'est pas du luxe. Nous avions tous tellement de dettes, tout allait si mal... Tony et moi, on va solder nos crédits, garder le magasin, et peut-être acheter quelques vaches. »

Circle D, c'est l'épicerie, le snack du village. Il y fait chaud et l'air porte l'odeur douceâtre des hamburgers de campagne. Avec sa femme et sa fille, Rex Beauchamp, qui semble sortir d'un roman de Steinbeck, prend son lunch dans un coin de la salle. « Normalement, c'est l'heure où quelques millionnaires viennent ici prendre leur café. Aujourd'hui il fait trop froid. Ils ont dû rester à la maison pour nourrir les vaches, à cause de la neige. Moi aussi, j'ai gagné. Et vous savez ce que je vais faire de cet argent ? Des folies, comme aller à la pêche, à la chasse, payer les études de ma fille, retaper mes vieilles voitures et continuer à travailler ici. » Dehors, des flocons poussés par le vent piquent les joues comme des abeilles. Rex nous conduit dans son garage et soulève une grosse bâche sous laquelle sommeille une vieille Ford rutilante. Puis il ajoute : « C'est vrai qu'autant d'argent pour quelques familles dans un si petit endroit, si pauvre, ça peut changer bien des choses. Mais je crois que, si l'on reste entre nous, on pourra tous s'aider, s'arranger. »

Et voilà qu'au bout de la rue on tombe sur la seule banque de Roby, une agence modeste de la First National City Bank. Son *senior vice president and branch manager* s'appelle John F.

Davis. Il est aimable, détendu et se défend mollement de courtiser les nouveaux millionnaires du comté. Pendant notre entrevue, le téléphone sonne. À l'autre bout du fil, c'est John Davis Junior qui annonce à son père qu'il vient de plier sa voiture sur une borne à cause d'une plaque de verglas. Le banquier demande juste : « Comment as-tu pu t'arranger pour faire ça ? » Puis il lève affectueusement les yeux vers le plafond et raccroche. Sur un ton badin on lui dit alors qu'à Roby tout le monde ne peut pas avoir de la chance. Et là, le plus placidement du monde, il répond : « Détrompez-vous, moi aussi j'ai gagné à la loterie. Mais je n'aime pas trop que ça s'ébruite dans les journaux. »

Muet, cloué sur le siège de cette banque grande comme un dé à coudre, l'on se dit que, oui, vraiment, parfois, les voies du Seigneur sont impénétrables. Surtout lorsqu'on sait que quelque part dans Roby deux pauvres bougres se terrent chez eux et se mordent le foie depuis deux mois. Des années durant, ils ont participé au pool des joueurs de loto. Et la veille de Thanksgiving, allez savoir pourquoi, ils ont refusé de se joindre au groupe et sont rentrés à la maison, convaincus ce soir-là d'avoir économisé quelques dollars. Oui, à Roby, le monde est un endroit bizarre.

Maintenant, il est temps de partir, de laisser ce conte étrange décanter sous la neige. Avant de quitter l'endroit, on tombe sur cette annonce dans le *Roby Star Record*. Un certain David « Kawika » Crowley, résidant à Nashville, s'est payé une demi-page du journal local. C'est en fait une longue lettre que l'auteur adresse à tous les gagnants du loto : « D'abord, félicitations à chacun de vous. Voilà, j'ai quarante-cinq ans et j'ai élevé mes trois enfants sans aide. Cela fait trente-sept ans que j'écris des chansons, et j'ai bien l'intention de devenir une vedette de *country music*. Pour enregistrer une bande de démonstration destinée aux producteurs, j'ai besoin de 10 000 dollars (55 000 francs). Aussi je me demande si l'un de vous ne pourrait pas me fournir cet argent. En cas de succès, je lui garantis des royalties à vie. Ma réputation est sans tache, mes références impeccables. Je suis aussi inventeur et j'ai mis au point un truc qui peut révolutionner le basket-ball. J'ai également écrit un livre, intitulé *DadMom*, qui explique comment un parent célibataire doit s'y prendre pour élever ses enfants. Si cela vous intéresse de m'aider dans mes projets, écrivez-moi : 3145, Stafford Drive, Nashville, TN, 37214. Et comme on dit à Hawaii : *Mahalo !* »

Telle est la vie à Roby. À la nuit tombée, avant de piquer vers l'est et Abilene sur un tapis de verglas, on s'arrête une dernière fois à Circle D pour saluer Rex et souhaiter bonne chance à tout le monde. Mais sitôt après avoir prononcé ces derniers mots, on éprouve confusément le sentiment d'avoir dit une bêtise.

Roby, Texas, 6 février 1997

Selma Chantz

Depuis qu'il avait appris son existence, il pensait souvent à elle. Jamais encore il n'avait osé lui parler mais déjà il se demandait ce qu'il ressentirait le jour où il la rencontrerait. Il n'était pas le seul à vouloir l'approcher, à désirer passer quelques heures avec elle. Le monde entier ne cessait de l'appeler, de jour comme de nuit. Lui, jusque-là, sans doute par timidité, ne s'y était pas risqué. Pourtant, le 23 janvier, un peu avant minuit, il décrocha le téléphone et, comme les autres, composa son numéro : 001 760 733 9969. Il prit alors conscience qu'elle se trouvait à l'autre bout du monde, à dix mille kilomètres de chez lui, à neuf heures de décalage, seule, isolée en plein désert Mojave, à la frontière de la Californie et du Nevada. Il laissa aller une sonnerie, puis deux, puis trois. Et le miracle s'opéra. Quelqu'un décrocha. Une voix de femme, calme, dit : « Bonjour, je suis Selma Chantz. »

Alors, lui songea que, pour une fois, il avait eu de la chance. Là-bas il était 15 heures, il faisait chaud et à part quelques *Joshua trees* ce n'était que sable et rocaille à perte de vue. Selma avoua être là depuis le matin, et les appels n'avaient pas cessé. Elle raconta la couleur du ciel, l'odeur de la terre, le bruit du vent. Il demanda ce qu'elle avait ressenti quand elle l'avait vue pour la première fois. « Une joie qui venait de l'enfance. » Il comprit parfaitement ce qu'elle voulait dire. Il la remercia pour toutes ces petites choses, espéra qu'un jour ils se reparleraient peut-être et, doucement, raccrocha. Éteignant sa lampe, il imagina Chantz debout dans la lumière, patiente, attentive, prête à décrocher à la moindre sonnerie pour que continue à vivre la cabine téléphonique la plus isolée, la plus insensée et sans doute la plus aimée de la planète. Oui, cette nuit-là, il s'endormit tranquille sachant que, là-bas, Chantz veillait.

Propriété de la compagnie Pacific Bell, cette modeste cabine d'aluminium était devenue, en quelques années, une étrange entité, un petit bout d'humanité. Il connaissait son emplacement sur la carte, tout autant que l'histoire de son implantation. Elle avait été installée à la fin des années 60 au plus près d'une mine d'où l'on extrayait de la pierre volcanique. À cinq kilomètres du chantier. À vingt-cinq du premier village. Autant dire nulle part. On avait arrêté l'exploitation, fermé le site, mais la cabine était restée, rendue au silence et à l'oubli du désert.

Aujourd'hui encore, il éprouvait un certain plaisir à raconter la suite de l'affaire. En 1997, un randonneur, amateur de solitude et de grands espaces, découvrait l'icône de la cabine sur une carte d'état-major. Intrigué, il partit à sa recherche, la trouva et, à son retour, fit le récit de son voyage initiatique dans *Wig Out*, un magazine underground. Godfrey Daniels, originaire de Tempe, Arizona, propriétaire d'une société informatique, lut l'histoire, s'en alla lui aussi dans le désert, en revint transfiguré au point d'ouvrir aussitôt plusieurs sites Internet consacrés à la « *loneliest phone booth on Earth* ». Il diffusa des photos de l'endroit, le numéro d'appel, et multiplia les slogans tels que : « Si vous entendez sonner cette cabine, décrochez. C'est moi. » Ou encore ce commandement quasi biblique : « Appelez, appelez sans cesse, et alors ils répondront. » Mettant ses préceptes en pratique, il télé-

phona tous les jours. Et obligea ses amis à faire de même.
Évidemment, le miracle se produisit. Un matin, quelqu'un
qui n'avait aucune raison de se perdre sur cette piste de
coyotes passa devant la cabine au moment où elle sonna. Il
prit le combiné. Et il dit son nom (il s'appelait Caffee). Et on
lui expliqua qu'il était le premier. Et qu'à sa suite, c'est le
monde entier qui allait carillonner.

Oui, il aimait bien raconter cette histoire qui partait dans
tous les sens pour toujours aboutir sur les fils « plus » et
« masse » du 760 733 9969. Il aimait savoir qu'une centaine
d'appels émis de tous les continents arrivaient chaque jour à
la cabine. Et qu'il se trouvait des adeptes assez motivés pour
entreprendre le voyage jusqu'à la cabine, attendre à son chevet, décrocher, puis dire des choses simples, comme l'heure,
le temps qu'il fait, n'être pas trop bavard, prendre seulement
son quart et, en quelque sorte, entretenir la lueur de la vie.

Sur Internet, il avait lu les choses les plus invraisemblables
à propos de ce téléphone. Comme ce geste insensé qu'avaient
accompli deux Américains, Chuck Atkins et Steve Amoya.
Ayant passé des nuits et des jours à tenter d'appeler la cabine
et s'étant heurtés lors de chaque communication au signal
occupé, les deux amis en conclurent que le combiné était
décroché et qu'il leur appartenait de remettre les choses en
ordre. Ils traversèrent donc une partie du pays pour remettre
l'appareil sur son réceptacle. À leur arrivée, ils découvrirent
que c'était la ligne qui était provisoirement en dérangement.
Il se souvenait aussi d'avoir lu que des fanatiques avaient tracé
au sol, avec des pierres, près du téléphone, une immense
flèche pour que le sanctuaire puisse être repéré d'avion. Et
que dire de Rick Karr, cinquante et un ans, qui, se disant
guidé par l'Esprit saint, avait passé quarante jours et quarante
nuits au pied de la ligne, répondant au millier d'appels qu'il
avait reçus, dont celui qui le marqua à jamais et qui prove-

nait d'un énigmatique « *Sergent Zeno from the Pentagon* ». Lui ne prétendait pas aux mêmes performances que Karr. Il voulait seulement faire sa part. Prendre son quart. Le jour de son départ, il composa le numéro. Chantz était partie. La sonnerie bourdonna à l'infini.

La route n'en finissait pas. Barstow. Ludlo. Après Kelso il prit un chemin de terre sur la gauche, puis, dix kilomètres plus loin, Aiken Mine Road, une piste de pierres qui mordaient le ventre de la voiture. À gauche il vit le dos rond d'un volcan, le contourna avant de redescendre vers le désert et les *Joshua trees*. La cabine était quelque part en bas, enracinée, plantée parmi eux. D'abord il aperçut la Jeep, 949KHF, immatriculée dans l'Arkansas. Deux hommes et deux femmes qui avaient passé la nuit à répondre au téléphone rangeaient leur campement. Lorsqu'ils partirent vers l'ouest, il se retrouva pour la première fois, seul et ému, face au grand standard du monde. Il commença par détailler la cabine. Toutes les vitres avaient été cassées et sur les structures on comptait six impacts de balles de un centimètre de diamètre. Certains, recouverts avec un bout de sparadrap, portaient ce message : « Bien sûr, vous pourriez tirer sur elle. Mais pourquoi donc le feriez-vous ? » Il parcourut aussi des dizaines de courts textes écrits en capitales sur les parois : « THE BEST PHONE SEX I EVER HAD WAS HERE », « LOVE THIS SPOT », « ERIK WAS HERE THE 01/01/2000 AT 00H00 », « EN ENTENDANT TA VOIX D'ICI, J'AI SU QUE JE T'AIMAIS ». Sur les pages « Notes » d'un vieil annuaire fixé au montant de la cabine, il lut le journal de bord détaillé tenu par un certain Dave, à l'âme sans doute greffière. Il avait inscrit le jour et l'heure des appels. Ils provenaient de Nouvelle-Zélande, du Pérou, d'Allemagne, de New York, du Canada.

Près de lui, parfois, un léger souffle de vent soulevait un voile de poussière, mais aussitôt, nimbé de lumière dorée, le tableau retombait dans le calme et le silence des origines. Bien sûr, il sursauta. Un frisson le parcourut. Il eut même le sentiment que ce premier appel, comme une pierre, tombait du ciel : « C'est Ted, de Santa Barbara. Ça va ? Frank est là ? Tu es sur qu'il n'y est pas ? Regarde bien autour de toi, vers les arbres, le désert. Tu devrais l'apercevoir quelque part. Il vient de passer soixante-quatre jours au pied de la cabine. Je lui ai parlé tous les soirs. Tu vois pas des affaires à lui traîner quelque part ? » Et il n'eut plus un moment à lui. Semblant posséder sa propre vie, la ligne ne cessa de sonner.

Franz d'abord, de Vienne, Autriche : « Il fait nuit ici. C'est bien que tu sois là, que tu m'aies répondu. Tellement que je vais pas pouvoir te parler plus longtemps. » Un anonyme lui dit des choses inaudibles du Caire. De Chicago, Rod le pria d'inscrire son nom et son numéro de téléphone sur une paroi de la cabine. De Tampere, Finlande, Rosa lui demanda de décrire ce qu'il voyait autour de lui, l'écouta sans l'interrompre, lui confia qu'il lui offrait une bien belle nuit, et, pour le remercier, fit jouer quelques mesures d'une chanson de Nat King Cole. Le soleil dorait son visage. Il tenait le monde entre ses mains, passait du jour à la nuit et de la nuit au jour, traversait les méridiens, enjambait les tropiques.

« Je suis Jim. Du Cap. Afrique du Sud. J'appelle pour savoir si j'ai des messages. Laura t'en a pas laissé un ? Si tu lui parles aujourd'hui, dis-lui que j'appellerai lundi et mardi et les jours suivants à cette même heure. Tu as compris ? » Tout. Il comprenait tout. Qu'on lui donne des consignes précises. Qu'on le traite comme une boîte vocale. Qu'on lui fasse écouter du Nat King Cole des septentrions, et même qu'un résidant aviné de la Mariahilferstrasse lui tienne des serments d'ivrogne. Il était là pour cela. Il était l'oreille du monde, il se devait de tout entendre. C'était même dans l'ordre parfait de cette géométrie dans l'espace inscrite à l'intérieur de ce triangle de l'absurde dont il représentait une sorte d'hypothétique hypoténuse. En fin d'après-midi, une femme d'Austin, Texas, lui parla un peu d'elle et lui demanda pourquoi il avait fait un si long voyage. Il marqua un silence, puis s'entendit lui répondre : « Juste pour décrocher. »

Ce jour-là il reçut plus d'une centaine d'appels. La cabine sonna de jour comme de nuit. Elle sonna pour dire des choses simples, insignifiantes, pour raconter que, çà et là, le monde dormait les yeux ouverts, s'agitait, avait le goût de boire et la frayeur du noir. À l'aube, au moment de repartir, il regarda l'immensité du ciel, les bosses du volcan, les arbres de Joshua, il entendit le vent de l'hiver se frotter contre les buissons, mesura l'étendue de sa chance, nettoya autour de la cabine les quelques traces de son passage, puis resta un instant immobile devant le combiné, priant qu'il sonne une dernière fois et que ce soit Selma Chantz. « Que faites-vous donc là ? », dirait-elle, surprise. Alors, dans la lumière du matin, le visage irradiant « cette joie qui venait de l'enfance », il pourrait simplement lui répondre : « J'attendais votre appel. »

Désert Mojave, Californie, 2 mars 2000

L'Amérique en 325 293 680 brins d'herbe

Vous marchez sur la terre et la terre vous parle. Et puis vous comprenez que ce n'est pas la terre, mais plutôt le gazon qui, d'une voix calme et claire, s'adresse à vous et dit des choses que jamais vous n'aviez espéré entendre : « Touche-moi. Passe tes doigts dans mes brins. Marche-moi dessus. Arrose mes pousses. Sème-moi. » Le gazon s'exprime avec distinction. En anglais. Et en français, aussi. Le gazon est cultivé. Ses phrases murmurées flottent au ras de la pelouse comme une brume de lac. Près d'une haie, une notation discrète indique : « Chris Simes de Spray Tech a estimé le nombre de brins d'herbe de cette parcelle : 325 293 680. » Et là, il vous faut vous asseoir, prendre un peu de temps, non pour entamer un vétilleux décompte, mais afin d'admirer le travail du jardinier local qui, sur ce petit hectare, a tondu, en relief, ce chiffre matricule dans la crinière touffue de la pelouse.

Ainsi installé sur le parvis du Centre canadien d'architecture (CCA), captivé par le bavardage de cette mystérieuse sonorisation souterraine, vous enviez le destin grésillant des grillons. Vous respirez l'odeur de la terre humide de Montréal, Québec, vos doigts se faufilent entre les pousses vertes, et vous sentez que vous touchez à l'une des formes simples du bonheur. Plus tard, à l'invitation du Centre, vous aurez tout le temps de réfléchir, de décrypter les images, de lire les attendus des chercheurs pour tenter de comprendre l'Amérique à travers la réalité de ses pelouses. Mais pour l'instant, demeurez là, enfoui parmi les brins, comme un insecte dans le jardin.

« Surface du quotidien : La pelouse en Amérique » est la dernière des cinq magnifiques expositions de la série « Le siècle de l'Amérique » que le Centre canadien d'architecture consacre à l'étude de ce continent. Après avoir exploré les projets visionnaires de Frank Lloyd Wright dans les années 20, analysé les parcs à thème et l'« architecture du réconfort » de Walt Disney, Phyllis Lambert, directrice du CCA, s'attache cette fois à décoder un pays à travers ses pelouses, à décortiquer l'obsession de ses habitants pour le gazon, « cette frontière incertaine entre l'espace public et l'espace privé, entre le paysage et le bâti, entre le rêve et le cauchemar ». Car la pelouse est ici bien autre chose que de l'herbe. Chaque brin est un hybride de politique, d'économie, de sociologie, d'histoire, de démocratie, de pouvoir, de science, de sport et parfois même de folie.

Il y a en Amérique 65 millions d'hectares de pelouses. Soit une superficie supérieure à celle occupée par toute autre culture, y compris le blé ou le maïs. Chaque année, les habitants de ce pays achètent pour 750 millions de dollars de semences et pour plus de 25 milliards de dollars en produits d'entretien pour pelouses. Derrière tout cet attirail, ces uniformes de jardiniers, on voit poindre une armée puissamment fédérée, et l'on comprend que c'est autour des jardinets qu'inconsciemment se sont unis les États. « Au fil de l'histoire, racontent les commissaires, la tonte du gazon devient un important devoir civique. Comme le passage de l'aspirateur ou le rasage, autres mesures civilisatrices d'ordre plus privé, elle doit se faire régulièrement. [...] Maintenu à cinq centimètres de hauteur, le tapis de verdure devient vite le terrain d'entente de voisins sachant respecter cette convention tacite. »

Pas de clôture ni de barrière, afin de produire un sentiment, une illusion d'ouverture démocratique. La pelouse se veut toujours signe d'appartenance à une communauté. Elle crée une « classe d'ouvriers du gazon », une entité homogène qui a surtout en commun de redouter « l'invasion barbare ». Cette frontière verte, cette moquette infinie tend à donner une vision globalement apaisante et rassurante de l'Amérique.

Mais dès que l'on s'approche, dès que l'on écarte les brins, c'est un univers bien moins rassurant que l'on découvre. Des travaux de sociologues et d'urbanistes notent ainsi que l'on concède à certains groupes sociaux et raciaux défavorisés ou exclus quelques arpents de verdure afin qu'ils assurent, dans leurs quartiers, et malgré leur dénuement, la continuité visuelle d'un illusoire territoire homogène. Ce qui fait dire aux chercheurs que « la pelouse démocratique masque parfois les pratiques sociales les plus antidémocratiques ». Depuis le XIXᵉ siècle, elle ceint les édifices gouvernementaux, religieux et culturels, symbolisant ainsi l'aire du pouvoir. « À Washington, observent les chercheurs, pouvoir institutionnel et vie domestique fusionnent sur la pelouse de la Maison-Blanche, devenue la pelouse du pays tout entier. On exploite sa faculté d'incarner le pouvoir fédéral lors des séances de photographies et des conférences de presse, des signatures d'accords de paix et de traités et lors des fêtes nationales. » Cette bande de terre ordonnée, ce territoire discipliné, « civilisé », ces brins denses et liés symbolisent alors l'image d'une Amérique une et indivisible. Mais, comme le rappelle l'exposition, au travers d'extraits de films anglo-saxons où le gazon tient un rôle important, tout cela n'est qu'un leurre, une apparence habilement entretenue « comme dans *Blue Velvet* où la caméra s'infiltre dans le gazon pour en localiser les noirs secrets. Ce qui se trame entre les brins d'herbe laisse soupçonner un désordre infiltré dans toute la collectivité ». Plus on avance dans les salles du musée, plus on ressent physiquement le pouvoir dissimulateur de cette herbe, mais aussi la profondeur de ses racines qui contribuent à « stabiliser » la terre de ce pays.

Le lien est subtil, permanent. Ainsi le sport est-il devenu la force motrice de la recherche. C'est la Golf Association of America qui subventionne les études technologiques du gazon entreprises par les écoles d'agriculture et les universités. C'est là que l'on répertorie et soigne toutes les maladies de l'herbe – l'*ustilago strüformis*, le *laetisaria fusiformis*, le *nigrospora sphaerica*, le *coprinus psychomorbidus* –, là que l'on sélectionne des variétés autosuffisantes en milieux arides pour implanter des golfs insensés dans la Vallée de la Mort ou les déserts d'Arizona. Et, tant d'excès ne suffisant pas, on inventa le gazon synthétique, l'Astro turf, le Poly turf, comme s'il fallait se prémunir contre le temps, les saisons, atténuer l'angoisse de la perte et se doter à jamais de prairies éternelles. Vous trouvez cela un peu formel ? Alors sachez que des tondeurs de pelouse professionnels, disons plutôt des designers, sont engagés par les plus grands stades américains pour imaginer des coupes aux motifs originaux. Car – et c'est encore un signe de cette obsession récurrente dans l'inconscient collectif américain – il a été démontré que des tontes spectaculaires avaient une incidence sur les taux d'audience des retransmissions télévisées.

Certaines communes ont des attitudes tout aussi compulsives puisqu'elles n'hésitent pas à consacrer 70 % de leur budget pour l'arrosage et l'entretien de leurs gazons. C'est là un choix « culturel ». Dont on prend mieux la mesure grâce à une éblouissante série de photos stéréoscopiques consacrées aux limites d'innombrables propriétés californiennes. En exposant côte à côte ces clichés de voisinage, le CCA nous donne à voir et comparer l'âme privée de ces Américains amarrés à leurs pontons de verdure. À la façon dont ils entretiennent leur « petit pays », tous révèlent leur foi en l'avenir, l'état de leur prospérité, ou, au contraire, les signes de leur renoncement, de leur dénuement. Sans que rien soit dit ou expliqué, quelque chose annonce tout de suite que telle maison « à la pelouse pelée » est, depuis longtemps, un « territoire étranger », que l'homme qui l'habite tient ainsi son pays à distance, et choisit une forme d'exil.

Autre point de vue, avec les images du photographe Larry Sultan. Nous voilà cette fois plongés dans le pouvoir évocateur d'un gazon et les souvenirs d'enfance qui, chaque été, repoussent avec lui. Dans un court texte, Sultan se souvient de toutes ces herbes qui ont alimenté sa mémoire, et s'explique sur l'amour névrotique qu'il nourrit pour ses prairies : « Savez-vous pourquoi j'ai une pelouse Dicondra ? Parce que c'est le gazon le plus difficile à faire pousser. C'est celui qui est le plus sujet aux maladies et il peut être anéanti en moins d'une semaine. Quand je regarde ma pelouse, je suis fier de son aspect bien tenu. Quand elle laisse à désirer, je m'en veux de lui avoir laissé prendre le dessus sur moi. [...] Je n'oublierai jamais les promenades le soir, l'odeur des barbecues et des pelouses fraîchement arrosées. Je marchais en évitant la pluie des arroseurs et je voyais au passage les éclairs froids des téléviseurs derrière les rideaux tirés. » Toute sa vie, sans même s'en rendre compte, Sultan a photographié son père devant des pelouses. Sur le dernier cliché, on découvre le vieil homme, debout dans le salon d'une maison, levant un club de golf sur une moquette verte, devant les éclairs froids d'un téléviseur et des rideaux tirés. Et, sans être capable d'expliquer pourquoi, on ressent que c'est bien à la dernière image de l'Amérique au fin fond de son siècle.

Montréal, Québec, 6 août 1998

Finir à Slab City

Personne ne peut dire ce qu'il a vraiment dans la tête. Ni l'idée qu'il se fait de la vie. Il est incapable de s'asseoir tranquillement, de tenir en place, de raconter une histoire jusqu'au bout. Il s'en va toujours chercher quelque chose et revient le plus souvent les mains vides. On dirait une mouche avant l'orage. « Qui est le plus fou ? Celui qui vit dans la fourmilière de New York City ou bien moi qui habite seul, ici, dans le désert ? C'est ça la question qu'il faut vous poser. » Et il s'éloigne à nouveau.

À soixante-huit ans, Leonard Knight semble jaillir de la poussière qu'il soulève à chacun de ses pas. Avec le temps, elle a fini par lui poudrer le regard, par se déposer en lui, par enfouir sa raison. Voilà quinze années que Leonard monte la garde devant son œuvre. Quinze années qu'il salue les nouveaux arrivants de ce monde fantôme et chante les louanges du Seigneur en repeignant au pinceau le ventre de la montagne. « Vous voulez savoir où nous sommes, ici ? Où nous nous trouvons vraiment ? À deux pas de l'enfer. »

Leonard se trompe. Nous voilà bien plus loin que cela. Au dernier sud de la Californie, dans les bas-fonds de l'Amérique, à un quart d'heure du Mexique, à « Slab City ». Ce n'est pas une ville. Même pas un lieu-dit. Tout juste un four. Six mois par an le thermomètre grimpe à 110 °F (44 °C).

Autrefois, dans ce désert, l'armée avait installé le camp Dunlap, une base de 300 hectares. Puis elle s'en est allée sous des cieux plus cléments, ne laissant derrière elle que ces fameux *slabs*, les dalles de béton sur lesquelles reposaient les bâtiments militaires préfabriqués.

C'est sur ces drôles de perchoirs qu'en 1950 sont venus se poser les premiers *snow birds*, des retraités des classes moyennes qui dès les premiers froids sautent dans leur *motorhome* pour passer l'hiver au soleil. Au début, ils étaient à peine deux ou trois cents à s'enliser dans ce bac de sable inconfortable et sans charme au pied des Chocolate Mountains. Cinquante ans plus tard, ils sont plus de trois mille à se retrouver dans cette enclave désormais mythique, à vivre sans loi, ni eau, ni gaz, ni électricité, ni clôture, ni impôts, ni rien, trois mille venus de partout ou n'ayant plus nulle part où aller, trois mille à croire qu'ils sont les derniers hommes libres de ce pays, résidents volatils, nomades insaisissables, pareils à des cendres au pays de la poussière.

Dans cette extravagante communauté de caravaniers, on trouve de tout : de riches voyageurs installés dans des camping-cars coiffés de paraboles et de panneaux solaires, des familles ruinées entassées dans de vieilles carcasses d'autobus, des catholiques qui chantent l'amour et des cantiques, des misanthropes chroniques entourés de chiens faméliques, des violents instables aux humeurs incontrôlables, des pacifistes débonnaires et célibataires, des vétérans marrants et mariés, des marginaux totalement hollandais, des Canadiens partiellement cinglés, un Islandais discret, quelques bons à rien, des Ontariens, des Bostoniens, et enfin Leonard Knight, à la fois vigie et Warhol de Dunlap. En 1985, Leonard s'est arrêté à l'entrée des *slabs*, au pied d'une colline. À l'endroit où le moteur de son camion a lâché.

Quinze ans plus tard, l'engin n'a pas bougé d'un pouce.

Leonard non plus. Simplement, cet homme qui autrefois dans le Nord gagnait sa vie en déneigeant les toits ou en changeant les pneus des camions 18 roues a, depuis, été secoué par la grâce. Et la face de ce petit monde s'en est trouvée changée. Car Leonard a entrepris de recouvrir la montagne avec de l'adobe, puis de sculpter ce mélange de terre et de paille avant d'appliquer sur cette croûte ouvragée d'épaisses couches de laque multicolore. Depuis le début de son chantier il a ainsi étalé 152 000 litres de peinture avec son pinceau inspiré. 152 000 litres d'un vernis inaltérable, dégoulinant du sommet, bariolant les parois de psaumes, de tableaux ou de scènes bibliques. Le soir, quand la lumière commence à dorer la terre, on peut, de loin, apercevoir son immense credo incrusté au flanc de la colline : « *God is love.* » (Dieu est amour.) Autour de cette crèche psychédélique, Leonard a également badigeonné tout ce qui dépassait : trois épaves de camions, une caravane Airstream et même des toilettes portables.

L'ermite reçoit 235 dollars de pension par mois. Quant aux nombreux touristes qui défilent au pied de cet incroyable retable, instruits des besoins du chantier, ils ont pour coutume de laisser à l'artiste, en guise d'offrande, quelques gallons de glycérophtalique.

« Il me faudra encore quinze ans pour finir de recouvrir la montagne. Quand je pense que les écologistes ont essayé de faire détruire mon travail en m'accusant de dégrader la beauté d'un site naturel ! Les plus grands journaux du pays ont lancé des pétitions pour qu'on me laisse en paix. » Le voilà qui s'éloigne de nouveau en hochant la tête, suivant au sol une voie toute tracée où l'on peut lire un message calligraphié en lettres blanches : « *Jesus is the way.* » (Jésus est le chemin.) Et ce chemin, justement, on l'emprunte pour s'enfoncer dans le campement de terre piqué de buissons et hérissé de *paloverdes*, ces arbres d'épines.

Carl vit au cœur de ce décor que l'on dirait tombé des chutes du film *Mad Max*. Il est assis par terre et attend le soir en fumant. Un peu plus loin, sa femme s'est endormie sur un fauteuil de toile pliant. Près d'elle, deux jeunes enfants rampent dans la poussière. « Je vis ici depuis un an. Ma voiture est tombée en panne, et je n'ai pas pu repartir. Je n'ai pas assez d'argent pour la faire réparer. On est nombreux dans ce cas. Coincés. Comme dans des sables mouvants. Avant je réparais des climatiseurs. Maintenant je m'éclaire à la bougie. Quand je manque trop d'argent, je vends des petites choses qui m'appartiennent. On fait tous ça, aux *slabs*. C'est pas facile, mais au moins on est libres. Pas de règles, pas de taxes, rien à payer. »

C'est une étrange Amérique, blanche, décalée ou déclassée, qui est ici enlisée. Une population hétéroclite vivant plus ou moins volontairement aux antipodes des standards et du confort, devant s'accommoder des vies froissées de chacun, composer avec les rigueurs du climat, l'absence d'eau, la poussière, les puces des sables, les taons et les serpents. Une douche est un luxe absolu. Des toilettes chimiques, une extravagance. Bill Cole, l'un des administrateurs du comté, ne comprend pas l'entêtement des résidents à refuser depuis tant d'années toute commodité et le moindre contact avec les autorités. « La plupart pourraient payer 2 ou 3 dollars par jour. Cela suffirait pour qu'on leur amène l'eau, l'électricité, un minimum de services. Mais non. Ces gens-là ne veulent rien entendre. Ils refusent que nous fassions quoi que ce soit sur ce terrain qui pourtant appartient à l'État. Je n'ai jamais vu une communauté aussi obstinée. »

Tout se passe comme si la Californie avait tiré un trait sur ces *slabs*, comme si elle avait concédé ce piètre territoire aux membres d'une tribu vivant en lisière de tout et se contentant d'un carré de terre et d'un rond de soleil. Ici la terre, justement, appartient à celui qui s'assoit dessus. La propriété privée n'existe pas. Pourtant, de nouveaux arrivants, pigeons septentrionaux, naïfs *snow birds*, se font parfois rouler en achetant à un occupant sur le départ, en général pour cinq mille dollars, une parcelle dûment bornée et ceinte de pierres plates. Lorsque, la transaction effectuée, les voisins leur expliquent qu'ici le sol ne peut être vendu puisqu'il est le bien de l'État, ils répondent toujours la même chose : « L'ancien propriétaire m'a affirmé l'avoir racheté à la Californie. C'est pour ça qu'il a délimité le terrain avec des roches et de vieux pneus. C'est pas vrai ? » Les vieux résidents sourient alors en se grattant les joues : « S'il vous l'a dit, ce ne peut être que vrai. »

Des histoires comme celle-là, Aleksick en connaît des dizaines. Trente-deux ans qu'il vit dans ce bush, qu'il en connaît les vices et les vertus. Depuis qu'on lui a tiré dessus à deux reprises, il porte toujours une arme et un gilet pare-balles. Son goût pour la tranquillité ne l'a pas empêché de participer à tous les bons pugilats du secteur. Il lui arrive aussi d'accoucher les femmes qui n'ont pas le temps de se rendre à l'hôpital. Il dit souvent : « Ici, il faut apprendre à vivre comme si on était seuls au monde. Sans aide, ni soutien, ni protection. »

Les plus chanceux viennent sur ces terres à la belle saison. Les autres s'y dessèchent toute l'année. En marchant dans le camp, on découvre des panneaux bizarres. Ici, au cœur d'une étendue de sable désertique : « Attention, parcours de golf, neuf trous. » Plus loin, près d'un camping-car démantibulé : « Vous êtes filmé par une caméra de surveillance. » Là, peints sur la carcasse d'un bus à l'abandon, des mots simples qui vous serrent le cœur : « John a dormi ici. Seul. »

Dans le quartier des *loners on wheels* (littéralement : solitaires sur roues) se trouve l'un des trois ou quatre clubs de célibataires. Des retraités qui ont monté un assez formidable cercle des sables. Pour une cotisation de vingt-cinq dollars par saison, les sociétaires bénéficient d'une cuisine au propane, d'un réfectoire de plein air couvert de bâches, d'un téléviseur commun alimenté par batterie, d'une petite bibliothèque pour combattre l'arthrose de l'esprit, de jeux de société pour fumer en paix, d'un ordinateur Apple des années 70 pour épater les jeunes, de quelques musiques d'époque, d'une piste de danse pour rapprocher les corps, et de longues soirées devant un feu de bois pour croire que toujours sera un autre jour.

Cet après-midi, sous une toile à peine ridée par la brise, Phil, Bob, Ray et Jon font une partie de Scrabble. Autrefois, Ray frappait des pièces de monnaie dans une usine de San Francisco. Il aime raconter que des millions de dollars lui ont ainsi glissé entre les doigts. Bob, lui, travaillait pour l'US Air Force avant de vendre des semences. « Je sais, d'habitude les retraités ont une autre idée du confort. Ils sont plus exigeants que nous. Cet été la température est montée jusqu'à 130 °F à l'ombre [48 °C]. J'ai fini à l'hôpital, déshydraté. J'avais perdu quatre kilos en deux jours. Malgré ces petits inconvénients, ici on est bien. On vit selon nos propres règles, selon nos lois, à notre guise. » Ce soir le panneau d'affichage du club annonce un film avec Lee Van Cleef à la télévision. « Il va encore tuer 150 000 types sans même recharger son pistolet », dit Phil.

L'an dernier, l'association comptait soixante-deux membres. Cette année, ils ne sont plus que cinquante. « Certains ne reviennent pas. D'autres nous quittent. Hier, justement, nous avons enterré un de nos membres. C'est comme ça. Aussi, tant que nous sommes ensemble en vie, croyez-moi, dans ces *slabs* nous goûtons chaque minute de notre bonheur

et prenons soin les uns des autres. On s'entraide beaucoup. »
Un train passe dans le lointain. « Le 5 février, à Niland, le
premier village sur la route, il y a la fête de la tomate. On ira,
comme chaque année. Et j'espère bien qu'on remportera le
premier prix. Bob fera du saumon fumé, et les filles une
bonne cuisine. » Ce soir, les quatre amis posent pour la
photo. Devant la tente et sous le drapeau américain. On sent
qu'ils sont fiers d'être là, de vivre ensemble, côte à côte. Ray
refuse de sourire pour que l'on ne voie pas ses dents abîmées,
Phil fume, Bob tient Jon par l'épaule. L'air fraîchit, la lumière
décline, les feux de bois s'allument. À l'autre bout du camp,
Leonard donne une dernière couche avant que tombe la nuit.
Du sommet de la colline, on distingue au loin les premières
lueurs de l'électrique Amérique. Niland, 1 042 habitants, ses
tomates assoiffées, son Jail House Cafe, sa station d'essence
abandonnée et son unique restaurant, Gaston's Good Food,
fermé à tout jamais.

Camp Dunlap, Californie, 13 avril 2000

Star à 45 dollars

Si vous espérez encore faire illusion auprès de vos proches, si vous souhaitez sauvegarder quelques apparences ou conserver l'estime de votre employeur, alors ne descendez pas de votre voiture lorsqu'elle s'arrêtera au bout du parking de Tinseltown à Anaheim, Californie. Au contraire, verrouillez les loquets et dites au chauffeur de redémarrer, de rouler longtemps et vite, n'importe où vers le sud, et s'il le faut jusqu'à la frontière du Mexique. Alors, seulement, vous pourrez sortir du véhicule et chaleureusement remercier le conducteur de vous avoir tiré d'un mauvais pas en vous épargnant une sévère irradiation de ridicule. De ce point de vue, Tinseltown est une vraie pépite atomique.

Si vous avez la faiblesse de succomber à l'attraction de ce parc à thème et de quitter votre berline pour poser le pied sur le velours du tapis rouge de l'accueil, sachez que votre avenir va vous surprendre. Car vous venez de le confier à Stuart, l'équivoque maître de cérémonie dans son costume mauve, à des photographes énervés et à leurs flashes agaçants, à des cameramen de télévision et à leurs journalistes poudrés. Tous vous encerclent, vous tâtent du zoom, vous demandent comment s'est passée votre journée de tournage avec Sharon Stone ou votre dernière nuit avec Madonna. Ils vous harcèlent de questions insensées auxquelles vous ne comprenez rien, leurs micros rivés sur vos lèvres, tétant la salive de vos confidences, filmant vos battements de cils puisque, votre ticket l'atteste, vous avez payé 45 dollars pour passer pour un imbécile. Pendant ce temps, à grands cris, une petite foule, réclamant des autographes, vous presse et, en quête d'on ne sait quel miracle, va jusqu'à palper le tissu béni de votre gilet comme si vous étiez l'héritier vestimentaire du mahatma Gandhi.

Enfin vous voilà propulsé dans le grand hall d'entrée en compagnie de sept cents autres pèlerins éberlués qui ont reçu à peu de chose près le même accueil que vous. Vous pouvez maintenant respirer, boire un verre – facturé en supplément –, car d'autres épreuves, autrement embarrassantes, vous attendent. Bienvenue, donc, à Tinseltown, un nouveau parc d'attractions qui pendant quelques minutes fait de vous ce que vous n'avez jamais cessé d'être : une fausse vedette aux véritables airs d'andouille.

Bien sûr, les concepteurs de l'endroit vous traiteront avec plus d'égards, affirmant par exemple que vous possédez un talent fou, des reparties stupéfiantes, un visage qui prend la lumière, et même, eu égard aux 45 dollars du droit d'entrée, un physique réellement avantageux.

Tinseltown – la ville étincelante, qui n'est autre que le surnom de Hollywood – a été imaginée par un ancien directeur de Disneyworld. Le concept est incroyablement simple : offrir à chacun la possibilité de vivre une soirée des oscars, d'être interviewé, traité comme une vedette, de passer à la télévision, et surtout d'acheter des brassées de souvenirs pour n'oublier jamais qu'une seule fois, mais une fois tout de même, ce soir-là, outre le strass et les lampions, le menu du dîner proposa une assiette de viande rouge *et* un blanc de poulet. Car, pour 45 dollars, Tinseltown – qui n'existe que depuis six mois – vous offre une arrivée mémorable, un repas mangeable, un spectacle imbuvable et une remise d'oscar inévitable.

Tout cela se déroule au fin fond d'une zone industrielle d'Anaheim, dans un immense hangar luxueusement aménagé en salle de spectacle pour 17 millions de dollars. 700 personnes soupent là tous les soirs pour suivre ce pseudo-show d'une durée de deux heures trente. Le parc emploie 100 personnes qui travaillent en cuisine, font le service, dansent, chantent sur scène et, à l'entrée, jouent les présentateurs de télévision, les photographes et les chasseurs d'autographes. Quant à la gigantesque scène et aux écrans géants, ils se chargent de célébrer les visages d'inconnus notoires.

On pense alors au quart d'heure de célébrité qu'Andy Warhol réclamait pour tout sociétaire de ce monde. Et aussi à cette phrase de Guy Debord : « Le spectacle n'est pas un ensemble d'images, mais un rapport social entre des personnes, médiatisé par des images. » D'une manière plus prosaïque, on pourrait voir aussi dans cette supercherie librement consentie la version argentée et technologique de ces photos de foire prises au côté d'une célébrité peinte et découpée dans une planche de contreplaqué. Tinseltown est en tout cas un phénomène qui fait réfléchir sur la propension de cette époque à contrefaire son âme et surtout à rêver à bas prix.

Un jour, un employé de cette entreprise vit arriver vers lui un client particulièrement excité qui lui proposa mille dollars pour laisser monter sa femme sur scène et lui permettre de chanter le thème de *Titanic* en public. Évidemment, la compagnie, qui ne blague pas sur l'éthique, refusa le bakchich. Car il ne faut pas croire que tous les clients reçoivent un oscar à la fin de chaque soirée. Seuls huit nominés et deux lauréats ont droit aux ovations de leurs pairs. C'est la suprême ruse de Tinseltown : singer la célébrité en faisant acclamer deux inconnus par six cent quatre-vingt-dix-huit autres qui ont payé pour ça.

Voici comment se passent les choses. À l'entrée, les pseudo-équipes de télévision réalisent de vraies interviews de clients qui servent en fait à repérer les plus loquaces, les plus à l'aise face à la caméra. Quatre hommes et quatre femmes seront ainsi choisis puis présentés comme les « nominés » de la soirée. Durant le repas, leur arrivée sur tapis rouge et leurs premiers mots devant les caméras sont diffusés sur les écrans géants de la salle. Eux, pendant ce temps, ont grimpé au premier étage du building pour se soumettre à l'ultime exercice qui décidera de l'attribution de l'oscar. Dans un studio ultra-moderne, équipé de tous les perfectionnements de la vidéo, ils donnent, les uns après les autres et sur fond bleu, la réplique à des acteurs tels que Richard Burton, Henry Fonda ou Marlon Brando, le temps d'une scène extraite d'un film célèbre. Par un procédé de surimpression, nos stars à 45 dollars sont ensuite intégrées à l'image originale et deviennent acteurs à part entière de *Jaws, Field of Dream, Jurassic Park, Blues Brothers* ou *Animal House*. Leurs prestations sont alors diffusées sur les écrans géants à l'issue du fameux repas mangeable et du non moins imbuvable spectacle. Les animateurs de la soirée montent sur scène, échangent d'immuables plaisanteries de garçons de bain, avant de prendre des airs émus pour décacheter les enveloppes et clamer cette phrase qui ressemble à l'aboutissement de toute une vie : « *And the winner is...* »

Ce soir, c'est miss Judith Murphy, mère de deux enfants, qui a été consacrée meilleure actrice, tandis que mister Tony Pinkert, pour sa généreuse nature, se voyait remettre l'oscar du meilleur rôle masculin. Comme chaque fois, dans la salle, la foule des pigeons s'est mise à battre des ailes à tout rompre. Judith a pleuré d'émotion, remercié ses parents, son agent (?) « sans qui tout cela n'aurait pas été possible » et

« l'équipe du film qui l'a portée là où elle se trouve ». Elle semblait vraiment croire ce qu'elle disait et ses mots vides l'emplissaient d'un bonheur non feint. Quant à mister Pinkert, irrémédiable cabotin, il se lança dans d'interminables bavardages qui eurent tôt fait d'agacer le présentateur : « Merci, Tony. N'exagérez pas. Nous n'avons pas toute la nuit, c'est un show de deux heures trente, ne l'oubliez pas. » Mais Tony s'en moquait. Il leva son oscar à bout de bras, la musique joua et la foule l'acclama. « En sortant vous allez visiter notre boutique de souvenirs, dit le présentateur. Vous pouvez acheter des oscars en tout point semblables à ceux de Judith et de Tony pour 175 dollars. » Et aussi le chapeau de Bogart pour 40 dollars, le boa de Bacall pour 25, le cendrier d'E.G. Robinson pour 18, les perles de Hepburn pour 12, et pour seulement 10 de superbes chaussettes à taille unique que vous pourrez attribuer à qui vous voulez.

Ainsi va la vie à Tinseltown, véritable machine à souffler du show. Selon que l'entreprise donne un ou deux spectacles par soirée en période de forte demande, cette habile contrefaçon du bonheur et de la gloire génère entre 1 et 2 millions de dollars de chiffre d'affaires chaque mois. Les employés sont payés pour deux ou trois heures de travail par jour. À ce rythme, le complexe sera amorti en moins de temps qu'il n'en faut pour l'écrire. Les salles ne désemplissent pas et Tinseltown charme la même clientèle que Disneyworld situé à quelques minutes de là, attirant aussi les réunions annuelles de toutes sortes de corporations qui ont coutume de fréquenter Anaheim. Les congrès de dentistes, de médecins, d'avocats, d'informaticiens ou de concessionnaires Buick finissent à Tinseltown, avec, pour les plus méritants de ces agents de la General Motors, une ovation et un prix d'interprétation.

Enfin, sachez que, si d'aventure, lors de la remise des prix, l'émotion enlevait au lauréat tout esprit d'improvisation, il se trouve toujours à ses côtés un employé prêt à lui glisser un texte de remerciements déjà rédigé et directement inspiré par l'officielle Academy Awards. En tout état de cause, le slogan de la maison est : « Prendre en main des inconnus, en faire des professionnels et surtout des légendes de l'écran. » Et cela, quels que soient le jour, l'heure et même l'endroit. Car Tinseltown est désormais décidé à exporter son concept et son savoir-faire. Notamment en Europe, en Asie et surtout au Japon dont les tour-opérateurs raffolent de cette attraction au point que chaque soir, sur les tapis rouges, un vénérable autobus déverse d'honorables touristes de ce pays, qui, vêtus de shorts et chaussés de tongs, se faufilent discrètement entre fourreaux de strass et tuxedos « beurre frais ». Car il faut savoir que, pour venir ici et courtiser la gloire au fond de cette zone de banlieue sponsorisée par Kodak et Pepsi-Cola, la plupart des clients louent, le temps d'une soirée, des robes longues ou des costumes de cérémonie. « Cela ajoute une touche glamour et assure la crédibilité du spectacle, nous glisse Stuart, le petit maître de ballet. Au fait, je vous ai déjà dit que vous aviez l'allure d'un producteur de Hollywood ? Je suis très sérieux, vous savez. Et puis je peux bien vous l'avouer : j'ai suivi votre carrière depuis le début. C'est très impressionnant. Vous n'avez fait que des bons films. » Puis, comme s'il venait soudain d'apercevoir la fin du monde, d'un brusque coup de jarret, dans son complet lavande fanée, Stuart détale avec l'agilité d'une gazelle. De deux choses l'une : ou bien ce type n'est pas du tout physionomiste, ou alors, sans le savoir, nous venons vraiment de frôler l'oscar.

Anaheim, Californie, 5 août 1999

Seul à New York

Après l'impact, il leva un instant son regard vers le ciel, puis continua sa marche. Sans prendre la peine de nettoyer son manteau, il rentra à l'hôtel avec un guano tout frais incrusté sur l'épaule. La probabilité qu'une mouette l'honorât ainsi, près du port de New York, au crépuscule du 22 janvier, et par −2 °C, était quand même assez faible. Mais ce jour-là – il avait pu s'en rendre compte le matin –, les statistiques lui étaient franchement hostiles. Aussi ce soir, en entrant dans sa chambre, couvert d'une larme de fiente, il se sentit à la fois mathématiquement seul et très entouré. Dans cette métropole, c'était un sentiment récurrent, partagé par quelque cinq millions de célibataires, soit trois New-Yorkais adultes sur cinq. D'ailleurs, la veille, dans un magazine local, il avait lu que « l'on ne trouvait une telle proportion de gens seuls que dans la léproserie de Hawaii ». Sans parler d'une autre étude publiée dans *Newsweek* affirmant que, à Manhattan, une femme à la fois active et diplômée avait « deux fois plus de chances de mourir d'une attaque terroriste que de trouver un mari ». Il est vrai qu'ici l'on dénombrait cinq femmes célibataires pour un seul homme disponible.

C'est donc avec la conviction d'évoluer au cœur d'un avide et bienveillant gynécée que, ce matin, il était parti au travail. Tandis qu'il se dirigeait vers sa voiture, il avait encore l'esprit accaparé par les titres évocateurs des livres qu'il avait récemment consultés, des guides célèbres, tous best-sellers, écrits par des femmes affamées : *Les Règles pour capturer le cœur de l'homme idéal, Guérilla, stratégie, tactique et secrets pour trouver l'amour, Si je suis si extraordinaire pourquoi donc suis-je toujours célibataire ?* Grisé par ce charabia, il se sentait – à cinq contre un – arithmétiquement convoité pour la première fois de sa vie.

C'est alors que les événements le confrontèrent à son destin statistique. Ces cinq New-Yorkaises seules, censées se lancer sur sa trace, il les rencontra successivement en l'espace de quelques heures. La première, agent de police, mit fermement un sabot à la roue de sa Hyundai de location ; la deuxième, conductrice de dépanneuse, embarqua prestement le véhicule à la fourrière ; la troisième, employée municipale, lui réclama sévèrement 225 dollars avant de lui restituer sa piètre berline ; la quatrième, psychologue rouée, lui proposa, moyennant 200 dollars, d'examiner rapidement ce qui clochait chez lui ; quant à la cinquième, elle ne le contraria pas, ne lui demanda rien, mais lui raconta simplement que, pour agrémenter son célibat, elle venait ici une fois par semaine, dans ce marché de Chinatown, racheter, à l'étal du poissonnier, une tortue vivante et la rejeter ensuite dans l'Hudson. Il écouta longuement cette femme parler de sa vie, puis, en la quittant, éprouva tout le poids de la solitude qui pesait sur cette ville aussi cinglée que surpeuplée.

C'est à ce moment-là que la mouette l'avait choisi entre tous. Les gens qu'il avait jusqu'alors rencontrés lui avaient tous dit à peu près la même chose : « Regarde autour de toi : il y a peu d'enfants et peu de vieux à New York. C'est un endroit où l'on rencontre en majorité des gens de vingt à quarante-cinq ans, des gens qui ne sont pas là pour flirter, flâner, mais bien pour travailler, avancer, réussir, des gens qui n'ont pas de temps à perdre dans des liaisons éphémères ou des relations stériles. » Il écoutait tout ce qu'on lui racontait, sans pour autant comprendre pourquoi des êtres qui avaient choisi de s'agglutiner ici par millions s'acharnaient à vivre en fait si loin les uns des autres.

« Les choses se font malgré nous, sans qu'on le veuille ou qu'on y pense vraiment, disait Daryl, la fille aux tortues. Moi, je suis arrivée à Manhattan il y a quinze ans avec l'idée de lancer ma propre agence de voyages. Le temps a passé, j'ai travaillé et j'ai réussi. Aujourd'hui, je vis seule, je ne vois personne, je ne sors avec aucun homme et, une fois par semaine, je remets des tortues à l'eau. Je n'ai pas choisi cette vie. C'est le travail qui a décidé pour moi. Il faudra qu'un jour je règle le problème. » Il savait parfaitement ce que signifiait ce genre de phrase. « Régler le problème », ici, voulait souvent dire faire appel à une sorte de spécialiste, une société de service plus ou moins farfelue et supposée flatter vos courbes de bonheur en mettant votre solitude en abscisse et vos désirs en ordonnée.

Un exemple : vous rencontrez quelqu'un qui vous plaît et vous avez l'intention de sortir avec lui. L'usage normal du monde voudrait que vous saisissiez spontanément cette chance et son bras. Mais pas en Amérique. Ici, élevé(e) à la trique paranoïaque, vous appelez d'abord Check a date Inc., une société qui se charge d'enquêter sur le passé, le présent et la vie privée de votre futur rendez-vous. Ce rendez-vous, d'ailleurs, peut-être l'avez-vous déniché grâce à cette autre compagnie, It's just a lunch ! Inc., qui comme son nom l'indique organise des *blind dates*, des repas-rencontres entre deux personnes qui ne se connaissent pas et n'ont en commun que le vague désir de rompre leur solitude à condition de ne pas bouleverser leur agenda.

« Les New-Yorkais sont ainsi, dit la journaliste Francesca

Castagnoli. Ils ne perdent jamais de vue leur but profession-nel. Lors d'un rendez-vous, leur attitude est la suivante : voici quel est mon travail, voici ce que j'aime, ce que je fais. Voyons maintenant si nous sommes sur la même longueur d'onde et si cela vaut la peine que nous nous revoyions. Nous avons quarante minutes pour faire le tour de la question. » Ces quarante minutes-là peuvent changer bien des choses, voire décider de toute une vie. Il faut donc ne pas les gâcher, les utiliser avec le plus grand discernement. C'est là qu'inter-vient Ann Demarais, docteur en psychologie et fondatrice, il y a deux ans, de la société First Impressions Inc. Pour 200 dollars, elle évalue la capacité de ses clients à faire une bonne « première impression ».

Secoué par toutes ces histoires de mouette incontinente, de fourrière dispendieuse et de tortue délivrée, il prend rendez-vous avec la doctoresse et se retrouve assis face à l'experte, dans la position du patient ébranlé. Ainsi apprend-il qu'Ann Demarais dispose de collaborateurs hommes pour recevoir les clients femmes, de psychologues femmes pour s'occuper des hommes, et d'assistants gays pour traiter avec les gays. La règle veut que ces « examinateurs » s'appellent invariablement Rick Brown ou Susan Green. Ils rencontrent leurs patients, qu'ils n'ont jamais vus auparavant, au café Paninoteca, où, à l'occasion d'un déjeuner – payé, selon le contrat, par le client –, ils jouent, une heure durant, le rôle du partenaire lors d'un premier rendez-vous. Pendant que le client pérore ou périt d'ennui, ils le radiographient psychologi-quement, l'observent, l'analysent. Après le dessert, le consul-tant quitte la table et retourne au cabinet distant de quelques pas où, fissa, il rédige trois ou quatre pages de conclusions qu'il remet à son client trente minutes plus tard lors d'un ultime entretien. À l'issue de ce test, le patient repart dans la vraie vie avec le bilan de l'effet qu'il produit sur autrui.

Pendant que la doctoresse professe, il se dit que First Impressions est un peu à la psychologie ce que l'avion renifleur était à la pétrochimie, puis, lissant ses paupières, avoue franchement à Demarais qu'il ne saisit pas l'intérêt de pareille blitz-analyse. Elle lui répond que ça ne lui ferait pas de mal de se faire évaluer. « Vous ne comprenez pas ? Nous aidons vraiment les gens. Nous leur désignons leurs points forts et leurs points faibles, comme par exemple une tendance à parler trop fort, à éviter le regard de l'autre, à rajuster sa veste en permanence. Nous leur expliquons pourquoi, dans leurs rencontres, " ça ne marche pas ". Des psychiatres nous envoient même leurs patients, vous savez ? Nous n'essayons pas de changer ces personnes, seulement de leur livrer ce que l'autre perçoit d'eux. » Il en prend de la graine, la remercie pour tout et dit qu'une autre fois, peut-être, il paiera ce qu'il faut pour savoir l'effet qu'il lui fait.

Mais, en vérité, il n'a pas du tout l'intention de faire carrière à New York. Surtout après les résultats d'un sondage commandité par It's just a lunch ! Inc. dont il vient de prendre connaissance : ici, 62 % des femmes célibataires décident en moins d'une heure si elles reverront l'homme qu'elles viennent de rencontrer. Et 90 % d'entre elles estiment que le montant de ses revenus est un critère important qui peut inciter à le revoir. De leur côté, 56 % des hommes jugent une femme en moins de quinze minutes, et 51 % la trouvent d'autant plus séduisante que son patrimoine est élevé. À son goût, tout cela va trop vite et de travers. Comment expliquer que tant de New-Yorkaises seules, diplômées, cultivées, s'inscrivent à un séminaire littéraire intitulé « Volez dans les bras d'une autre l'homme que vous convoitez », ou achètent aux enchères des bons offrant des soirées à passer en compagnie des mâles célibataires les plus sexy de la ville, ou enfin s'arrachent de misérables guides (*The Rules, Guerilla,*

Strategies, etc.) distillant semblables conseils : « ne jamais embrasser lors du premier rendez-vous » ; « ne jamais fixer un homme du regard et ne pas trop parler » ; « au téléphone, raccrochez toujours la première » ; « n'acceptez aucun rendez-vous pour le samedi si l'invitation n'a pas été formulée avant le mercredi » ; et cette dernière mise en garde, qui concerne les hommes, « si, en bavardant, vous approchez d'une femme et sentez qu'elle se tend, faites un pas en arrière et continuez à lui parler. Vous étiez trop près, et aviez envahi sa distance critique ».

Après ce cours d'hygiène relationnelle, il lui restait un devoir à accomplir : visiter le café Drip, le bar mythique des célibataires de New York. Un café banal peuplé des clients ordinaires. À ceci près que tous consultent avidement d'innombrables classeurs renfermant les 22 000 offres de rencontres proposées par les abonnés du lieu. Chaque individu dispose d'une page pour établir sa fiche signalétique, mais aussi d'un registre informatique tenu par la maison où il laisse ses coordonnées. Si une annonce vous intéresse, vous relevez son numéro de code, l'indiquez au barman, qui vérifie que vous êtes affilié, puis vous donne le téléphone de la personne que vous désirez joindre. Face à elle, au Drip, bien sûr, il vous appartient de faire une bonne « première impression » en espérant pouvoir faufiler vos désirs au-delà de ses « distances critiques ». L'inscription coûte 5 dollars et chaque demande de rendez-vous est facturée 2,50 dollars par le café. Chaque fiche fait mention de l'âge de l'abonné, de ses diplômes, de ses centres d'intérêt, de ses goûts et de ce qu'il recherche. Ainsi, le numéro 13541, un homme de 45 ans, surdiplômé, artiste, désire rencontrer une femme « exclusivement de 39 ans, réellement mince dans toutes les parties du corps, vraiment très maigre, avec une voix qui n'est ni criarde, ni grinçante, ni rocailleuse, un rire discret et un QI très élevé ».

Du 14756 on ne retiendra que ceci : « Boisson appréciée : la bière. Loisir préféré : les filles. Lieu de vacances favori : partout où il y a de la bière et des filles. »

Il regarda longtemps tous ces gens étudier leurs dossiers comme s'ils révisaient un oral de grec et, face à tant d'application et de sérieux, songea à cette phrase de Jerry Seinfeld : « Un rencard n'est après tout qu'un entretien d'embauche qui se prolonge toute la nuit. » Il regarda sa montre et se dit qu'à une heure pareille il fallait bien du courage pour chercher du travail.

New York, 18 février 1999

Orgasme virtuel

Ce fut un singulier petit déjeuner. On y parla d'économie sur fond de sodomie et d'exportation devant des scènes de fellation. David James, cinquante-neuf ans, servit le café, avala une montagne de donuts, pérora sur les performances internationales de sa compagnie, son avance technologique, et loua l'excellence de son équipe de chercheurs. De temps en temps, pour appuyer ses dires, ce Gallois tatoué comme un légionnaire indochinois montrait machinalement du doigt, au cœur de son bureau, un écran de télévision de quatre mètres carrés où, en 16/9 haute définition et DVD au garde-à-vous, d'invraisemblables et splendides créatures infligeaient des outrages roboratifs à quelques vigoureux partenaires qui ne semblaient nullement s'en plaindre. Il fallait suivre le rythme, écouter conter le Celte, garder un œil sur les mirobolantes courbes des ventes, un autre sur celles tout aussi explicites de mesdemoiselles Christy Canyon et Heather Hunter, virevoltantes vedettes de cette matinale séance, tout en grignotant, l'air blasé, le dos nu des donuts.

Oui, ce fut un bien étrange petit déjeuner auprès de ce grossium du porno d'avant-garde, ce maître mondial de la chose lubrique, cet obsessionnel de la performance technologique qui, via Vivid, sa société, bouleverse les mœurs de ce marché. Dans cette pièce vibrionnante, nous étions au cœur d'une industrie renaissante, de ce pôle pornographique californien de San Fernando Valley, ville discrète au nord de Hollywood. Interrogé sur l'existence de cette si bien surnommée Silicon Valley, le maire de Los Angeles dit, un jour, avoir honte de ce qui se filmait dans sa banlieue. En guise de réponse, les compagnies de sexe se sont contentées de rappeler à l'élu qu'un film sur cinq réalisés à L.A. était un porno et qu'il s'en était tourné 10 000 en 1999 dans ce pays. Que ce secteur d'activité était en expansion constante (+ 25 % cette année). Que 50 des 80 plus grosses entreprises du genre étaient installées à San Fernando et qu'elles faisaient vivre près de 15 000 personnes.

Décrire la vallée revient à raconter l'ennui. Des maisons basses, des marchands de voitures d'occasion, des centres commerciaux, des salles de musculation, des cabinets de chiropraxie. Et on recommence sur des dizaines de kilomètres. Vivid s'est glissée dans les mailles de ce tissu urbain de classes moyennes, entre deux pavillons familiaux, sur Califa Street. La bâtisse ressemble à un petit entrepôt de transport. Mais, dès que l'on traverse le parking, on sent que la fortune a, ici, pris ses habitudes. Une Porsche, deux Mercedes cabriolets, une limousine et une Rolls Royce Corniche décapotable. David James, propriétaire du lot, considère la dernière nommée avec un certain dédain : « Je ne l'ai pas achetée. Un client qui me devait 225 000 dollars me l'a donnée pour payer ses dettes. Je ne m'en sers que pour aller chercher les clients à l'aéroport, pour les épater. Ma femme ne supporte pas cette voiture. Et moi encore moins. Parce que je déteste tout ce qui est anglais. Je suis gallois, ne l'oubliez pas. » Ce qu'adore James, en revanche, ce sont les donuts et surtout la technologie. C'est grâce à elle qu'il s'est hissé au sommet du monde, grâce à elle encore que le porno est en train de sortir de son ghetto.

James n'évoque que très rarement le charme ou le tempérament de ses actrices, mais rien ne l'excite tant que de parler avec gourmandise de son « laboratoire de recherche », de son « staff technique », qui, dit-il, utilise des programmes de pointe dignes de « ceux de l'Armée ou de la Nasa ». Bien sûr, à l'arrivée, le film s'appelle quand même *Bad Wifes*, ou *Interview with Milkman*, ou *Bobbysox* ou encore *Gianfranco Delivers*. Mais l'efflorescence des nouvelles technologies combinées à la multiplication des supports et des canaux de diffusion a fait exploser le marché. « Aujourd'hui vous pouvez voir le même film en cassette vidéo, à la télévision, à l'hôtel en pay per view, sur CD, en DVD et sur Internet. Le DVD, c'est pour nous un miracle. Tout est parti de là. Grâce à lui, cette année, on a fait 98 millions de dollars de chiffre. »

En VHS, Gianfranco « fait ses livraisons » d'une manière et dans un format basiques. En revanche, lorsqu'il effectue le même travail en DVD, les attentions, les variations et le soin avec lequel il accomplit sa tâche s'apparentent à celui de l'orfèvre. Il y a bien sûr la qualité de l'image et du son numériques. Une saillie de Gianfranco en Pro Logic Surround, et c'est une moitié de la Californie qui frémit. Ensuite, en manipulant la télécommande, on peut voir le héros à l'œuvre filmé sous quatre ou cinq angles différents. Un peu comme la formule 1 ou le foot sur Canal+. « Prenez une scène classique de fellation, explique James. En zappant, vous avez la possibilité de la regarder d'en haut, de dessous, de gauche, de droite. C'est vous le patron. Sans parler de l'option *first person sex*, une sacrée bonne idée. » Le *first person sex* n'est rien d'autre que l'utilisation systématique de la caméra subjective. Un minicaméscope est fixé sur le ventre de l'acteur, qui filme alors l'acte sexuel de son point de vue. « Exactement ce que vous verriez si vous étiez à sa place. C'est ça, l'innovation.

On n'aperçoit jamais le visage du " porteur " – cameraman. C'est la règle de base du sexe à la première personne. »

Mais les fantaisies ne s'arrêtent pas là. Sur un disque DVD de chez Vivid, vous avez, outre le film d'une heure trente, toute une série de scènes et de jeux interactifs qui vous permettent de choisir le genre et le style de *bad girls* avec lesquelles vous allez passer deux nouvelles heures. Cette fois, comme dans un jeu vidéo, vous pouvez, grâce à la télécommande, orienter le scénario, aller et venir dans une pièce ou un couloir, choisir d'ouvrir telle ou telle porte derrière laquelle attendent des hôtesses qui savent parfaitement recevoir mais également donner. Enfin, toujours sur le même DVD, d'autres jeux interactifs.

Celui qui fait fureur à l'heure actuelle s'appelle *Mind Teazzer*. Pourquoi *teaser* (taquiner, exciter) avec deux *z* ? « C'est une idée à moi, dit James. J'ai remarqué que les Américains achetaient davantage quand on leur mettait beaucoup de *z*. » Et de fait ils se ruent sur ce programme. Imaginez un écran divisé en trois parties où l'on voit défiler des visages de femmes sur les cases supérieures, plus bas des bustes et, au dernier niveau, des bassins et des jambes. Le but de ce Rubik's Cube de strings mouvants et défilants est de reconstituer un modèle dans son entier avec les trois morceaux qui le composent réellement. En cas d'erreur – mauvais choix de buste ou de jambes –, les images se figent et la fille dit d'un ton assez méprisant : « Je te plais vraiment comme ça ? »

Ce sont des gadgets de cet ordre qui passionnent James et qui font sa réputation. Il aime répéter que quarante-neuf techniciens travaillent à la conception de ces jeux de complément. Leur succès le fait aussi réfléchir sur l'élasticité des codes moraux de l'Amérique. « C'est la haute technologie qui a changé la vision de ce pays sur notre activité. C'est étrange comme l'Amérique voit les choses et considère ce " matériel pour adulte ". Du jour où il a adopté un profil high-tech, où nous avons basculé sur le DVD, l'interactivité et Internet, ça n'a plus été du porno, mais un divertissement moderne, un produit comme un autre pouvant même selon certains psychologues aider les couples en difficulté. »

Aujourd'hui, ce sont des millions de films qui partent chaque année dans les divers pipelines de Vivid. La société a passé des contrats avec Playboy TV, tous les canaux américains spécialisés, le groupe Kirch et Premiere en Allemagne, Canal+ en France, Telepiù en Italie. Et, pour asseoir son image auprès du public et conserver sa place sur les gondoles de Virgin, James a engagé vingt graphistes capables de concevoir des pochettes « convenablement torrides ».

En fin de compte, la recette du Gallois est assez simple. Des laboratoires d'avant-garde, des caméras performantes, du son à foison, des acteurs séduisants, des actrices splendides, des décors élégants, des éléphants ou des paquebots quand l'histoire l'exige, des budgets pharaoniques pour le genre (250 000 dollars le film), et des vedettes sous contrat comme dans les grands studios (12 000 dollars pour cinq jours de tournage). En plus, chaque titre est formaté aux demandes spécifiques du client : une version hard (DVD et pay per view), une version soft (Playboy et les chaînes de charme) et une version « gynécologique » (VHS).

« Je vais vous dire une chose, martèle James. Avec notre système de choix de scènes par menu, nos angles de prise de vue différents, la prévisualisation des moments les plus excitants, la compilation des étreintes les plus célèbres de l'histoire du porno et tous les jeux que nous offrons sur nos disques, je vous affirme que nos DVD sont plus élaborés et plus sophistiqués que ceux de la Warner ou même de Disney. Et maintenant, avec ce que je vais vous montrer, nous allons faire un malheur. Ce vêtement, voyez-vous, je l'appelle " la

combinaison du commandant Cousteau ". *It's a gold mine.* »
Cette mine d'or est une tenue de plongeur en néoprène sur-
piquée de capteurs et de vibreurs. Relié à un ordinateur
équipé d'un logiciel approprié, ce « *Cyber-sex suit* » est un
costume à plaisir qui réagit à toutes les sollicitations du cla-
vier. « Vous enfilez cette tenue. À l'autre bout du monde,
votre petite amie se connecte sur Internet et stimule à distance avec son PC les vibreurs qui sont disposés sur toutes les
zones érogènes du corps. Elle peut ainsi vous envoyer des
caresses ou de la chaleur selon le programme choisi. Et si elle
possède elle aussi un *Cyber-sex suit,* vous pouvez faire cela à
deux. 169 dollars livré à la maison. Vous vous rendez
compte ? *A gold mine.* » Hier, une actrice de la maison a
essayé la « combinaison de Cousteau » devant des journalistes. « Elle a dit que malgré l'aspect peu stimulant d'une
telle démonstration elle avait failli avoir un orgasme, confie
James. Moi, je sais que si j'enfilais un truc pareil je devrais
vraiment me retenir pour ne pas éclater de rire. »

Il y a quinze ans, David James était un immigré celte sans
argent ni papiers, qui déjà détestait les Rolls Royce. Il gagnait
sa vie comme coursier à Los Angeles. Aujourd'hui, maître de
la vallée, milliardaire high-tech et visionnaire du désir caout-
chouteux, il emballe le sexe dans la soie de la science et laisse
au fameux Gianfranco le soin de faire les livraisons à sa place.

San Fernando Valley, Californie, 6 avril 2000

Napoléon et les extraterrestres

Souple, silencieuse, la voiture semble glisser sur de la crème glacée. C'est une puissante Cadillac De Ville, de 1969. Frank, soixante-dix ans, la pilote à l'ancienne, deux doigts négligemment posés sur les branches du volant. De temps en temps, il incline légèrement son buste de côté et recale l'aiguille de son autoradio sur une station de musique classique. À sa droite, le docteur Charles Spiegel, soixante-seize ans, directeur de l'Unarius Academy of Sciences, le visage toujours empreint d'un sourire poli, indifférent à l'effet de fading qui par instants gomme quelques plages du concerto, semble perdu dans ses pensées cosmiques.

Voilà bien une demi-heure que nous avons quitté El Cajon, dans la banlieue de San Diego, et roulons vers le désert en longeant la frontière mexicaine. Lorsque nous croisons une autre voiture, les passagers, éberlués, nous fixent comme s'ils voyaient surgir un troupeau de bisons. Cela tient sans doute à la soucoupe volante lumineuse d'un mètre cinquante de diamètre qui est boulonnée sur le toit de la Cadillac. Et peut-être aussi aux fresques célestes et aux blanches inscriptions peintes sur la carrosserie : « Bienvenue à nos frères de l'espace. » Voilà donc notre posture en cette soirée d'été : tapi à l'arrière de la De Ville, perdu en pleine campagne, à la merci d'un Frank impavide et d'un songeur docteur Spiegel qui, une demi-heure plus tôt, nous avait longuement raconté sa vie du temps où il était Napoléon Bonaparte. Au moment où la route, telle une couleuvre, s'enroule autour des flancs d'une colline, Frank dit : « Nous sommes presque arrivés. »

À soixante-dix ans, Frank commence une vie d'étudiant. Il est à la fois l'ami, le chauffeur et l'élève de Spiegel, dont il suit les cours à l'université Unarius. Frank a tout son temps pour apprendre puisque son maître, le « docteur », lui a en quelque sorte promis l'éternité. Tout cela peut sembler confus. Mais vous verrez que par la suite les choses deviendront encore plus compliquées.

Maintenant, la Cadillac s'immobilise sur une aire splendide qui rappelle un peu Zabriskie Point. Une plate-forme dominant une vallée brumeuse et les contreforts de la Californie du Sud. Au moment où le soleil embrase les franges de l'horizon, le visage de Spiegel s'illumine et il dit : « Il y a bien des années, nous avons acheté cette dizaine d'hectares à l'écart de tout. Ce sont les extraterrestres avec lesquels je communique régulièrement qui ont choisi cet endroit. Nous avons fait de gros travaux de terrassement pour aplanir le site car c'est ici qu'atterriront, en 2001, les trente-trois vaisseaux spatiaux, avec chacun à bord mille occupants, venus de tout l'Univers apporter paix et sagesse sur cette Terre. » Derrière le docteur se dresse la grande « antenne » qui, le jour venu, guidera cette pluie d'ovnis. « Ils ne se poseront pas n'importe où, mais s'emboîteront les uns au-dessus des autres. Ce sera magnifique. »

Frank opine, et là, c'est vrai, au cœur de cette immensité, accoudé à la soucoupe et face à Napoléon, on se sent tout petit. L'université Unarius, ou Unarius Academy of Sciences, a son siège au 145, South Magnolia Avenue, à El Cajon, Californie. Ce sont deux bâtiments imposants, dont une façade est entièrement recouverte de fresques New Age. Près d'ici, à Rancho Santa Fe, le 26 mars, toutes les télévisions de la planète ont retransmis les images des cadavres de trente-neuf adeptes d'une semblable « université », qui eux aussi croyaient à ce point aux ovnis qu'ils s'étaient suicidés pour retrouver leurs amis extraterrestres censés les attendre dans un vaisseau garé quelque part dans le système solaire. « C'est bien malheureux, dit William Proctor, un étudiant d'Unarius. Les calculs de ces gens-là étaient complètement faux et ils étaient mal initiés, par un professeur incompétent. Aujourd'hui, tout le monde sait que nos frères de l'espace ne débarqueront pas avant 2001. » L'Unarius Academy of Sciences est formelle là-dessus.

Définir raisonnablement cette université est une tâche insurmontable. Disons qu'en Europe un diplôme de ce centre vous qualifierait pour une cure d'isolement. Dès que vous passez la porte de l'*Academy*, tout se met à aller de travers. Les murs, les reflets, les couleurs, le bon sens et même Charles Spiegel, le seul maître à bord. Il vous accueille avec une infinie douceur par ces mots : « Mon Dieu, vous n'avez pas changé. Vous savez que vous m'êtes très familier. Nous nous sommes bien connus dans une autre vie. Vous avez oublié ? C'est vrai qu'à l'époque j'avais davantage de cheveux. » Et il prend alors la posture de Napoléon, un pied en avant, une main dissimulée sous le gilet. Puis il vous raconte qu'il fut professeur d'anglais et de psychologie, avant de prendre conscience qu'il était justement la réincarnation de Napoléon. « Ce n'est pas facile pour moi de reconnaître que j'ai été un homme qui a fait tant de mal. Vous lirez ceci. » Et il vous tend *Les Confessions de Bonaparte*, une auto-biographie de 536 pages qu'il a lui-même écrite et où l'on apprend qu'il vécut aussi antérieurement sous les traits de Richelieu, Néron et César. Ensuite, ce sont les années d'initiation passées en compagnie de Ruth et Ernest Norman, les fondateurs d'Unarius.

Aujourd'hui, tel un Karajan de la métempsycose, il dirige le centre d'El Cajon, jongle avec ses vies passées et communique mentalement avec les « frères de l'espace » ou les grands morts. Ce faisant, il perpétue la tradition de l'université, dont le fondateur Ernest Norman recevait régulièrement des « fax mentaux » d'Albert Einstein. Le dernier journal de l'*Academy*, intitulé *Unarius Light*, publie d'ailleurs un de ces documents : « Cet article reçu par transmission mentale émane d'Einstein, qui vit désormais sur le plan spirituel d'Éros. » Suivent une dizaine de feuillets d'une absconse physique au long desquels Albert apporte un correctif d'importance à son « équation relative à la quatrième dimension » : « ... En vérité, la lumière voyage à 210 000 miles à la seconde, et non à 186 300 comme on le croit actuellement. [...] Oui, mes frères, nous sommes à un moment du temps cosmique où vous allez découvrir le travail accompli par les pionniers d'Unarius. [...] Je parle de ce qui va se produire en 2001, la mise sur pied d'une confédération de trente-trois planètes. »

Trois fois par semaine, Spiegel et dix autres professeurs enseignent donc les subtilités de la réincarnation, les arcanes de la vie extraterrestre, la communication à distance, les révélations astrales, la grâce de l'aura, les pouvoirs d'une obscure clairvoyance et la physique torsadée à quelque cinq mille membres concentrés en Californie et saupoudrés de par le monde. Tous ces filaments de sciences et de consciences s'entrecroisent en une trame confuse, une maille absurde dont les étudiants, pourtant, se drapent fièrement. Ils sont de tous âges – de vingt à quatre-vingt-onze ans –, bien insérés dans la société et exerçant d'estimables professions – entrepreneurs, artistes, agents immobiliers, professionnels de la santé –, à l'image de Barbara Rogers, trente-huit ans, directrice du centre d'hématologie d'une clinique de San Diego : « Je me suis posé beaucoup de questions après le suicide de mon père. En lisant des livres d'Unarius, j'ai compris qu'il y avait d'autres vies après la mort, et qu'il existait des endroits pour aider les âmes de ceux qui s'étaient ôté la vie. »

Lorsque vous franchissez la « porte-vitrail » du Star Center d'El Cajon, le cœur de l'université censé sublimer tous vos sens, vous avez l'impression d'entrer dans un décor de *Star Trek* revisité par un clone du Facteur Cheval mâtiné d'Andy Warhol. Tout est figé, immobile, et pourtant vous éprouvez le sentiment de tanguer. Autour de vous, rien ne tient debout. Où que vous posiez les yeux, vous êtes confronté à un univers de bandes méticuleusement dessinées. Les pyramides de verre abritant des maquettes de cités de l'espace, les fresques naïves, la boule électrique clignotante, les bustes bizarres, les tableaux de la Joconde, les galeries de miroirs, le sol à damier, l'abus de piliers, et les extraits de quelques professions de foi : « Unarius Academy a pour but de développer une nouvelle société humaine, harmonieuse, fraternelle, porteuse de toutes les Intelligences cosmiques. »

Tandis que dehors, par plus de 30 °C, des types tondent des pelouses bien vertes et que d'autres, dans des Taco Bell, mangent des burritos, ici, dans les entrailles fraîches et bigarrées d'un spoutnik à l'arrêt, des cosmonautes de l'âme planchent sur le contenu de leur prochain congrès mondial, qui se tiendra ici même les 11 et 12 octobre, sur le thème : « *14th Interplanetary Conclave of Light, In Advance of the Landing, 2001.* »

Le groupe Unarius, déclaré comme organisation à but non lucratif, n'en possède pas moins d'importants moyens. Plusieurs sites Internet, 90 programmes de télévision diffusés sur 23 chaînes câblées, une société de production vidéo, une imprimerie, un centre de séminaire, un catalogue d'une centaine de livres, des annexes en Italie, au Canada, en Espagne, en Nouvelle-Zélande, et une chorale mixte du nom de « And the Angels Sang ».

Charles Spiegel est convaincu que les anges chantent. Et aussi les vaisseaux spatiaux. Et toute la Voie lactée. Il parle de ses élèves avec beaucoup de gentillesse et pas mal de tendresse. Ils sont encore loin de sa sagesse, et bien peu reçoivent des télécopies d'Einstein. Il arrive même que pendant un cours un ancien Inca rancunier reproche à un ex-conquistador confus de lui avoir jadis ôté la vie. Mais si ces étudiants apprennent la tempérance, s'ils travaillent avec sérieux, alors eux aussi franchiront un à un tous les paliers de la conscience, graviront les marches de la connaissance, pourront un jour bavarder d'égal à égal avec les émissaires de la Confédération interplanétaire, et traiter les scientifiques comme ils le méritent. « Vous savez, ils peuvent raconter ce qu'ils veulent, à la Nasa. Nous, nous savons qu'il existe de la vie sur Mars. Une vraie civilisation, plus évoluée que la nôtre. Mais personne ne le sait parce que les martiens vivent dans des cités souterraines. » Et Charles Spiegel vous fait un sourire à désarmer un cuirassé. L'homme mène son affaire comme un empereur à la retraite, laissant à quelques dévoués généraux le soin de raboter le site et d'élever les consciences des académiciens. Frank est là pour conduire la Cadillac, et lui pour piloter le vaisseau amiral. C'est dans l'ordre des choses. « Franchement, vous croyez que tant de gens raisonnables pourraient se tromper ? »

À la nuit tombée, le docteur Spiegel nous raccompagne sur le parking de l'université, nous décore très affectueusement de l'ordre de la Lumière d'Unarius, et nous épingle sur la chemise une soucoupe volante chromée incrustée de sept pierres de couleur. « Vous n'êtes pas venu ici par hasard, vous savez. Vous avez été guidé. Et je vous aime bien. Au fait, vous venez juste d'avoir trente-deux ans, pas vrai ? » Comment ne pas alors trouver délicieux et définitivement sympathique un homme éternel qui vous fait un tel compliment alors que vous venez de tourner le coin de votre quarante-septième année ?

San Diego, Californie, 14 août 1997

3
Légal dégoût

Les papillons de Las Vegas

Jamais la chance ne descendra ici. C'est un motel de perdants. 30 dollars la nuit. À ce prix-là il ne faut pas rêver. Ni
même espérer dormir trop longtemps. La chambre est une
pièce sombre, infiniment triste. De la fenêtre qui donne sur
Las Vegas Boulevard, on aperçoit l'hôtel d'en face. Sur le toit,
une vieille enseigne s'accroche au passé : « *Elvis Presley slept
here.* » Aujourd'hui, plus personne ne dort au Normandie.
Tous les rideaux sont tirés et l'établissement est fermé. Ici, au
moins, il reste de quoi s'allonger. Mais le lit est cassé, la
moquette sent le désherbant, le téléphone n'a plus de tonalité
et le climatiseur goutte lentement sur le sol. En bas, dans le
hall, quatre machines à sous clignotent en silence dans la
pénombre. Près de la réception, une petite chapelle, partie
intégrante du motel, est ouverte nuit et jour pour boucler au
plus court des mariages d'amour : « Cérémonie, témoin,
musique et fleurs : 65 dollars tout compris. » Les époux peuvent repartir du sanctuaire en voiture et traverser le « *Tunnel
of Love*, hauteur limitée à 2,30 mètres », sorte de gros boyau
du bonheur tressé en fer forgé.
  Le pasteur de service, en costume blanc, les manches froissées, est assis sur un banc et regarde un match de boxe à la
télévision en lançant plus de « *motherfucker* » que la ville n'en
a jamais compté. Il faut donc faire avec tout cela, l'odeur

entêtante, les jurons du marieur, le bruit de la vie dans les tuyauteries et le spectre d'Elvis « qui-a-dormi-au-Normandie ».

Les yeux au plafond, on repense à ce qu'expliquait cet après-midi l'officier de police Steven Meriwether : « C'est souvent là que ça se passe. Dans ces vieux motels du quartier nord, dans ces chambres louées à la semaine ou à l'heure. Là que l'on trouve ce que l'on est venu chercher. Des types planqués qui ont quelque chose et surtout un passé à cacher. » Meriwether, porte-parole de la police de Las Vegas, parle ainsi du travail des CAT (*Criminal Apprehension Teams*). Aux États-Unis, il existe cinquante-six unités de ce type. Une par État. Ces *Fugitive Task Forces* sont des brigades spécialisées dans l'arrestation des criminels en fuite. Qu'ils soient voleurs, violeurs, assassins, agresseurs ou escrocs.

Les CAT de Las Vegas ont la réputation d'être la référence de la profession. Leur taux de réussite est exceptionnel. Ces performances, ils les doivent au caractère spécifique de « *sin city* », cette « ville du péché ». Meriwether aime bien se servir des statistiques pour simplifier les choses compliquées et raconter la parabole des brigands qui se ruent sur Las Vegas comme des papillons vers la lumière. « Les néons. Ils viennent se griller sur tous ces néons. Ils ne peuvent pas s'en empêcher. On dirait des insectes en été. Ils arrivent de tout le pays. Tous croient qu'ils sont très malins, qu'ils vont pouvoir se noyer dans la masse, profiter de tout cet argent qui circule, recommencer quelque chose. Ils s'installent, prennent une chambre à la journée, puis à la semaine. Et c'est là, justement, qu'on les attend avec notre brigade spéciale. » Une enquête du FBI démontre que, durant les dix premiers mois de 1999, les CAT de Las Vegas – qui n'est qu'une petite ville de 750 000 habitants – ont arrêté 840 fugitifs, alors que durant la même période leurs homologues de Los Angeles appréhendaient 382 gangsters, les unités de New York et de San Francisco plafonnant respectivement à 301 et 251 arrestations.

Carl est un ancien US marshal. Il a longtemps travaillé dans ce cloaque de lumière et connaît parfaitement les entrailles, le pouvoir maléfique de la ville : « C'est un aimant. Elle attire les truands. Vous savez, ce sont des gens comme tout le monde qui aiment l'argent, les femmes, le jeu, la boxe, le soleil. À Vegas la vie est comme ça. Rien ne s'arrête jamais. On parie, on boit, on mange, on fume 24 heures sur 24, 365 jours par an. Cela attire 3,5 millions de touristes et 4 000 nouveaux habitants chaque mois. Alors les fugitifs se glissent dans ce tourbillon, dans ce courant, et espèrent que cette ville va les sauver, leur donner une autre chance, les transfigurer. »

On dirait presque du Scorsese, une confession écrite pour De Niro et les siens, dite sur le ton de la confidence et du regret comme lorsqu'ils avouent dans le film *Casino* : « *For guys like us, Vegas was a morality car wash.* » (Pour des gars comme nous, Vegas était l'endroit où on se purifiait moralement.) Mais non. Cette ville n'a jamais lavé de quoi que ce soit. Ni des remords ni des soupçons. Elle se contente de vous rincer, ce qui est fort différent. De vous nettoyer les poches, de vous lessiver de vos derniers *nickels*. De vous repasser vos illusions. Ensuite, il ne vous reste plus qu'à louer une chambre en face du « Normandie-où-Elvis-a-dormi ». Tout le monde sait ça. Tout le monde sait que chaque soir la cité la plus louche du monde, fondée par la Mafia et toujours inspirée par elle, se transforme en une paradoxale et iridescente centrifugeuse à truands. Il suffit de s'asseoir devant les néons pour regarder les hommes tomber.

Ils sont de tous âges, de toutes conditions. Le « suprémaciste » blanc et facho qui, après avoir massacré plusieurs personnes, débarque en taxi, calme comme un touriste anglais. L'adolescent cambrioleur qui vient s'enterrer près des machines à sous après avoir simulé sa propre mort. Le procureur du New Jersey, poursuivi pour corruption et fraude, tombé amoureux des bandits manchots. L'officier de police de San Antonio, pilleur de banque et fondu de banco. Le trafiquant de drogue tatoué jusqu'aux oreilles qui passe ses journées dans une boîte de strip-tease. Tous croyaient que la chance avait enfin tourné, que l'histoire du *car wash* moral avait fonctionné, que la ville avait tenu ses promesses. Et tous, pourtant, se sont retrouvés à raconter leurs pénibles histoires flanqués d'un avocat approximatif devant le jury du tribunal.

D'autres ont préféré éviter ce genre de procès, devancer le verdict et quitter la scène d'une manière plus brutale : « Les arrestations deviennent de plus en plus difficiles, raconte Cervantes, un officier des CAT. Surtout depuis que certains États ont adopté une loi qui veut qu'après trois infractions vous soyez mis définitivement hors circuit. Lorsqu'ils se sentent pris, les fugitifs qui sont dans ce cas de figure savent n'avoir plus rien à perdre. Refusant l'idée de finir en prison ou à la chambre à gaz, ils tentent n'importe quoi au moment de leur arrestation pour se faire " suicider " par un policier. » Une tentative de ce genre s'est déroulée, il n'y a pas si longtemps, sur Fremont Street, à l'Ambassador Inn, une autre cambuse de transit. À 23 heures, les CAT sont allés arrêter un couple recherché qu'ils pensaient assoupis dans leur chambre. Lorsqu'ils sont entrés dans la pièce, les choses ont mal tourné, l'homme a attrapé un fusil sous le lit et son amie un revolver dans la table de nuit. Officiellement, sur 4 500 arrestations, la brigade confesse avoir dû « suicider » un suspect tandis que trois autres fugitifs se sont eux-mêmes tiré une balle dans la tête.

Douze policiers, hommes et femmes, composent l'effectif

des CAT de Las Vegas. Ils travaillent en deux groupes de six personnes, chaque unité devant remplir des objectifs mensuels. Si certains membres n'atteignent pas leur quota d'arrestations, ils sont exclus de la section, comme le stipule le règlement interne. Mais cela ne s'est jamais produit. Car la ville est une véritable pompe à malfrats. 700 avis de recherche aboutissent chaque mois sur le listing des CAT. L'une des deux *squads* a récemment battu son record : 116 arrestations dans le mois. L'autre a aussitôt répliqué en faisant exploser le score enregistré en une seule journée : 16 captures.

Sur leurs méthodes, ces policiers sont assez discrets : « Plutôt que la force, on préfère utiliser la ruse et l'effet de surprise. » Ils se font ainsi passer pour des plombiers, des réparateurs d'ascenseur ou des livreurs de pizzas. Ils étudient les faiblesses des suspects, leur penchant pour la drogue, le jeu, les femmes, se griment en trafiquant implacable, en croupier affable, en séductrice inaltérable. Ils traînent du côté du Caesar's Palace, du Bellagio, du Paris, du Mirage, du Venetian. Nuit et jour, des équipes rôdent sur les parkings des casinos en quête de plaques d'immatriculation suspectes. De même, tous les registres des « motels-où-Elvis-a-dormi » et des chapelles « Tunnel of Love » sont quotidiennement épluchés.

Mais, dans cette ville hallucinée par l'argent, ce sont en fait les dénonciations « récompensées » qui permettent au CAT de travailler. Les services privés de sécurité et les physionomistes de casino sont évidemment des informateurs de première catégorie. Les simples citoyens se voient aussi offrir leur chance de participer à ces triviales poursuites. Grâce à des appels anonymes ils ont la possibilité de remporter discrètement de raisonnables mises. Ainsi, sur tous les abribus de la ville, on peut lire cette affiche : « 1) Témoin d'un crime. 2) Appelez la hot line. 3) Touchez une récompense. Vous n'avez pas à donner votre identité. Soyez un témoin secret. 24 heures sur 24. 385-55-55. Les citoyens contre le crime. » Cette association privée se charge de collecter des fonds qui, le moment venu, retomberont en primes sur les indicateurs. 1 000 dollars en moyenne pour une information conduisant à l'arrestation d'un agresseur ou d'un fugitif.

Ce « jeu » est devenu le « petit casino » des indigènes. « Dans leur grande majorité, c'est vrai, les gens qui appellent ne sont motivés que par une chose : la prime, reconnaît la police. Et ça ne nous dérange pas du tout. » Ici, on adore les histoires de ces fuyards identifiés par des observateurs nourris aux mamelles d'émissions de télévision reposant sur la délation comme *America's Most Wanted* ou *Unsolved Mysteries*. Le trafiquant de drogue arrêté par un employé de strip-tease qui avait reconnu les serpents tatoués sur ses avant-bras. Le criminel de Los Angeles filmé par la caméra vidéo d'un casino et qu'un physionomiste identifie en raison de la taille démesurée de sa tête. Et Grant Warren Beaucage. Lui croyait avoir fait le plus dur après avoir tué sa femme au Canada et s'être glissé dans le maelström de Las Vegas. Il avait changé de nom et s'était même remarié dans une chapelle du quartier nord. Il avait pris ses habitudes en ville et allait parfois déjeuner au buffet du Stardust Hotel Casino. Seulement voilà. La malchance voulut que le caissier du restaurant ait justement lu, ce jour-là, dans le *Reader's Digest*, un article à vous glacer le sang sur l'un des types les plus recherchés de ce pays. Et c'est ce tueur-là qui était en train de manger face à lui. Beaucage n'eut pas le temps de terminer son repas. Le caissier, lui, dégusta la prime.

Les gens du CAT aiment bien raconter ce genre d'histoires. Et davantage encore celles des larrons qui se font piéger comme des bouffons. « Je crois qu'on a à peu près tout vu, dit Cervantes. Des types accrochés aux plaques d'isolation du plafond, dissimulés dans la niche de leur chien, enfermés dans le tambour d'une sécheuse, glissés sous leur *waterbed*, roulés en boule dans une poubelle, et même un qui s'était enfermé dans son placard. Un vrai gros fumeur, celui-là. Pendant qu'on le cherchait dans la maison, il était tellement nerveux qu'il n'a pas pu résister et a allumé une cigarette. C'est en voyant sortir de la fumée de la penderie qu'on a compris qu'il était caché à l'intérieur. »

À l'extérieur, lentement, tombe la nuit. Sur les pistes de craps, les dés donnent des cours de hasard. Les cascades de néons jaillissent des casinos qui lessivent à pleins seaux. Et là, au cœur de ce monde postiche, se croyant à l'abri dans la tiédeur du soir, les papillons interlopes, ignorant leur destin éphémère, vont, viennent et tombent dans la lumière.

Las Vegas, Nevada, 25 mars 2000

La vie en rose

Lorsque le shérif se tient debout devant la baie vitrée de son monumental bureau situé au 19ᵉ étage de la tour Wells Fargo, lorsque, du bout du doigt, il caresse le colt doré qu'il porte en guise de pince de cravate, lorsque, sanglé dans son uniforme marron glacé repassé au cordeau, il domine ainsi les hommes et les brumes de Phoenix, une réflexion saugrenue nous traverse l'esprit : si Joe Arpaio se met ainsi à sa fenêtre, ce n'est pas pour regarder sa ville, mais bien d'une certaine façon pour que sa ville le voie, l'admire. Pour qu'elle sache qu'il est toujours là, au centre et au sommet des choses, qu'il domine ses sujets et tient, plus que jamais, leurs affaires en main.

À soixante-neuf ans, cet homme qui se garde en très haute estime et s'autoproclame dans sa biographie « *The America's Toughest Sheriff* », cet homme qui au bout de quarante-quatre ans de mariage affirme que, même au lit, sa femme Ava, par respect pour sa fonction, ne l'a jamais appelé autrement que « *sheriff* », cet homme aux initiatives aussi confondantes qu'imprévisibles qui règne sur plus de trois millions d'habitants, que la population plébiscite régulièrement à plus de 85 % et qui envisage avec sérieux de briguer le poste de gouverneur d'Arizona, cet homme-là, donc, a trois passions dans la vie : châtier, humilier, tourmenter, avilir ses prisonniers, faire parler de lui, et chanter « My Way ». « J'ai même demandé par testament que cette musique soit jouée le jour de mes funérailles. »

Nous avions rencontré Joe Arpaio il y a six ans. À l'époque, pour faire faire des économies aux contribuables, l'idée lui était venue de créer un pénitencier de plein air au milieu du désert et d'enfermer 2 000 prisonniers sous des tentes militaires. « Vous savez combien me réclamaient, à l'époque, les architectes pour construire une nouvelle prison ? 4 millions de dollars. Avec les tentes et les barbelés je m'en suis tiré pour 100 000 dollars. On me reproche d'être inhumain avec les détenus, de les parquer dans cette fournaise par plus de 50 °C. Vous savez ce que je réponds ? Ce qui est assez bon pour nos militaires est parfait pour des délinquants. »

Depuis cette époque, Joe Arpaio est devenu une vedette des médias. Toutes les télévisions du monde se sont rendues à Phoenix, l'une des villes les plus modernes d'Amérique, pour filmer les lubies médiévales de cet homme étrange qui prend un malin plaisir à restaurer les pires traditions de ce pays. Ainsi, récemment, il a rétabli les humiliants *chain-gangs*, pour les hommes aussi bien que pour les femmes. « Pour les femmes je n'ai rien rétabli du tout puisque je suis le premier dans l'histoire de l'humanité à les enchaîner. Exactement comme si c'étaient des hommes. Et vous savez pourquoi ? Par pur souci d'égalité. » Et il sourit comme un gosse qui vient d'arracher les ailes d'une mouche.

L'année dernière, il avait déjà accaparé l'attention de la presse avec l'affaire des caleçons roses. Encore une histoire excentrique. Un jour, Arpaio s'est aperçu que les détenus de Maricopa County, son comté, volaient les slips et les shorts noirs de l'administration pour les revendre à l'extérieur de la prison. « Alors je me suis posé la question. Quelle est la couleur qu'un détenu déteste le plus ? Et là, le rose m'est venu tout de suite à l'esprit. Alors j'ai commandé 7 000 caleçons roses pour hommes. C'est comme ça qu'aujourd'hui mes gars, mes plus grosses brutes, portent tous des dessous roses. Du coup le trafic et les vols ont cessé. Vous, vous achèteriez un caleçon rose ? »

Aussi invraisemblable que cela paraisse, Joe Arpaio dédicace parfois ces slips à la demande d'un détenu. Comme nous l'avions vu jadis signer des bibles dans le désert. « C'est normal. Je suis devenu célèbre. Les types aiment que les stars signent n'importe quoi. Même du papier cul. » Arpaio a en fait des idées assez arrêtées sur les lignes de vêtements que les détenus doivent porter dans sa juridiction. « Je les habille comme autrefois, rayés de noir et de blanc. Je leur refuse le droit de porter des combinaisons bleues comme nos médecins, ou orange comme les honnêtes travailleurs qui font les routes. Je les veux zébrés, identifiables, comme à Alcatraz. »

Cette année, Joe Arpaio a encore suscité avec gourmandise une série de petits scandales qui lui ont valu les foudres d'Amnesty International et de l'American Civil Liberties Union. « Ils me reprochent d'avoir supprimé le café aux prisonniers. Moi je leur réponds : 200 000 dollars d'économisés pour le contribuable. J'ai aussi interdit la télé, les cigarettes, *Playboy, Hustler* et les magazines pornographiques. Et alors ? Partout en Amérique les prisonniers se révoltent parce que le film à la télé ne leur plaît pas ou que la pizza est froide. Ici, ils n'ont rien et ils la ferment. » Arpaio se vante de nourrir ses détenus pour 60 cents par jour. Avec des restes, des surplus, tout ce qu'on lui donne. Un admirateur lui a récemment offert 60 autruches. Il a envoyé les membres de sa milice les attraper au lasso, et le lendemain les prisonniers découvraient les oiseaux en lamelles dans leurs gamelles. « Je prends tout ce qu'on me donne, tout ce qui est gratuit. C'est comme ça que j'arrive à les nourrir pour 60 cents par jour. Ce qui énerve les libéraux, c'est que dans le même temps je dépense 1,10 dollar pour la pâtée quotidienne des chiens de la police. »

Cette discrimination de traitement entre les chiens et les prisonniers, Arpaio la cultive. Ainsi vient-il de poser pour des photos devant les nouvelles cellules avec air conditionné qu'il a ouvertes pour accueillir les chiens et les chats maltraités par leurs propriétaires jusqu'à ce que ceux-ci soient traduits devant le juge. « Chaque animal a son matelas, sa couverture, son bac. Ce sont les détenus qui nettoient les déjections. Ils sont à leur service 24 heures sur 24. J'ai aussi obligé les condamnés à peindre des fresques sur les murs. Par exemple des buissons et des bornes à incendie pour que les chiens puissent pisser contre. Les prisonniers sous les tentes, dans la fournaise, les chiens, confortables et au frais, ça, ça me plaît. »

Dernière provocation du patron, il a ouvert un site Internet et installé quatre webcams dans son commissariat où transitent chaque jour trois cents individus arrêtés. On peut donc désormais regarder en direct, de nuit comme de jour, la petite misère du monde de l'Arizona. Les cellules de détention provisoire. Les sièges de contention où l'on sangle les prévenus agités. La cérémonie des empreintes. Trois millions de visiteurs le jour de l'ouverture du site. « Depuis, une moyenne quotidienne de dix millions de connexions. C'est ce que j'appelle un sacré succès. C'est mon idée. On me reproche d'exposer au regard de tous des gars qui ne sont pas encore jugés. Moi, je réponds que, pour un type qui vient de se faire ramasser parce qu'il embarquait une pute, c'est l'occasion rêvée de se mettre devant la caméra pour dire à sa femme : " Coucou, chérie, je suis là, ne te fais pas de souci, je rentrerai un peu tard. " Vous savez qu'on a aussi le son sur mon site ? Je déteste les films muets. »

Et Arpaio nous conduit dans ses bas-fonds, pérore devant ses cellules bondées, ses entrepôts de culottes roses, flatte ses chiens climatisés, ses hommes muselés, ses travailleurs enchaînés, il va, vient et tourne sans fin devant les caméras. « Deux fois, j'ai dormi au milieu de mille prisonniers, dans le désert. Il ne me font pas peur. Je ne fais pas ce boulot pour qu'ils m'aiment. Mon travail, c'est de leur rendre la vie impossible, de les dégoûter de la prison. Parfois je croise d'anciens détenus. Je me dis qu'ils vont me descendre. Pas du tout, ils viennent me serrer la main. » Dans la ville, Joe Arpaio a fait graver son nom sur les portes de ses bureaux, les murs de ses prisons, les centres de dressage et d'entraînement des chiens policiers, les cars de transfert des animaux et des détenus, les voitures de patrouille. Il est présent partout. Sa milice, composée de trois mille volontaires, lui voue un culte sans limites et son site Internet s'ouvre sur cette phrase : « C'est sa prison et il en est fier. Suivez Joe Arpaio sur son lieu de travail, là où les détenus portent des culottes roses, mangent des pâtes vertes avariées et vivent enchaînés. »

Joe Arpaio est né le 14 juin 1932 à Springfield, Massachusetts. Il dit de lui-même qu'il est « rusé comme un renard ». Il dirige, en importance, le quatrième centre de détention des États-Unis. Parfois, pour leur rappeler qui est le patron, il impose à ses prisonniers de regarder trois films. Toujours les mêmes : *Donald Duck, Lassie Come Home* et *Old Yeller*. Lorsqu'ils sont irrespectueux, ils les met à la diète pendant une semaine : une tranche de pain calorique et de l'eau. Personne ne peut rien contre ses incessantes et imprévisibles lubies. La Cour suprême des États-Unis lui a même donné raison lorsqu'il a fait interdire *Playboy* et *Hustler*. Sur les murs de la Wells Fargo, il pose en photo aux côtés de George W. Bush et de Mike Tyson. Dans le désert, au milieu du camp de détenus, il vient de faire élever un immense mirador au sommet duquel clignotent de gros néons roses de motel qui annoncent « *Vacancy* ». Joe Arpaio adore ce genre d'humour. Il possède une réplique de cette tour dans son bureau qu'il allume lorsqu'il reçoit des visiteurs. À sa droite, la photo d'Ava. À sa gauche, son livre sur un présentoir. Et lui, au milieu, parlant de ses caprices de commandeur, de son avenir de gouverneur et de ses chiens battus qui lui brisent le cœur. Distraitement, il glisse une vidéo dans le magnétoscope. « C'est un petit film que j'ai fait faire sur moi. » L'écran s'éclaire. Arpaio apparaît. Il tient un micro. Il chante « My Way ».

Phoenix, Arizona, 1er février 2001

Je vous présente Frank

Il nous dit de prendre soin de nous, d'être prudents sur la route, de nous méfier des inconnus, puis, d'un ton sincère et chaleureux, il ajoute : « Si vous revenez à Fort Worth, promettez-moi de vous arrêter pour prendre un café à la maison. » Ensuite, comme à regret, il nous reconduit sur le pas de sa porte et, d'un œil protecteur, nous regarde nous éloigner dans la nuit glacée. Ce Texan attentionné dont le modeste appartement tient tout entier dans le pinceau des phares de la Plymouth de location s'appelle Frank Darrell. Il a trente-sept ans, une queue-de-cheval, un groupe de heavy metal et 5 000 dollars qui dorment à la banque. Il les a économisés sou par sou pour les offrir, un jour, à l'homme de bien qui abattra un délinquant dans le cadre de la loi. Il s'y est engagé par contrat.

Depuis qu'il a fondé il y a trois ans son association d'auto-défense, baptisée Dead Serious, Frank Darrell ne vit que dans l'attente de cette mort. Et lorsqu'il s'agit de mort, Darrell ne transige pas. Avant de nous quitter, il nous a donné la notice qu'il distribue à tous ses adhérents. On peut y lire : « Nous devons faire peur aux criminels pour qu'ils se tiennent à l'écart de nos maisons, de nos bureaux, de nos parkings. Ils doivent nous craindre. Et vous devez vous souvenir de ceci : si vous ne faites que blesser un délinquant, il peut ensuite vous poursuivre en justice, revenir après sa libération et vous tuer. Ou bien commettre d'autres crimes. De toute façon, sa détention coûtera cher aux contribuables. En conséquence, il vous faut savoir que seulement blesser un bandit ne vous autorise pas à réclamer la prime de 5 000 dollars en liquide. » Oui, lorsqu'il s'agit de tuer, Frank Darrell est vraiment « sérieux à mort ».

C'est en 1994 qu'il a fondé son association « anticrime, tolérance zéro ». Une nuit de cette année-là, Kelly Davis, une hôtesse d'American Airlines, fut retrouvée inconsciente sur le bord d'une route de la banlieue de Fort Worth. En rentrant chez elle, elle avait été agressée et battue par deux hommes qui lui avaient volé sa voiture. Dans son fauteuil, tandis qu'il suivait un reportage sur ce fait divers à la télévision, Darrell dit à sa femme, Vicky : « Devant des choses pareilles, ou l'on va se coucher en pleurant, ou bien on décide de se battre, de ne plus se laisser faire. » Le lendemain, il enrôlait un avocat et, quelques jours plus tard, fort de ses conseils, déposait les statuts tout à fait légaux de son association à but lucratif, Dead Serious Incorporated.

Pour une cotisation annuelle de 10 dollars, chaque membre reçoit des cours gratuits de maniement d'armes délivrés par un instructeur qualifié, des autocollants intimidants « anticrime, tolérance zéro » destinés à être apposés sur les voitures et les maisons, une lettre d'information aussi mensuelle que radicale, plus ce fameux droit à prétendre aux 5 000 dollars de prime pour tout délinquant abattu dans l'exercice de son ministère. Fort d'une centaine de membres à ses débuts, le groupe compte aujourd'hui 6 800 adhérents répartis dans 49 États américains, au Canada, en Grande-Bretagne, en Australie et même aux îles Vierges. Deux catégories de citoyens ne sont pas admises dans la Dead Serious Inc. : les policiers en activité et tout individu possédant un casier judiciaire. Frank Darrell, président d'honneur de son association, ne peut ainsi prétendre en être membre. Ce matin, sans broncher, il s'en est expliqué : « Je n'ai pas honte de dire la vérité. Il y a quelques années, j'étais de l'autre côté de la barrière. Au Texas et au Minnesota, j'ai fait de la prison pour vol, cambriolage et agression. » Tel est Darrell. Et lorsqu'on lui fait remarquer que, si une association semblable à la sienne avait existé à l'époque où il jouait les monte-en-l'air, il serait peut-être aujourd'hui couché six pieds sous terre, il lève les paumes vers le ciel, l'air de dire : « Je ne l'aurais pas volé. » Alors, on n'en finit pas de rôder autour de cet homme paradoxal qui rêve de punir ses propres péchés de jeunesse, de récompenser les commissionnaires de la mort, dont la femme collectionne les ours en peluche pour qu'il puisse les habiller en battle-dress, les armer de grenades, de mitraillettes et leur épingler des menottes à la ceinture.

Toute la journée, dans son bureau de Lift Aids Inc., 2381, Pecan Street, il occupe un emploi de *service manager*, s'attachant à faciliter la vie des handicapés en leur fournissant tous les appareillages hydrauliques susceptibles de leur permettre de se déplacer. Mais, tandis qu'il parle de ses clients avec tendresse et compassion, on ne peut quitter des yeux les accessoires décoratifs que Frank Darrell a épinglés sur sa cloison : un ourson en tenue de combat, ceint d'une cartouchière, brandissant une kalachnikov et un couteau terrifiant doté d'une lame acérée et chromée de trente bons centimètres.

On ne peut pas davantage oublier le long monologue sécuritaire et résolu qu'il nous asséna, serrant dans ses mains, telle une bible, un code pénal du Texas : « Dead Serious est une marque déposée. C'est aussi le nom de mon groupe de rock. Plus qu'une association d'autodéfense, c'est une attitude générale dans la vie. En adhérant, les gens veulent dire : c'est fini, nous n'avons plus peur des criminels, nous prenons nos affaires en main. Nous voulons opérer une ségrégation réelle entre les citoyens honnêtes et les délinquants. Je sais que l'opinion publique me soutient. Parce que je fais le travail que ne peuvent plus faire la police et la justice. Je hais les avocats. Ils ont pourri ce pays. Ils trafiquent les lois, font libérer des monstres. Tout le système pénal est aujourd'hui défaillant. La police elle-même conseille aux femmes seules en voiture d'acheter un mannequin gonflable pour dissuader les assaillants ! C'est à nous, les citoyens, de réagir. Nos adhérents ont entre quarante-cinq et cinquante-cinq ans. Ce sont des gens qui ont tous une situation. Ne croyez pas que ce soit la prime de 5 000 dollars qui les attire. Ils n'ont pas besoin de cet argent. Simplement, ils ne se satisfont plus d'une prétendue décroissance de la délinquance. Il veulent une " tolérance zéro " envers les crimes. Qu'est-ce que vous en avez à faire que les statistiques des agressions baissent si c'est votre enfant qui est abattu sur le pas de votre porte ? Avec Dead Serious, nous voulons terrifier les criminels, leur faire savoir que nous sommes des hommes debout, vigilants, armés 24 heures sur 24, et prêts à faire justice nous-mêmes. Le code pénal du Texas nous y autorise. Lisez, article 9-42 : vous avez le droit de tirer sur quiconque s'en prend à vos biens matériels. Le criminel sait que vous avez ce droit. Il sait aussi que, généralement, vous ne l'exercez pas. Notre rôle est de lui faire savoir que nous, à Dead Serious, nous n'hésiterons pas à le tuer. »

Quand on demande à Darrell si, au fond de lui, il ne redoute quand même pas, un matin, de devoir aller à la banque retirer cette prime morbide, il répond dans un soupir : « Bon Dieu, je ne vis que dans l'attente de ce jour. Parce que ça voudra dire que mon adhérent aura été acquitté par un jury, que la justice aura reconnu qu'il avait le droit de se défendre en homme. » Tous les propos de Darrell sur les défaillances de l'État, la faiblesse, la corruption du système policier et judiciaire, rappellent singulièrement les théories des milices d'extrême droite, qui se développent dans le pays. Lui, en revanche, se défend de ce parallèle : « Je vais vous dire la vérité. J'ai été approché par des cellules nazies, des skinheads et même par le Klan. Mais nous n'avons rien à faire de ces groupes racistes. On ne veut même pas en entendre parler. »

Quarante-huit heures avant notre rencontre avec Frank Darrell, trois meurtriers, Paul Ruiz, Earl Van Denton et Kirt Wainwright, avaient été exécutés au pénitencier de Varner, dans l'Arkansas. Selon le porte-parole de la prison, ces mises à mort avaient été regroupées le même jour « pour diminuer les frais et atténuer le stress des gardiens ». Wainwright, dans l'attente de la grâce du gouverneur, était resté allongé une demi-heure sur une table d'opération avec deux aiguilles chargées de lui injecter la potion létale, plantées dans les veines des bras. Avant de mourir, à 9 h 30 du matin, il avait récité un poème. Puis, au moment où le poison s'était infiltré en lui, il avait dit : « Maintenant, renvoyez-moi à Dieu. » « Et alors ?, dit Darrell. Qu'est-ce que c'est que ces conneries ? Les toxicos passent leur vie avec des seringues dans les bras. Vous croyez m'attendrir avec ça ? Ces types-là ont tué sauvagement pour 10 dollars. Leur détention a coûté plus de 2 millions de dollars à la communauté. Si on les avait abattus sur le fait, personne ne les aurait regrettés et la société aurait fait des économies. » Entre ses machines pour handicapés, son ours blindé et sa lame effilée, campé sur son divan et son code texan, Frank Darrell n'en démord pas : c'est sur-le-champ qu'il fallait tuer les méchants.

Tim, un jeune électricien, et Gene Andrews, une charmante dame de soixante-trois ans, pensent exactement la même chose. En 1994, ils ont été les deux premiers adhérents de Dead Serious Inc. Ils vivent en permanence avec une arme sur eux et suivent régulièrement des cours pour se familiariser avec leur colt. « Vous savez, dit Tim, on n'a pas besoin d'être des tireurs d'élite. En cas d'agression, vous faites feu à trois ou quatre mètres de l'assaillant. Si vous avez besoin d'un fusil à lunette pour le descendre, ce n'est plus de l'autodéfense. » Gene, elle, a rejoint Dead Serious depuis que son quartier de Northside a été envahi par les gangs. « Un jour, un type a été abattu dans mon jardin. Depuis, je n'ose même plus aller à l'église toute seule. Et pourtant je vis là depuis trente ans. J'ai collé mes stickers Dead Serious sur les murs extérieurs de ma maison. Mon pistolet ne me quitte pas. Et si quelqu'un vient à ma porte, il sait à quoi s'en tenir. Ce ne sont pas les 5 000 dollars qui me pousseront un jour peut-être à tirer. C'est le désir de rester en vie et de faire respecter la loi. »

La loi, à Fort Worth, James F. Skidmore est bien placé pour la connaître. En tant que shérif du comté de Tarrant, c'est même lui qui est chargé de la faire respecter. Et il n'apprécie pas du tout la philosophie sommaire des justiciers de banlieue de Dead Serious Inc. Il leur a souvent porté la contradiction dans la presse ou dans des émissions de télévision. « Cela m'a valu des menaces de la part de quelques membres. Pour le moment, ils n'ont rien commis de répréhensible. Heureusement. Mais, même si cette organisation est tout à fait légale, personne ne me fera comprendre ni admettre ses positions extrémistes. Comment peut-on encourager un homme à en abattre un autre pour 5 000 dollars ? Tuer est une chose extrêmement grave, sérieuse, dramatique. C'est vrai que dans certaines circonstances la loi vous autorise à tirer sur quelqu'un qui vole votre voiture ou votre téléviseur. Sérieusement, vous trouvez que c'est une manière normale de traiter la vie ? » Pendant qu'il nous parle ainsi, le shérif de Tarrant County ignore que nous avons la tête ailleurs, que, depuis le début de cette histoire, nous pensons sans cesse au libellé d'une affiche que nous avons trouvée quelques jours auparavant agrafée sur les poteaux téléphoniques du quartier chic de Melrose, à Los Angeles. Cette affiche qui nous hante dit : « 5 000 dollars de récompense à qui rapportera une femelle caniche perdue nommée Susan. Il ne sera posé aucune question. Téléphoner au 653-22-95. » Oui, c'est à cela que nous pensons en écoutant le shérif Skidmore. Au fait qu'au Texas la vie d'un homme vaut exactement le même prix que celle d'un chien de luxe californien.

Fort Worth, Texas, 5 juin 1999

Prisonniers de la folie

Il s'appelle Clark. Il est derrière la vitre blindée, assis sur la banquette. Et il téléphone. Il téléphone sans cesse, le jour comme la nuit, parle avec autorité, règle les affaires courantes de son monde bruissant sans jamais raccrocher. D'ailleurs, comment le pourrait-il puisqu'il ne tient aucun combiné entre ses mains. Il s'appelle Howard. Il est derrière la vitre blindée, adossé au mur. Et il conduit. Il conduit à tombeau ouvert, se faufilant dans les virages de son parcours tumultueux. De sa bouche remontent le feulement d'un moteur ou le crissement des pneus. Parfois il frôle l'accident mais repart aussitôt dans sa course folle en tournant sèchement le volant imaginaire qu'il serre entre ses doigts. Il s'appelle Burtley. Il est derrière la vitre blindée, allongé sur son lit. Il ne conduit ni ne téléphone. Il est sanglé sur sa couche par des lanières de cuir, hurle à s'en écorcher la gorge, et regarde fixement l'objectif de la caméra qui, en permanence, l'observe. Il ne baissera pas les yeux, ne se taira pas tant qu'elle ne détournera pas son regard.

Nous sommes de l'autre côté de la vitre blindée. Nous marchons dans le long corridor des fous, au troisième étage des Twin Towers, la plus grande prison de Los Angeles. Ici, comme dans tous les lieux de détention d'Amérique, plus d'un détenu sur dix souffre de maladie mentale. Les chiffres et les conclusions du département de Justice sont édifiants : en quelques années, les pénitenciers sont devenus les premières institutions psychiatriques de la nation. Dans l'État de New York, 5 800 patients adultes sont traités dans des hôpitaux publics alors que 6 000 détenus, souffrant de graves désordres mentaux, sont plus ou moins bien soignés à l'intérieur de leur cellule. En 1955, le pays comptait 559 000 lits publics en psychiatrie. Quarante ans plus tard, il n'y en a plus que 69 000. Nous sommes de l'autre côté de la vitre blindée. Jusque-là, tout va bien.

Richard Kushi n'a rien d'un homme arrogant. La complexité des situations qu'il a tous les jours à gérer lui a enseigné l'humilité. Il sait ce que sont les douleurs de l'esprit quand elles s'ajoutent aux rigueurs de la condition carcérale. Avec une apparente humanité, il dirige le département de santé mentale des Twin Towers. Essayez d'imaginer ce dont on parle. Dans le comté de Los Angeles, 1 000 personnes en moyenne sont arrêtées chaque jour pour les motifs les plus divers. Certaines sont relâchées, d'autres incarcérées dans les sept prisons de la ville. Celle de Twin Towers, à elle seule, héberge plus de 7 000 détenus. Selon un rapport du département de Justice, 10 % d'entre eux souffrent de schizophrénie, sont maniaco-dépressifs ou atteints de troubles comportementaux sévères. Cette proportion est quatre fois plus importante que celle que l'on observe dans une population normale. D'après ce même rapport, le sort réservé à ces malades est déclaré « anticonstitutionnel ». Il y a quelques mois, ces prisonniers « psy » vivaient entassés dans de vieux locaux de l'autre côté de la rue, et devaient s'accommoder des odeurs putrides d'un égout bouché en permanence et de la compagnie des rats. Aujourd'hui, ils sont relogés dans des nouveaux bâtiments dont l'architecture intérieure évoque la rigueur hygiénique d'un hôpital. « De fait, nous sommes presque un centre de soins, dit Richard Kushi. Nous avons même un budget spécifique de 7 millions de dollars pour traiter nos détenus comme il convient. »

C'est l'heure du lunch. Nous déjeunons à la cantine de la prison. Kushi parle plus qu'il ne mange. Il raconte comment tout cela a commencé, pourquoi, aujourd'hui, les prisons sont les seules institutions à accueillir les malades mentaux. « En Californie, la tendance s'est infléchie dans les années 60. L'idée, alors, était de soigner les gens en dehors des asiles, de les confier à des associations qui les aideraient à se réinsérer dans la communauté. Puis Reagan a été élu gouverneur et, pour faire des économies, il a fermé les hôpitaux tout en diminuant les budgets des associations. La crise économique a fait le reste. Aujourd'hui, on voit des gens se faire arrêter volontairement pour des délits mineurs parce qu'ils sont sans ressources, qu'on ne veut plus d'eux dans les hôpitaux et qu'ils savent qu'en prison, au moins, ils seront traités gratuitement et sérieusement. » Cette dérive aussi incontrôlable qu'absurde a peu à peu conduit le système pénitentiaire américain à jouer un rôle de « SAMU mental » où, jusque-là, quelques gardiens débordés et inexpérimentés faisaient office de thérapeutes. On imagine les conséquences catastrophiques d'une telle politique. « Pour une raison évidente qu'il faut tout de même rappeler, explique David Myer, directeur de l'Institut de santé mentale de Los Angeles, on ne peut pas faire de psychiatrie en prison car le lieu lui-même, par définition, est pathogène. Pour un homme en bonne santé, vivre en cellule est une chose terrible. Lorsqu'il s'agit d'un déséquilibré, l'enfermement, la promiscuité, la violence latente ont des conséquences encore plus dramatiques. »

Pourtant, dans les grandes villes du pays, on semble s'être accommodé de ce désengagement des États. À Los Angeles, lorsqu'un membre d'une famille modeste manifeste des troubles du comportement, c'est la police que l'on appelle en priorité, puisque les hôpitaux refusent de plus en plus de traiter les malades mentaux. À cela, une raison principale : les assurances de santé ne couvrent que très partiellement ce genre d'affections. Alors, quand un fils devient violent, quand une mère perd les pédales, quand un père sombre dans l'alcoolisme, on appelle les shérifs. Ce réflexe est devenu si courant que la police de Los Angeles a dû mettre sur pied des *Mental Evaluation Teams*. Ce sont des équipes d'agents spécialisés qui se rendent sur le lieu du conflit pour évaluer, en urgence, le désordre psychologique. Dans chaque voiture de patrouille, se trouvent un shérif et un psychologue.

Ce soir, Brendy Handy et Tony Kelly roulent dans Pico Riviera à bord de leur Chevrolet Caprice noire banalisée. Ils écoutent leur radio de bord en attendant un « 51/50 », leur code d'intervention. Le premier appel concerne une femme d'Industry-city qui erre seule dans la rue, vêtue d'un pyjama, et prétend entendre des voix. « *She is not all there* », dit le policier. Effectivement, elle n'y est plus du tout. Tony, le clinicien, décide de la conduire à l'hôpital, où il doit batailler ferme pour la faire admettre. Deuxième appel : une femme a tenté de s'asphyxier en s'enfermant dans son garage et en laissant tourner le moteur de sa Mercedes-Benz. Pendant que Brendy fait les constatations, Tony passe une demi-heure à parler avec son mari. Une microthérapie dans l'urgence. Troisième appel : un type se balade nu sur un terrain de golf. Un autre voiture du M.E.T. interviendra. Quatrième appel : une femme en délire. Elle souffre de dédoublement de personnalité et sa famille ne supporte plus ses écarts. Quand elle monte dans la Chevrolet, la sarabande commence : « Desserre-moi les menottes... Ralentis, bordel... Tourne à gauche, là ! Baisse la vitre, j'étouffe... Remonte-la tout de suite et mets la clim... J'en ai rien à foutre de ce que vous pensez, vous êtes tous diabétiques. » L'hôpital refuse la malade. Elle ne peut pas payer les frais de journée qui s'élèvent à 1 500 dollars. Brendy et Tony négocient avec fermeté. Finalement, l'établissement accepte de l'interner pour quelques jours. Elle gicle de la voiture et d'une voix énergique salue ses nouveaux infirmiers : « Tiens, encore des diabétiques, je le savais, vous êtes tous des diabétiques ! » Pour Brendy et Tony, c'est une bonne soirée. Ils auront réglé au mieux tous ces problèmes courants et ne ramèneront personne à la prison.

Aux Twin Towers, on finit de trier les centaines de suspects qui ont été arrêtés pendant la nuit. On tente d'isoler les homosexuels, les toxicomanes, de séparer les gangs rivaux. On fait avancer tous ces détenus par groupes ou bien en file sur des lignes de couleurs différentes. On les fait patienter de cage en cage. Un sur dix finira dans les pavillons des fous. Parce qu'il aura répondu « oui » à l'une des treize questions sur son état de santé que lui aura posées un officier. Ou parce qu'il aura essayé d'étrangler son voisin. Ou encore parce qu'il sera resté prostré, le visage collé sur la vitre blindée. On lui affectera alors une cellule, il verra un psychiatre puis recevra un premier traitement. « Mais ça ne changera pas grand-chose à son état, vous savez, explique le Dr Kunzman, ancien médecin de la prison. La plupart des gens ne sont là que pour de courts séjours. Nous n'avons pas le temps de poser un diagnostic serein, de trouver le traitement qui leur convient et de prévoir un suivi lorsqu'ils sont libérés. Une fois dehors, souvent par manque d'argent, ils cessent généralement de se traiter, leurs symptômes réapparaissent, et nous les retrouvons en bas, quelques semaines plus tard, dans la file d'attente. »

Des rapports de police confirment ce constat et démontrent que de nombreux *homeless* ont sombré dans ce cycle chronique. Lorsqu'on visite les Twin Towers, au bout d'un certain temps, on comprend que le pays a implicitement confié à sa psychiatrie pénitentiaire un rôle de « voiture-balai » chargée de récupérer ceux qui traînent en chemin, ceux qui chantent la nuit, ceux que la maladie affaiblit, ceux qui sont anéantis par l'économie, comme ceux qui poignardent les chauffeurs de taxi. Cela fait beaucoup de monde. « Nous avons beaucoup de mal à retrouver nos patients lorsqu'ils sont happés par le système pénitentiaire, explique Marianne Baptista, administratrice de Step Up on Second, une organisation qui aide les malades à se réinsérer dans la communauté. Quand la police les arrête, en général pour des délits mineurs, elle ne nous prévient pas. Et tout le travail que nous avons fait jusque-là est perdu. Vous savez, statistiquement, on vous dit qu'un détenu sur dix souffre de désordres psychiques graves. Moi, je pense qu'il y en a davantage. Car beaucoup, lors de leur arrivée en prison, hésitent à se déclarer malades de peur d'être humiliés. » Selon des estimations du département de Justice américain, 150 000 hommes, femmes et adolescents détenus dans des prison d'État ou fédérales souffrent de déséquilibres mentaux graves.

Il est 13 heures. Nous sommes assis au comptoir du Denny's Restaurant sur Ramirez Street, face à la prison. Dans la salle, il y a des policiers à moustache, des shérifs en tenue, des gardiens fatigués, des détenus qui viennent d'être libérés et des familles impatientes attendant l'heure des visites. Tous se tiennent à carreau, avalent en silence des « *Grand Slam* » ou des « *Oreo Pie* » et veulent croire qu'en fin de compte, même si c'est difficile, « jusque-là, tout va bien ». Un surveillant raconte que tout à l'heure, là-haut, de l'autre côté de la vitre blindée, un détenu jetait sa nourriture sur la caméra de surveillance scellée dans le plafond de sa cellule. Puis il commande du poulet frit. On l'écoute un moment parler de sa vie et, comme c'est l'heure, nous aussi on finit par manger quelque chose.

Los Angeles, Californie, 20 août 1998

Treize prisons dans la prairie

Le motel est au bord de la route. La fenêtre de la chambre donne sur le parking. Un voyageur remet de l'huile dans son moteur. Des insectes tournent autour des lumières de la station-service. Au loin, on entend le chuintement régulier d'une arroseuse. La nuit est tombée sur les collines. Le plus dur reste à faire. On ne dort jamais de gaieté de cœur à Cañon City, Colorado.

Cette terre perdue, même la mauvaise herbe de prairie n'en voulait pas. Le vent pelait la plaine, les quelques mines de charbon avaient fermé, les fermiers, un à un, abandonnaient leurs ranchs, et dans les magasins de Main Street, comme personne n'avait plus de quoi acheter, il n'y avait plus rien à vendre. À la belle saison, les touristes venaient faire un peu de rafting dans les canyons, et la petite ville essayait de se raccrocher à ces radeaux de survie. Et puis, à la fin des années 80, les habitants apprirent par les journaux que l'administration pénitentiaire avait l'intention d'implanter une prison dans la région. Ils réagirent alors de façon singulière, envahissant spontanément les plateaux des télévisions locales, où ils hurlaient comme des possédés : « Cette prison on la veut, elle est pour nous ! » D'habitude, les communes ne se battent guère pour héberger ce genre d'établissement. À Cañon City, non seulement on réclamait le pénitencier mais en plus on était prêt à donner tout ce que l'on possédait pour peu qu'il fût construit au cœur de la plaine : les habitants se cotisèrent afin de récolter les 125 000 dollars nécessaires à l'achat d'un terrain de 600 acres qui fut ensuite offert à l'administration.

Dix ans plus tard, Cañon City et le comté de Fremont s'enorgueillissent d'être devenus la vraie capitale des prisons US en cumulant treize gigantesques établissements flambant neufs sur leur minuscule territoire. Parmi ceux-ci, le fleuron de toutes les geôles, le navire amiral de la flotte pénitentiaire américaine, « *Super Max* », un bâtiment de sécurité absolue, à demi enterré, surveillé par des miradors futuristes, où sont enfermés Timothy McVeigh, Unabomber et les plus irréductibles criminels du pays. Dans la région, quand on évoque cet archipel carcéral, on parle des « Grandes Maisons dans la Prairie » ou bien de cette « Industrie » qui a bouleversé les paysages, l'économie et la démographie de Cañon City. « Sur les 40 000 résidents du comté, explique un membre de la chambre de commerce, 8 000 sont des " invités involontaires " logés dans nos *Graybar Hotels*, si vous voyez ce que je veux dire. Ajoutez les 4 500 personnes travaillant dans ces prisons et gagnant entre 25 000 et 35 000 dollars par an, et vous comprendrez pourquoi on appelle cela " l'Industrie ". » En quelques années, le chômage a disparu, les magasins ont rouvert, le prix des maisons a triplé et les grandes chaînes hôtelières ont toutes inauguré une enseigne à Cañon City, n'hésitant pas à louer leurs chambres à des tarifs quasi californiens. Parce qu'une fois arrivé ici, on est à cent lieues de tout, qu'autour c'est le désert et qu'à un moment ou à un autre, il faut bien se résoudre à dormir. Dans le hall de ces hôtels, on croise des fonctionnaires, des familles de détenus, des avocats, des juges, des pasteurs, des voyageurs de commerce spécialisés dans le gadget pénitentiaire, et aussi pas mal de touristes attirés par la réputation grandissante et sulfureuse du lieu.

Sur la route US 50, la seule qui sillonne l'immense plaine, un énorme panneau est planté sur le bas-côté. On y voit un prisonnier derrière des barreaux. Et, au-dessus, cette audacieuse invitation : « Arrêtez-vous et passez quelque temps avec nous. Prison du Colorado, Musée, Parc. Historique, éducatif, captivant. » 20 000 pèlerins font halte ici chaque année pour visiter la vieille centrale datant de 1871, aujourd'hui désaffectée, et acheter des T-shirts où l'on peut lire « Hôtel des Temps Difficiles », « Des gens sont en vie parce qu'il est simplement interdit de les tuer » ou encore « Ici vécut Al Parker, infâme cannibale ». On peut également s'adonner à des activités plus « éducatives », comme poser en famille devant la chambre à gaz, en prenant soin de ne pas occuper la chaise du condamné sur laquelle le gardien du musée a déposé cette requête : « Prière de ne pas s'asseoir. » Autre attraction très prisée : tâter le chanvre de la corde qui pendit Walter Shorty Jones en 1933. Il est aussi possible de se faire photographier en tenue de prisonnier, fournie sur place, ou encore à côté d'un cercueil dans lequel ont été, autrefois, transportés des détenus. Tant d'histoire et de pédagogie pour seulement 6 dollars. Avec deux billets supplémentaires on vous offre *Corrections Capital,* la vraie revue des prisons, où Ari Zavaras, manager général des cachots du Colorado, célèbre Cañon City, « sa réussite exceptionnelle et son cadre enchanteur qui fait le bonheur de tous les gardiens ». Et puisque la vallée est immense, le crime éternel et les budgets à la hausse, Ari, pour les années à venir, promet d'imposantes et nouvelles constructions, un boom retentissant de « l'Industrie » et des milliers d'emplois.

Zavaras ne ment pas. Une récente enquête du département de Justice révèle que durant les cinq dernières années le

nombre de lits dans les pénitenciers avait augmenté de 43 %
tandis que les emplois induits par ces *Graybar Hotels* avaient
eux grimpé de 31 %. Alors, à Cañon City, convaincu qu'un
nouveau torrent de prisons recouvrira bientôt la plaine de
son limon prospère, on rêve de devenir la « *Corrections Valley* » du troisième millénaire. D'ores et déjà désireuse de s'attirer les faveurs des gardiens locaux, la compagnie pétrolière
Texaco a décidé de leur offrir gratuitement cafés et sodas
dans ses stations-service du comté de Fremont. Sur une page
de publicité achetée dans le journal local, elle explique ainsi
son geste : « C'est notre modeste façon de vous remercier
pour tout ce que vous faites pour notre communauté. »

Ruth Carter a quatre-vingt-deux ans. Elle a été maire de
Cañon City jusqu'à ces derniers mois. Si elle a décidé de quitter son poste, ce n'est pas par lassitude mais pour « se faire
refaire deux genoux tout neufs ». C'est elle qui a convaincu
ses concitoyens de se reconvertir dans la détention : « Au
début, je me souviens, certains étaient un peu réticents. Alors
je leur ai dit : " Qu'est-ce qui vous fait peur ? Qu'une fois
dehors ces types viennent violer ou sodomiser votre grand-
mère, votre mère ou votre fille ? C'est ça que vous craignez ?
Alors laissez-moi vous dire que, quand ces gars-là sortiront
de nos prisons, ils n'auront qu'une envie : filer d'ici. " Et là,
un type me répond : " Peut-être, mais il se passe des choses
horribles dans une prison. " Alors je l'ai regardé droit dans
les yeux et j'ai dit : " Des choses affreuses, il s'en passe aussi
dans les accidents de voiture, mais celles-là ne nous rapportent pas un sou. " Je m'étais fait comprendre. Aujourd'hui,
Cañon City est devenu un endroit prospère. Des gens viennent de New York, de Los Angeles, pour s'installer ici, parce
qu'il y a du travail. Ils achètent des maisons à prix d'or, relan-
cent les affaires et le commerce. Les prisonniers ont fait de
nous une ville riche. D'ailleurs, nous avons supprimé les

impôts locaux. Les gens ne payent plus qu'une modique taxe pour l'éclairage public. » Il y a quelque chose d'embarrassant à découvrir que le bonheur d'une cité repose sur tout ce malheur encagé, qu'un sentiment de force et de liberté puisse naître de tant de réclusions accumulées, qu'une communauté retrouve sa dignité en revendiquant l'excellence de la pénitence, et qu'enfin, pour séduire les bagnes, elle donne sa terre comme on offre un bakchich. « Cela ne choque personne, dit Ruth Carter en boitillant sur ses " genoux tout neufs ". Les gens partaient, ils reviennent. La population était vieille, et aujourd'hui je vois des enfants partout. Certains touristes sont peut-être effrayés par notre nouvelle image. Mais je vais vous dire : je me moque des touristes. Ce ne sont pas eux, mais les prisons qui nous font vivre. »

C'est vrai que le comté de Fremont n'est plus le même. Dans ce monde de poussière et de vent, on a construit un golf, encore pelé et galeux, mais un golf tout de même. Et vous savez où on l'a implanté ? Au nez de McVeigh, à la barbe d'Unabomber, au ras de « *Super Max* », cette forteresse de sûreté qui, avec ses toits *green forest* et son architecture minimaliste, fait figure d'étrange et gigantesque *country club*. Qui peut bien jouer et prendre du plaisir dans un tel endroit ? Et qui peut trouver le sommeil au River Valley Inn, cet hôtel ultramoderne, bâti face à la prison et perdu au milieu de l'immense prairie ? « On vous veut et on vous donnera de la terre », disaient les fermiers. Aujourd'hui, ils sont devenus gardiens, et, sur leurs champs, poussent des dix-huit trous. Sur les pare-chocs de leurs voitures, certains ont même apposé le slogan du bureau de tourisme local : « N'attendez pas d'être inculpé pour nous rendre visite. »

Le jour se lève, et Pam Pough, responsable des relations publiques, nous ouvre les portes du grand pénitencier de l'État qui jouxte Cañon City. Elle est là pour nous montrer la modernité de cette vallée et l'efficience, l'excellence du système : ces cellules de verre, cette discipline de fer, cette télésurveillance d'enfer. On croise des détenus menottés et entravés. Certains sont isolés 23 heures sur 24. Lorsqu'ils se déplacent, ils doivent suivre des lignes marquées au sol. L'une d'elles conduit à la pièce où sont exécutés les condamnés à mort par injection létale. Pam Pough allume la lumière. Des toilettes scellées au mur, un lit à bascule, des sangles pour soutenir le corps et des accoudoirs qui emprisonnent les bras. « Le dernier prisonnier qui est mort ici s'appelait Garry Davies, il avait cinquante-trois ans. » Cela fait partie du métier de Pam de savoir ce genre de choses. Comment vivait-elle *avant* ? « Tout le linge, tous les produits alimentaires, tous les objets, toutes les livraisons sont passés aux rayons X avant d'entrer dans l'établissement. » A-t-elle offert sa part de terre, ou bien vient-elle du New Jersey attirée par ce nouveau filon d'emploi ? « Nous avons des cellules d'isolation pour les maladies infectieuses et notre propre petit hôpital. Un pasteur dit la messe sur notre canal de télévision interne, où les détenus ont parfois le droit de suivre des parties de bingo. » En 1996, il y avait 1,7 million de prisonniers en Amérique. Le système pénitentiaire coûte chaque année 30 milliards de dollars à ce pays. Et la facture ne cesse d'augmenter. À Cañon City, grâce à Ruth Carter et à ses « genoux tout neufs », on ne paye plus d'impôts, les sodas sont gratuits, l'essence discountée, les hôtels fréquentés, les maisons rénovées, le musée visité, les gardiens rétribués, les golfs arrosés, et les prisonniers, anges gardiens de la vallée, à double tour emprisonnés.

Cañon City, Colorado, 9 juillet 1998

Le couloir des morts

À l'aube du 21 avril 1992, Robert Alton Harris a été asphyxié dans la chambre à gaz de San Quentin, Californie. Quelques mois auparavant, il était déjà entré dans cette bulle de verre étanche et l'on avait attaché ses membres avec des sangles de cuir sur la chaise d'acier des condamnés à mort. Au moment d'en finir, le téléphone, fixé au mur de la salle, avait retenti. C'était la ligne directe du gouverneur. La conversation fut brève. Il ne s'agissait pas de gracier Harris mais seulement, pour des questions de procédure, de repousser la date de son exécution. L'homme livide qui, à San Quentin, raccrocha le combiné s'appelait Daniel Vasquez. Il était le *warden*, le directeur du pénitencier.

Harris fut détaché et reconduit dans sa cellule. Vasquez savait que dans quelques mois la cérémonie allait recommencer, qu'il faudrait à nouveau préparer le condamné, le soumettre au rituel réglementaire et macabre : fouiller son anus, l'intérieur de sa bouche, l'attacher, lui mettre une cagoule sur la tête, avant de le regarder suffoquer pendant de longues minutes. Le 21 avril, aux premières heures du jour, le téléphone resta muet et Harris fut palpé, sanglé et gazé. Après cette exécution, Vasquez quitta l'administration ainsi que son poste de patron de San Quentin. En outre, depuis cette époque, il a fait débrancher toutes les sonneries des téléphones de son domicile et de son bureau, qu'il a remplacées par des lumières clignotantes.

L'homme qui raconte aujourd'hui cette histoire s'appelle Michael Laurence. Il était l'avocat de Robert Alton Harris et il milite aussi résolument contre la peine capitale aux États-Unis. Laurence n'a pas beaucoup de compassion pour des gens comme Vasquez : « Il ne supporte plus d'entendre les sonneries, mais au moins il peut continuer de répondre au téléphone. Harris, non. Aujourd'hui, Vasquez est simplement confronté aux " effets secondaires " qu'ont à connaître les cadres qui acceptent de tremper dans le business de la mort. » Laurence dit cela dans son bureau de Montgomery Street à San Francisco, il dit cela dans la lumière froide qui se reflète sur les parois de verre de l'immeuble d'en face, il dit cela le jour où un autre de ses clients, Jaturun Siripongs, est sur le point, lui aussi, d'être exécuté à San Quentin, il dit cela alors que lui, l'abolitionniste convaincu, pourrait bien être, à son corps défendant, à l'origine d'une vague d'exécutions sans précédent en Californie.

Depuis de nombreuses années, en effet, cet État pose un sérieux problème à la justice fédérale américaine. Si l'on y condamne bien plus qu'ailleurs à la peine capitale, la conjonction de différents facteurs politico-juridiques faisait que jusqu'à présent les sentences n'étaient que rarement appliquées. Ainsi, depuis 1977, la Californie n'a-t-elle exécuté que 5 condamnés, alors que pour la seule année 1997 le Texas en a mis à mort 37. Et 20 en 1998, dont une femme. Avec 508 hommes et 9 femmes qui attendent dans les couloirs de la mort, la Californie est arrivée à un point de bascule. Surtout lorsqu'on sait que 20 à 40 nouveaux détenus viennent chaque année grossir la population de cette douloureuse antichambre. « Dans cet État, observait récemment le sénateur démocrate Bill Lockyer, entre le moment où quelqu'un est condamné par un jury à la peine capitale et le jour de son exécution, il s'écoule en moyenne quatorze années. Je ne pense pas que ce délai soit convenable ni acceptable. » Sur ce point, tout le monde est d'accord.

Quant au débat sur la peine de mort, qui jusqu'à présent divisait encore la classe politique, il ne semble plus aujourd'hui être d'actualité. « Les temps ont changé. Désormais, même l'aile libérale des démocrates a décidé de ne plus se battre sur ce sujet, reconnaît Michael Laurence. Ils ont tous laissé tomber. Vous n'entendrez plus un seul homme politique ici, à San Francisco ou à Los Angeles, affirmer publiquement qu'il est contre la peine capitale. Pourquoi prendrait-il ce risque alors que 75 % de la population l'approuve ? Ce n'est pas un hasard si à chaque élection les personnages politiques ou judiciaires connus pour leurs positions abolitionnistes sont battus. » Dan Gillette, l'adjoint du procureur général de Californie, confirme cette tendance : « Le fait que nous ayons plus de 500 personnes qui attendent dans les couloirs de la mort et que des jurys populaires ne cessent de prononcer des peines capitales montre bien qu'il n'y a aucune ambiguïté dans l'esprit des gens de cet État. Ce qu'ils expriment dans leurs verdicts est aussi clair que ce qui ressort de tous les sondages : ils veulent appliquer la peine de mort pour les criminels. » Pourtant, statistiquement, jusqu'à cette année, la maladie, la vieillesse et même les suicides tuaient beaucoup plus de détenus californiens que la chambre à gaz et la piqûre létale réunies. Selon le groupe abolitionniste Death Penalty Focus of California, c'est une époque qui se termine : « Il est très probable qu'à partir de maintenant la Californie va entrer dans un processus d'exécutions accélérées. » Si cette analyse se vérifiait, le changement serait paradoxalement à porter au « crédit » de l'efficacité de l'équipe mise en place par Michael Laurence.

En effet, une étude récente a révélé que près d'un condamné à mort sur deux n'avait plus d'avocat pour le représenter durant les procédures d'appel et que le seul fait d'en désigner un d'office demandait quatre années à la justice californienne. Devant pareille lenteur et face à l'engorgement des pénitenciers, l'État fédéral a décidé de créer à San Francisco une agence spéciale, l'Habeas Corpus Resource Center, un cabinet de trente avocats et d'une dizaine d'enquêteurs dirigés par Michael Laurence et chargés de représenter exclusivement les condamnés à mort dans leurs procédures d'appel et de grâce. Ces fonctionnaires assez singuliers s'engagent donc pour dix années à désengorger le système pour un salaire horaire de 125 dollars. Le budget annuel de l'agence s'élève, lui, à 5 millions de dollars. « Je ne pense pas que l'État ait le droit de tuer des gens, explique Laurence. Mais pour autant l'Habeas Corpus ne sera pas une machine à faire de l'obstruction judiciaire. Nous nous comporterons loyalement en offrant simplement à nos clients le meilleur service possible. Vous me dites qu'en débloquant la situation actuelle nous risquons d'envoyer des détenus plus vite vers la mort. Je pense que, plus on épluche un dossier, plus on a de chances de sauver un condamné. »

C'est une analyse optimiste. Car, une fois le processus mis en marche et lorsque les appels, dans une proportion statistiquement incompressible, auront été rejetés, il ne se trouvera alors plus aucun frein, aucun gouverneur, aucune opinion publique, aucune inertie judiciaire pour retarder l'exécution du condamné. Jusque-là, la lenteur du système et des juges, pour critiquable qu'elle fût, avait au moins le mérite de rallonger la vie des hommes. Désormais, avec un système « rationalisé », le nombre de détenus dans les couloirs de la mort devrait décroître. Celui des survivants aussi. Le 19 décembre dernier, l'Amérique a exécuté son 500e condamné depuis 1976, année du rétablissement de la peine de mort. À quelques jours près se tenait à Chicago une singulière convention, regroupant les 75 personnes qui dans le pays ont été condamnées à la peine capitale puis libérées après qu'on eut reconnu leur innocence. « Grâce au travail des avocats », observe Laurence. Grâce aussi aux lenteurs du système qui leur a laissé le temps de travailler. Car, dans cet univers inversé, ces couloirs monstrueux où la raison bascule, où le temps n'a plus la même valeur, une règle essentielle avant toute autre prévaut : chaque jour de passé est un jour de gagné.

San Francisco, Californie, 4 février 1999

Les exécutants

Il parle des yeux des morts, de ces regards qui sont entrés en lui et jamais n'en sont ressortis. Il parle de ces corps allongés dans les chambres froides de sa mémoire. Il parle de ces nuits d'exécution, de ces retours à la maison, de ces heures passées sous la douche à récurer interminablement sa peau. Il parle de ce temps où il était bourreau, où sur un simple hochement de sa tête on envoyait une décharge de 2 000 volts griller la vie d'un condamné. Un jour, il a eu honte et il a quitté le métier. Depuis, il a été opéré trois fois du cœur. Quand on lui demande son nom, il répond : Don Cabana.

Il dit se souvenir parfaitement du premier condamné qu'il a conduit à la mort. Il dit qu'il portait la barbe. Il dit qu'il l'a laissé partir sans lui parler de Dieu. Il dit qu'en ces temps-là il était un bourreau affable, certes, mais sans âme. Il dit avoir, depuis, trouvé la foi au point de tenir jusqu'à la fin la main du condamné en espérant faire de lui un chrétien. Il dit que cela fait aussi partie de son travail et qu'ainsi il obéit à Dieu. Lorsqu'il éprouve des doutes sur le bien-fondé de sa mission, c'est dans la Bible qu'il va chercher du réconfort. Quand on lui demande son nom, il répond : Burl Cain.

Il raconte que depuis 1984 il a assisté à plus de 200 exécutions. Il raconte qu'il a vu toutes sortes de choses, même des condamnés qui résistaient jusqu'au dernier instant et qu'il

133

fallait traîner jusqu'à la table du supplice. Il raconte qu'il ne connaissait aucun de ces hommes, n'avait donc pas d'attachement pour eux, ce qui lui permettait, à ces moments-là, de se concentrer sur son travail. Il raconte qu'il est journaliste, à Houston, Texas, et que sa fonction, justement, consiste à rendre compte de la façon dont les hommes meurent. À compter leurs spasmes, à minuter leur agonie, à noter leurs derniers mots. Il raconte qu'il a toujours été volontaire pour faire ce genre de travail. Quand on lui demande son nom, il répond : Michael Graczyk.

Nous voilà aux confins de l'Amérique, aux lisières de l'humanité. Dans ces territoires livides, ces antichambres funèbres, ces pénitenciers du Sud où, lorsque tous les recours en grâce sont épuisés, on dresse une table d'acier hérissée de lanières de cuir pour attacher et exécuter les condamnés. Le plus souvent, aujourd'hui, en leur administrant une injection létale dans les veines. Derrière ce vocabulaire hygiéniste se cache, en réalité, une infinité de petits gestes terrifiants, de rituels odieux, d'incidents tragiques. La conduite des opérations est confiée au directeur de la prison, le *warden*, qui pour la circonstance devient une sorte de bourreau en chef. Dans cette tâche, il est secondé par des gardiens, une brigade de volontaires, mais c'est lui qui organise et surveille les moindres détails de la chorégraphie morbide, lui qui reste au chevet du condamné et entretient parfois avec le supplicié des liens que l'on a peine à imaginer.

Tous ces hommes parlent de leur travail, de leurs nuits d'attente, de leur propre vie, de celles qu'ils ont pour fonction de supprimer. D'abord, l'indéfectible témoin.

Houston, Texas, 21ᵉ étage d'une tour de verre

Bureau local d'Associated Press. Sur un mur de l'agence est épinglée une photo de George W. Bush de retour de la chasse. Dans une main il tient un fusil. Dans l'autre, pend le corps d'un petit oiseau. Au-dessous est épinglé ce mémo régulièrement mis à jour : « Nom du dernier prisonnier exécuté : Claude Jones. Nombre de prisonniers exécutés depuis que G.W. Bush est gouverneur : 152. Pour l'année 2000 : 40. »

Michael Graczyk travaille au Texas depuis près de vingt ans. Lorsqu'on lui demande ce qui l'a poussé à couvrir plus de 200 exécutions – dont deux concernaient des femmes –, il hausse les épaules et évoque un concours de circonstances : « L'agence m'a confié ce travail en 1984 lorsqu'on a utilisé pour la première fois l'injection létale au Texas. Ensuite, ça s'est enchaîné naturellement. J'ai acquis un savoir-faire avec le temps. Dans la salle des témoins, je suis le seul à travailler, à noter chaque chose. L'État exécute un condamné et moi je dois raconter comment ça se passe. C'est tout. Je n'ai pas d'attachement pour ces hommes, je ne les connais pas. Ça me permet de garder de la distance pour faire mon travail. Je dois être attentif, noter chaque mot, chaque incident. »

Les incidents ne sont pas rares. Parfois les détenus refusent de subir la sentence et l'on doit alors les traîner de force pour les sangler sur la table. « D'autres vomissent parce qu'ils ont bu une ou deux heures avant. Mais le pire, c'est quand les aiguilles ne tiennent pas dans les veines et qu'il faut piquer ces hommes dans la gorge ou dans la cuisse pour leur injecter le poison. Juste avant de mourir certains chantent, d'autres prient ou crient des obscénités, ou demandent pardon, ou bien encore – je l'ai vu une fois – avouent. Le condamné qui avait nié un meurtre durant son procès et sa détention l'a finalement confessé juste avant de mourir, sanglé sur la table. Quand l'injection est faite, ils meurent assez vite. Ils s'étouffent, toussent, ont des spasmes, leurs poumons sont paralysés et leurs yeux se ferment. C'est un moment très pénible pour la famille qui regarde ça à côté de moi. Une fois, je me souviens, il est arrivé un truc bizarre. Le condamné, surnommé Cow-Boy, était attaché sur la table et on avait déjà glissé les aiguilles dans ses veines. Et là, à l'instant où le *warden* fait un signal pour injecter le produit, le téléphone sonne et on nous annonce que l'exécution est reportée. C'était un moment incroyable. Trois semaines plus tard, il a fallu tout recommencer. Cette fois la procédure est allée à terme. Et les yeux du condamné se sont fermés. Mais tout d'un coup, alors qu'il était déclaré mort et que la famille le regardait une dernière fois de l'autre côté de la vitre, ses paupières, brutalement, se sont rouvertes. »

460 condamnés à mort attendent leur exécution dans l'État du Texas. On y procède en ce moment en moyenne à une injection par semaine. Michael Graczyk refuse de donner son sentiment sur la peine capitale. Il dit seulement que 70 % des Texans y sont favorables et qu'en tant que reporter il a vu « des carnages, des accidents ou des meurtres bien plus horribles qu'une injection létale menée avec dignité ». À la question : « Qu'avez-vous appris de ces 200 exécutions ? », Michael Graczyk marque un temps de réflexion, puis dit : « D'abord à mieux faire mon travail, de façon plus professionnelle. Ensuite, en étudiant les dossiers des condamnés, j'ai découvert le degré d'inhumanité de ces hommes qui avaient poignardé, découpé, démembré et torturé des gens qui ne leur avaient rien fait. »

Pénitencier d'Angola, Louisiane

La route s'arrête ici. Sur un croupion de terre cerné par le Mississippi. L'une des prisons les plus dures du pays. Été comme hiver, 5 108 détenus cultivent 7 200 hectares de champs et sont surveillés par des gardes à cheval. Budget du pénitencier – qui produit par ailleurs près de 2 millions de tonnes de légumes : 80 millions de dollars. On n'enferme ici que des hommes condamnés à de très longues peines, au point que 80 % des détenus finissent leur vie à Angola. Certains, qui n'ont plus de famille, y sont même enterrés. Burl Cain, le directeur, vient d'inaugurer un second cimetière. Ici la place ne manque pas. L'espoir, en revanche, y est un sentiment fort rare. Entrer à Angola, c'est déjà quitter le monde. Nous voici au cœur de l'enceinte que l'État de Louisiane réserve pour ses exécutions capitales. Une pièce misérable, blafarde, quasi vide, aux néons hésitants et aux vitres sans vue. Deux téléphones rouges reliés au bureau du gouverneur. La table d'acier. Les sangles de cuir. Des menottes pour les pieds. Et le gardien qui dit la liturgie : « Le bourreau entre par cette porte. C'est quelqu'un de la prison. Mais on ne connaît ni son nom, ni son visage, ni sa fonction. Au signal du *warden*, il appuie sur le bouton qui commande l'injection, puis il ressort par la même porte qu'il a utilisée pour rentrer. Et c'est fini. » C'est une façon de parler. En réalité, rien ne finit jamais.

À en croire Burl Cain, ces moments tragiques s'incrustent à jamais dans la mémoire des témoins. « J'ai exécuté cinq hommes. Il m'est impossible de l'oublier. Le rituel est toujours le même. Ça commence le matin par des photos et la prise des empreintes digitales du détenu pour s'assurer que c'est bien lui. Je sais, c'est ridicule, mais c'est la règle. Ensuite il reçoit des visites, la famille, les avocats, le prêtre. Puis c'est l'attente, le dernier repas du condamné. Il peut demander ce qu'il veut. De la viande comme des fruits de mer. Je m'assois toujours à sa table, je reste avec lui. Quand il commence à faire sombre, je débute la procédure. Nous parlons un peu, puis je le conduis à la chambre d'exécution. Là, il est attaché sur la table de contention. Ça prend une à deux minutes. Ensuite, on lui met les aiguilles dans le bras. Une dizaine de minutes de plus. Nous nous disons encore quelques mots pendant trois ou quatre minutes. Le moment venu, je fais un signe de tête pour qu'on déclenche l'injection, je prends sa main dans la mienne et je la serre jusqu'à la fin, jusqu'à ce qu'il ne respire plus. Cela demande cinq minutes, parfois beaucoup plus quand le condamné a de mauvaises veines. Je me souviens, une fois, je pressais la paume du prisonnier dans une main, et de l'autre, j'essayais de maintenir l'aiguille qu'on lui avait enfoncée dans la veine du cou. Ce sont des moments pénibles. Techniquement, lorsque ça marche bien, la meilleure manière d'exécuter un condamné, c'est la chaise électrique. C'est rapide. En une seconde le cerveau est frit. »

Burl Cain se souvient de sa première exécution, ici même, dans cette pièce. Il dit qu'elle a changé sa perception des choses et sa manière de donner la mort. « C'était un homme qui portait une barbe. Je le revois très bien. Je ne lui ai pas parlé, ni tenu la main. Je l'ai envoyé en enfer, comme ça. J'ai trouvé mon attitude inhumaine. Alors je suis allé voir un prêtre et je lui ai dit : " Je tue des hommes. Aidez-moi à faire ce travail avec l'aide de la Bible. " C'est comme ça que j'ai retrouvé la foi. Maintenant, dans la chambre d'exécution, c'est une affaire entre moi et le condamné, rien que nous. Les treize témoins sont de l'autre côté de la vitre. Je veux que cet homme sente que j'accomplis ma tâche comme un ami. Je ne veux pas qu'au dernier moment il panique. Au contraire, je lui dis que tout va bien, qu'il rentre à la maison. Je veux qu'il meure en chrétien, que son âme n'aille pas en enfer. Quand on est prêts tous les deux, j'incline la tête et le poison coule en lui. Pour ces hommes, je suis le lien avec la terre au moment où ils entrent dans l'au-delà. C'est ainsi que je conçois mon travail. J'applique la loi comme le font tous les directeurs de prison. J'essaye de garder la tête sur les épaules, de penser aussi aux victimes. Vous savez ce que m'a dit un condamné quelques secondes avant de mourir ? " Soyez béni. " C'est exactement ce qu'il a dit. À ce moment-là j'ai su que je travaillais selon la volonté de Dieu, que je me comportais comme mes parents auraient aimé que je le fasse : de manière chrétienne. »

Une heure plus tôt, dans une cellule du couloir des condamnés à mort seulement visitée par une pâle lumière d'hiver, un jeune Noir agrippé aux barreaux, oscillant d'une jambe sur l'autre, chantait à pleine voix : « Je suis en enfer, je danse dans le jardin du diable. »

Hattiesburg, Mississippi

Don Cabana vit dans cette petite ville universitaire où il enseigne le droit criminel. Auparavant, durant vingt-cinq années, il a été *warden*. À ce titre, il a électrocuté un condamné à mort à la Florida State Prison et procédé à trois autres exécutions par piqûre et chambre à gaz au pénitencier de Porchman, Mississippi. Un jour, ne se sentant plus capable d'accomplir ces terribles gestes, il a décidé d'abandonner son emploi, de mettre un terme à sa carrière de directeur et de bourreau. « Chaque fois que j'ai donné la mort, j'ai senti mourir une partie de moi-même. Les quatre hommes que j'ai tués s'appelaient John Spinkelink, Jimmy Lee Gray, Edward Earl Johnson, Connie Ray Evans. Je me souviens de chaque ride, de chaque tache de rousseur de leur visage. J'entends encore parfaitement le son de leurs voix. Ces exécutions m'ont ébranlé, l'une après l'autre. Bien qu'étant directeur de la prison, j'ai tissé des liens d'amitié avec Connie Ray Evans. Je sais qu'on ne doit jamais faire cela. Mais j'étais persuadé que ce condamné ne serait pas exécuté sous mon mandat. Lorsque nous nous sommes retrouvés dans la chambre à gaz, au moment d'en finir, j'ai regardé ce jeune homme qui aurait pu être mon fils en pensant : " Mon Dieu, comment toi et moi en sommes arrivés là ? " Vous savez, à ce moment-là, le condamné et le *warden* sont à l'écart du monde, de tous les autres. La mort de Connie a eu un impact terrible sur moi. En quittant la prison ce soir-là, j'ai su que je n'y reviendrais plus.

« On n'imagine pas ce que peut être une exécution. Les incidents. Sur les anciens toxicomanes, il faut parfois une heure et demie pour trouver une veine. C'est un bénévole, ni médecin ni infirmier, qui est alors chargé de piquer la gorge ou la cuisse pour chercher une artère. Avec la chaise électrique, il faut parfois trois ou quatre décharges pour tuer un homme. On peut brûler totalement un individu et ne pas le tuer. C'est une horreur. La chambre à gaz, ça peut durer quatre minutes dans d'affreuses souffrances. Quand j'ai dû utiliser ce moyen, j'ai dit la vérité à Connie : " Lorsque je te ferai un signe, c'est que le mélange gazeux commencera à se diffuser dans la cloche. Prends alors une grande inspiration. Ça ira plus vite. " Seulement voilà, il s'agissait d'un jeune homme de vingt-cinq ans, en pleine forme, qui n'avait aucune envie de quitter la vie. Alors à mon signal, au lieu d'inspirer à fond, il s'est mis en apnée. Et ça a duré un temps infini. Il y a eu de la bave jaune au coin de ses lèvres, un liquide a coulé de son nez, j'ai crié : " Bon Dieu, faites qu'il respire ! " Ç'a été atroce, douloureux, lent. Ce sont des moments insupportables.

« On n'imagine pas les conséquences que de telles images ont sur les gardiens et les directeurs. Certains quittent le métier, d'autres ont besoin d'une aide psychologique. Vous savez, on ne dit jamais ce qui se passe une fois que le médecin a déclaré mort le condamné. Pour nous la procédure est loin d'être finie. Il faut d'abord chasser les gaz de la cloche pendant dix minutes. S'habiller ensuite d'une combinaison en caoutchouc équipée de masque. Pénétrer dans le local avec un tuyau d'arrosage et asperger longuement au jet d'eau le corps du mort pour chasser les particules toxiques. Le déshabiller, nettoyer son corps et regrouper ses vêtements dans un sac étanche qui devra être incinéré. Mettre une combinaison à la victime avant de la glisser dans un sac plastique. Mes émotions, je devais les contenir jusqu'à ce moment-là.

« Vers 3 heures – nous commencions toujours l'exécution à minuit précis –, je rentrais chez moi et c'est là que ça me tombait dessus. J'allais sous la douche et je me récurais indéfiniment pour essayer de retrouver un impossible sentiment de propreté. Je réalisais alors ce que j'avais fait. En ville, tout le monde dormait. Et moi j'avais tué quelqu'un. Vous savez quoi ? En plus, j'ai aujourd'hui la conviction d'avoir exécuté un innocent. Oui, je crois vraiment qu'Edward Earl Johnson était innocent. Et ça c'est terrible, impardonnable. Si je suis contre la peine de mort, c'est que, croyez-moi, j'ai de bonnes raisons. Je me dis souvent que la vie ne vaut pas cher en Amérique. Il nous faut tous réfléchir à ça. Et regarder au fond de nous-mêmes. Même s'il est certain que nous n'aimerons pas ce que nous allons y voir. »

À ces mots nous revient alors à l'esprit la photo de G.W. Bush tenant un oiseau mort dans la main. Son sourire arrogant de petit chasseur texan. Son aisance devant la mort. Et en dessous de cette image, le score obscène des 152 condamnés qu'il a laissé supplicier.

Houston, Texas ; Angola, Louisiane ;
Hattiesburg, Mississippi, 8 mars 2001

4

Dieu, le docteur et les chiens

Concours de prêche

Il est là, petit prince de l'Église, sûr de sa dynastie, abhorrant le péché et portant le costume sombre comme les sacrements, il est là, l'âme au poing, bible en main, dans la lumière bleutée des vitraux, il est là, calme et froid, à poser pour la postérité, fier de ses mots, de tout ce qu'il a dit, et pourtant, au fond de lui, meurtri de n'avoir pas été choisi. Car, aujourd'hui, au seuil de sa douzième année, Dorian Dreher, apprenti prédicateur, n'a été classé que deuxième dans le concours de prêche de la Claremont School of Theology. Le vainqueur, douze ans également, s'appelle Bixler McClure. Sans doute le lauréat a-t-il moins travaillé le corps des Écritures que Dorian. Mais, en écoutant le pasteur de sa paroisse, il a retenu quelques procédés qui charpentent un solide sermon et confortent son audience. « Par exemple, j'ai remarqué qu'il valait toujours mieux commencer par une question générale du genre : " Vous êtes-vous déjà senti comme un hamster prisonnier dans une cage ? " C'est un bon début. Ça capte l'attention du public. » Dorian, lui, ne veut rien entendre de ces affaires de rongeurs, de ces trucs de bateleurs. Lorsqu'il entame son homélie, on comprend vite, très vite, que nul n'est là pour rigoler : « Bonjour. Je m'appelle Dorian J. Dreher, j'appartiens à la Loveland Church Rancho Cucamonga de Californie. S'il vous plaît, ouvrez vos missels à la page des Proverbes, chapitre 3, verset 1. » Du travail de janséniste, sans concession, de la foi au stick et au palmer.

Âgée de six ans, enrubannée de sa robe de velours, la jeune Summer Dowd-Lukesh fera elle aussi un parcours très remarqué. Forte de son expérience, de son usage du monde et de la vie, elle commencera ainsi son homélie : « Faire confiance à Dieu, c'est croire qu'il peut vous aider. Cela signifie que lorsque tout va mal, lorsque vous êtes triste, lorsque votre vie semble fichue, rien n'est perdu car, à ces moments-là, Dieu est encore à vos côtés. » Pourtant, on se sent irrémédiablement seul dans la nasse de cette irréelle partie de prêche où l'on se fait chapitrer par des minimoines aux dents baguées que l'on verrait mieux s'égayer ailleurs. Autrefois, pour célébrer et trier ses enfants, l'Amérique organisait des concours de danse, de beauté, des championnats de rock ou de hula hoop. Aujourd'hui, sous l'influence rampante d'une puissante et bigote *Christian Coalition*, le pays s'invente des compétitions de sermons.

Ces joutes juvéniles ne s'organisent pas que dans l'excentrique Californie. Car, si pour le prix de sa peine Bixler McClure a remporté une année d'enseignement gratuit à la Claremont School of Theology (l'équivalent de 8 500 dollars), divers archidiocèses américains ont lancé auprès des étudiants catholiques de drôles d'enquêtes. L'une d'elles repose sur une sorte de questionnaire composé de 96 propositions semblables à celle-ci : « Je suis quelqu'un qui éprouve de la compassion. J'évalue ma propension à ressentir ce sentiment sur une échelle comprise entre 1 et 5. » Évidemment, au moment du décompte final, plus le total est élevé, plus les chances de recevoir des propositions d'embauche émanant du diocèse sont importantes. « Cette technique d'enrôlement n'a rien d'extraordinaire, observe un ecclésiastique. Les équipes de basket recrutent bien leurs espoirs dès l'âge de dix ou onze ans. Si nous voulons devenir leader des Églises de demain, nous devons trouver des enfants brillants qui se sentent prédisposés à porter la parole de Dieu. »

Pour bien figurer dans ces futurs « play-offs » religieux, chaque congrégation se lance donc sur le marché. Les méthodistes organisent régulièrement des « *Explorations* », sortes de congrès de trois jours rassemblant, dans un grand hôtel, mille adolescents qui sont testés individuellement afin de déterminer « si Dieu les a choisis pour son ministère ». À Indianapolis, la fondation Lilly Endowment Inc., émanation du géant de la pharmacie Eli Lilly, vient d'attribuer 15 millions de dollars à un programme chargé d'orienter les jeunes vers le métier de pasteur. Pour expliquer ce mécénat mystique, Lilly Endowment s'est déclaré « très désireux d'aider à maintenir la qualité des révérends pour le siècle à venir ». Quant aux évêques catholiques, ils lancent une grande étude de trois ans sur le thème des « vocations » ainsi qu'un programme attractif pour les susciter. Bref, tout se passe comme si ces entités religieuses, désireuses de se repositionner sur un marché qu'elles jugent en net regain, pariant sur un millénaire sacré, lançaient une politique d'embauche de nouvelles équipes de commerciaux.

Quel est le profil de ces futurs raisonneurs de la morale, de ces enfants élevés aux hormones de la foi ? Écoutez la mère de Dorian : « Quand j'étais enceinte de mon fils, je lui faisais écouter des passages de la Bible en mettant des écouteurs de walkman sur mon ventre. Aujourd'hui, je dois me rendre à l'évidence : Dorian a un don, il a été choisi par Dieu pour enseigner sa parole. » Sans l'aide d'Eli Lilly, l'élu, lui, a une idée très précise de son avenir, qu'il a déjà borné, tel le maître du domaine : « Je serai physicien et pasteur à mi-temps. C'est Dieu qui veut que j'exerce de cette manière. Pour le moment, j'aime la solitude, et lire la Bible cinq ou six fois dans la journée. Je débats aussi très souvent avec des gens ou des amis de certains passages des Écritures. J'apprécie la discussion, la controverse. Mais à la fin, mon point de vue prévaut toujours. Grâce à Dieu, j'ai toujours raison. » Dorian s'exprime avec soin, pesant le poids de chaque mot. À la sortie de l'église, il marche dans les allées en veillant à poser ses semelles sur les lignes de jointure des dalles de béton. Parfois, avec ses médailles et ses croix dorées, il semble très vieux, usé par toute sa sagesse et sa sérénité. À d'autres moments, on le dirait enfant, beau gamin de douze ans qui, un instant ébloui, regarde, tout près de lui, passer la vie avec envie.

Claremont, Californie, 27 mai 1999

Les routiers de Dieu

La tempête gifle son visage, secoue ses épaules, s'accroche à ses vêtements qui battent comme de pauvres toiles. Mais il continue de marcher, de lever ses bras vers ciel, de rendre grâce, en hurlant sa prière contre les bourrasques. À peine sortis de sa bouche, ses mots sont emportés, dispersés dans l'immensité du parking. Mais il crie sa joie, dit que le Seigneur l'a visité, que Dieu l'a reçu, là, au Travel Plaza, à deux pas des pompes à essence, au milieu de centaines de camions crasseux et d'hommes guère plus reluisants, souvent sans foi, qui, comme lui, les conduisent. Puis il monte dans son semi-remorque, allume tous ses feux, sollicite les gaz, comprime l'hydraulique, fait gronder son engin et, dans un nuage de poussière, s'élance dans la nuit avec sa foi de converti.

Le dimanche, à la sortie de l'office du soir, ce genre de scène n'est pas rare à l'Ontario « 76 » Auto Truck Plaza. Ontario est une petite ville invisible et ventée à une heure à l'est de Los Angeles sur l'autoroute 10 qui mène à Las Vegas. « 76 » est une marque d'essence. Quant au « Truck Plaza », c'est une sorte d'aire de repos, comme il n'en existe qu'en Amérique, un gigantesque parking regroupant des centaines de camions autour d'un unique bâtiment vendant du fuel mais offrant aussi des douches, une salle de cinéma, d'innombrables jeux d'arcades, une supérette, deux coiffeurs, un restaurant avec douze téléviseurs accrochés au plafond, des plats déprimants, des serveuses épuisées, et une bourse des marchés où l'on propose aux chauffeurs de nouveaux chargements pour des destinations lointaines. Certains peuvent passer là une ou deux semaines à attendre la bonne affaire. Pendant ce temps ils vivent dans la cabine de leur camion et, soûlés de rafales, rôdent d'un bout à l'autre du parking.

Autrefois, ce genre d'endroit avait tout ce qu'il fallait pour faire patienter les routiers. « Il y a quelques années, avant que les flics et les bigots s'en mêlent, dans des Plaza comme ça, tu vois, des putes, il y en avait plus que des essieux, se souvient Michael. Ça rigolait dans tous les coins. Et pour la dope, c'était pareil : tu n'avais qu'à tendre la main hors du camion pour t'approvisionner. Aujourd'hui, tout ça c'est fini. Maintenant, quand on veut tuer le temps – c'est difficile à croire ce que je vais te dire –, eh bien, on va faire un tour à la chapelle. » À la Mobile Chapel, en fait. Imaginez une église aménagée à l'intérieur de la remorque d'un semi de 18 roues, sur les flancs duquel on a peint une grande croix et ce slogan biblique : « *Transport for Christ, Proclaiming a Dynamic Gospel to a Dynamic Industry.* » Transport for Christ International est une société chrétienne, basée à Denver, Colorado, qui s'est donné pour but d'« évangéliser » le monde des routiers en s'implantant sur les plus importants *truck-stops* d'Amérique. On trouve ainsi 22 Mobile Chapels disséminées sur tout le territoire, plus une implantée au Canada et deux qui viennent d'ouvrir à Moscou.

« Il y a 6 millions de routiers aux États-Unis, et ces gens vivent constamment loin de chez eux et loin de Dieu, explique Howard Jones, président de Transport for Christ. Ils sont soumis à toutes les tentations, la drogue, le sexe, la pornographie. Notre devoir est de leur apporter et leur rappeler la parole de Dieu. Nous sommes les nouveaux missionnaires de la route. » À l'intérieur de ces remorques porteuses de telles ambitions, officient un chapelain et sa femme. De 8 heures à 22 heures, et bientôt 24 heures sur 24, 7 jours sur 7, ils accueillent les fidèles. Alors, dans les relents d'essence, à l'intérieur de cet oratoire de tôle, catholiques, protestants ou baptistes, tous, ensemble, curieux, pasteurs et convertis, chantent, prient, lisent la Bible, la commentent et parfois, aussi, débloquent à plein tube.

Doug et Carolyn Young sont sans doute ce qu'il y a de plus convaincant en matière de chapelain. Doug a fait la guerre de Corée et Carolyn a décoré la remorque. Elle parle du regard du Christ et lui l'accompagne les yeux fermés à la guitare. Ils sont installés au Truck Plaza d'Ontario depuis 1995. Tout le monde les connaît. Chaque année 4 800 routiers poussent la porte de leur chapelle. Ils sont très fiers du nombre de ces visites. « Parfois, on bavarde de leur famille ou de leurs problèmes personnels, dit Doug. Parfois, on prie ensemble pour qu'ils n'aient pas d'accident, pour qu'ils fassent bonne route. » Tout à l'heure, pas très loin d'ici, sur l'autoroute 10, une violente rafale a couché un semi-remorque. Le vent l'a retourné comme une mauvaise carte. La radio a dit que le chauffeur s'en sortirait. « Ce soir, on priera pour lui. »

Pour l'instant, Doug doit faire face à une sorte d'urgence. Un homme couvert de tatouages vient d'entrer dans la chapelle. À la main il tient un livre intitulé *The World's Most Dangerous Places*. Avec sa barbe hirsute, son cuir pelé, ses peintures de guerre, il semble sorti tout droit des entrailles de la tempête. Son regard court sur les murs, les brochures religieuses, les autres routiers qui discutent avec Carolyn, puis soudain sa voix caverneuse emplit la chapelle : « Je m'appelle Jim et je vous pose cette question. Je la pose à vous tous. Combien Jésus avait-il de " petites amies " ? Combien ? Je vais vous le dire. 36. Il avait 36 " petites amies ". 36. Pas une de moins. » Carolyn s'approche de Jim et lui fait son plus beau sourire de missionnaire : « Jim, vous confondez. Jésus avait des amies, mais pas de " petites amies ", vous comprenez la différence ? » Jim ne veut rien entendre de cette nuance. Il brandit une bible qu'il avait dans sa poche et, après avoir cité un passage de Jean, poursuit : « Attends, moi je veux bien. Mais ces soi-disant amies, elle lui lavaient les pieds et lui mettaient même des trucs dans les oreilles. C'est plutôt un boulot de " petites amies ", ça, non ? Au fait, tu sais ce qu'elles lui mettaient dans les oreilles ? » Une heure durant, le plus sérieusement du monde, la remorque ne va bruire que de ces ontologiques questionnements sur la nature des onguents et la matérialité de ces 36 maîtresses, les camionneurs faisant cercle autour de Carolyn qui s'acharnera à réfuter point par point les blasphèmes de l'autre diable jonglant avec les Écritures à la manière d'un théologien enjoué, tatoué et barbu.

Mike s'écarte un peu des débats et feuillette *Highway, News and Good News,* la revue de ces nouveaux croisés de la route. « Moi, je viens de Floride. Je suis vraiment loin de chez moi. J'attends un chargement, ici. Je sais pas quand je reviendrai à la maison. Notre plus gros problème à tous, c'est la solitude. Cette solitude qui nous ronge. Malgré les copains et la CB. Alors dans les Mobile Chapels on vient chercher une nourriture spirituelle, mais aussi échanger avec les autres. » Pendant ce temps, dans la partie boutique du camion, Doug est en train de vendre un crucifix de néon rouge que l'on branche sur l'allume-cigare. Le grand modèle à 45 dollars qui se fixe en haut du pare-brise, lui, clignote comme une enseigne de strip-tease. Et c'est cela le plus étrange. Ces camionneurs qui jadis épinglaient des pin-up sur les radiateurs de leurs Mack ou de leurs Freightliner, qui salariaient au mois des prostituées dans leurs cabines, achètent aujourd'hui des casquettes bénites, des images pieuses, des bibles en cassettes ou des bavettes de roues sur lesquelles sont inscrits « *Don't follow me, follow Jesus* » ou « *Keep on truckin' for Jesus* ».

En quelques années, le milieu des routiers américains a changé. Les syndicats professionnels ont voulu donner une image plus respectable, moins rebelle, de leur métier qui s'est par ailleurs fortement féminisé. Et petit à petit – comme cela s'est produit dans d'autres secteurs de la société –, avec leurs églises camouflées, leurs remorques absidiales et leurs crucifix de néon, les Transport for Christ se sont faufilés dans cet univers qui leur était jadis hostile et fermé. Tina est une habituée de la chapelle. Toute l'année, elle conduit un semi-remorque à travers le pays en compagnie de Riba, sa petite fille : « Il y a de plus en plus de familles qui vivent dans les camions. Financièrement, on s'en sort mieux. Chaque fois que je suis dans le coin, je m'arrête voir Doug et Carolyn. C'est bon de prier un moment avec eux, bon de savoir que, quand je suis sur la route, ils prient pour moi. »

Tous les dimanches, pendant les offices du matin et du soir, la remorque est remplie de monde et il se trouve toujours un chauffeur pour être visité par Dieu à la fin des prières. Le type étreint alors ses frères qui ont connu pareille joie avant lui, rend grâce au Très-Haut, avant de rejoindre, courbé en deux, son volant dans le souffle des bourrasques. « Moi je conduis des engins depuis 74, raconte Nick, et j'ai toujours eu une fille qui traînait à l'arrière, dans la cabine. Et puis, il y a trois ans, j'ai été touché par Dieu en plein désert. Ce jour-là, en appelant chez moi, j'ai appris que ma femme m'avait quitté et que mon fils venait de bousiller mon pick-up. Je roulais au sud de Dallas en écoutant la radio. Et tout à coup, dans le poste, j'entends un prêche qui s'adressait à moi, une voix qui me disait que j'étais allé trop loin, que je devais me repentir. Vous savez ce que j'ai fait ? Je me suis mis à pleurer, j'ai arrêté le camion sur le bas-côté, j'en suis descendu, et j'ai reçu Dieu, comme ça, à genoux, au bord de la route. » Doug adore cette histoire. Il la trouve forte, très masculine et édifiante. Il se tourne vers Nick, pose sa main sur son épaule et avec une incroyable solennité lui assène : « Oui, conduire en Amérique mène souvent à sa perte. Le pays est trop grand et l'homme trop petit. »

Jim, lui, un instant assagi, a repris de la vigueur. Toujours à la recherche d'un passage qui conforterait sa thèse libidineuse, il tourmente les pages cornées de sa bible, puis se tourne vers Doug : « Quand j'étais gosse, on m'a foutu dehors de l'école. Et tu sais pourquoi ? Parce que je disais ce que je pensais. Je disais la vérité. Et la vérité je te la dis encore aujourd'hui avec l'histoire des 36 fiancées. Alors tu vas me foutre dehors toi aussi ? »

À l'intérieur du bâtiment principal du Truck Plaza, Randall attend un nouveau chargement. Il patiente à Ontario depuis quatre jours. Il n'a jamais mis les pieds à la Mobile Chapel. Il appartient à l'ancienne école. « Si le chapelain traverse devant mon Mack, je crois pas que je freinerai, dit-il en rigolant. Plutôt que d'écouter ses salades, moi je passe mon temps ici à me taper des parties de *Blitz 99*, de *Time Crisis* ou de *The House of the Dead*. Ces types-là, ils ont des églises pour raconter leurs histoires. Ils n'ont rien à faire sur nos parkings. C'est ce que je pense. » Et Randall d'envoyer une rafale en plein écran de son *Blitz 99*.

La nuit est tombée. Pas le vent. Doug et Carolyn vont rentrer chez eux, dans leur modeste mobil-home situé sur un terrain à trois miles du parking. Ils vivent du produit de leur quête, des ventes de leur bimbeloterie et du soutien de quelques transporteurs qui subventionnent leur remorque. Demain, vers 10 heures, Doug parcourra à nouveau le Truck

Plaza en criant ses rituelles invitations : « *Hello, drivers,* nous avons un service à la chapelle dans une heure. Vous êtes les bienvenus. » Au moment de se séparer, le chapelain et Jim se serrent la main comme deux hommes qui ont trouvé un terrain d'entente. Doug dit : « Demain matin on fera une prière pour le président Clinton. Il en a bien besoin en ce moment. » Jim gratte un instant sa barbe puis, tels deux néons malicieux, ses yeux obsessionnels se rallument : « Tous ces ennuis pour une seule petite amie. Tu imagines si comme Jésus il en avait eu 36 ? » Puis il ouvre la porte de la chapelle, et sort en tenant sa bible comme une lampe de poche. Seul sur son sentier lumineux, il se retourne pour crier une dernière chose, mais, cette fois, le vent lui vole ses paroles.

Travel Plaza, Californie, 14 janvier 1999

Une journée d'enfer

C'est un bel exercice de tempérance que de se taire, de rester serein, de faire semblant de trouver tout cela normal, de continuer à bavarder avec le pasteur comme si de rien n'était, tandis qu'à deux pas, au centre de l'église, allongé dans un cercueil, un homme mort boit un soda, et qu'une jeune parturiente, jambes écartées, accouche, entre les mains du Diable, d'un fœtus sanguinolent. Oui, pendant que les compresses gouttent et que le cadavre se désaltère, mieux vaut se répéter que tout cela n'est qu'un mauvais moment à passer, en espérant l'heure du départ, cet instant béni où ces gens d'Église nous serreront la main, avant de nous rappeler avec insistance que le Seigneur, Lui, toujours, nous tend la Sienne.

Arvada est une banlieue de Denver, Colorado. 1 600 mètres d'altitude, 300 jours de soleil par an, des maisons individuelles pour la semaine, un golf commun pour le week-end, et des églises à tous les coins de rue pour se faire pardonner de vivre ici. L'une des plus imposantes s'appelle *The Abundant Life Christian Center*. Elle est dirigée par le révérend Keenan Roberts, un pasteur protestant de trente-trois ans. Quand il était jeune, Keenan jouait au basket-ball. Aujourd'hui, il est à la tête d'une « *dream team* » biblique qui rêve de purifier et d'évangéliser tout le pays au forceps grâce à un nouveau catéchisme fait de sang et de larmes : *The Hell*

House Tour. La visite guidée de l'enfer. Keenan Roberts est un impressionnant double-mètre qui parle avec le calme et le sourire d'un homme ayant des garanties sur l'avenir et une bonne assurance-vie.

The Hell House. Imaginez une église d'allure moderne, bien tenue, plutôt cossue, mais avec, certains jours, à l'entrée, une caissière qui vous attend derrière un guichet. Vous voilà aux portes de l'enfer où, pour 6,50 dollars, on vous accorde le droit de séjourner quarante minutes en compagnie du Malin, d'en renifler l'odeur, d'en éprouver la terreur, et même, à la fin des fins, de grimper au ciel pour y côtoyer Dieu et Lui confesser votre penchant pour la peccabilité. *The Hell House* est une succession de tableaux vivants et édifiants, imaginés, créés et mis en scène par le pasteur Roberts. Les acteurs sont des paroissiens qui, à chaque représentation, endossent tenues et maquillages exigés par le script. Les décors, costumes et accessoires sont d'un professionnalisme consommé et traités avec un grand réalisme. « Vous savez, explique Roberts, cette idée de mettre le péché en scène, d'en faire éprouver l'horreur, a toujours existé. Déjà, en 70, un type avait tenté quelque chose comme ça. Ça s'appelait *Scaremare*, je crois. Mais il n'était pas allé aussi loin que moi. » Personne, jamais, ne pourra aller plus loin que le pasteur Keenan Roberts. Une fois pour toutes, il a fixé les limites du genre. Voici quelques extraits des sept tableaux proposés.

L'AVORTEMENT. Une jeune fille est allongée sur une table gynécologique. Des infirmières prennent sa tension. Du sang s'écoule de son ventre. Le diable – évidemment interprété par le pasteur – retire un bout de viande sanguinolent d'entre ses jambes et s'écrie : « Tuer des enfants est un choix formidable ! C'est si pratique pour une femme ! Et puis, ce bébé aurait pu être un prêtre ! »

L'HOMOSEXUEL. Un jeune homme livide et légèrement

maquillé est allongé dans un cercueil de luxe. Autour de lui, sa famille éplorée le veille. Le diable : « Tu voulais être gay, tu l'as été, et tu es mort du sida. Voilà le résultat de la vie alternative que tu prônais. Alors, maintenant, va en enfer. »

LA DROGUÉE. En écoutant une musique rock assourdissante, une jeune femme fume, boit de l'alcool et avale diverses drogues. Satan : « J'ai mis l'homo dans la tombe, j'ai tué l'enfant à naître, j'ai endormi pour toujours la droguée. »

Et l'on avance ainsi, de pièce en pièce, de tableau en tableau, croisant une famille agonisante à l'intérieur d'une voiture accidentée et encore fumante, on chemine dans cette crèche désaxée peuplée d'infirmières, d'assureurs, de garagistes et de médecins chrétiens, tous cotisant aux assurances sociales et à l'Automobile Club, tous fiers de jouer, de geindre, de gémir et d'incarner la condition humaine dans le fracas de ces fresques dantesques. « Dantesques, vous avez dit le mot. Avec un côté Walt Disney aussi, il me semble. Ne croyez pas que je sois un pasteur illuminé ou marginal, que je crache du feu. Je dirige l'une des plus grandes paroisses de la communauté, je suis marié, j'ai deux enfants, je joue au basket, je suis un type absolument normal et je m'en tiens à la lettre aux préceptes de la Bible. J'ai choisi un mode de prêche excitant, moderne, dynamique. C'est une nouvelle façon de communiquer le message de Dieu. Ce n'est pas pour des types comme vous que j'ai conçu ce show, mais pour des adolescents de douze à dix-huit ans, pour les remuer, les choquer, leur faire prendre conscience du péché et de l'horreur qu'il représente. Je veux que l'homosexualité, l'avortement, la drogue, toutes ces sortes de vies alternatives les dégoûtent physiquement. »

Pour arriver à ses fins, Roberts utilise toutes les palettes des sens. Les lumières doivent être stroboscopiques, aveuglantes, blessantes, la musique, insupportable, dissonante, le tout associé à de puissantes machines à fumée. Et enfin, il y a l'odeur, cette senteur fétide, prégnante, qui vous accompagne tout au long de la visite. « Ça, c'est mon secret. Pour écœurer tout le monde, figurer la puanteur de l'enfer, je fais fondre lentement une motte de fromage Limburger dans un récipient rempli d'eau bouillante. » 20 000 personnes sont venues ici en un an prier sous *Limburger cheese*. Il paraît que c'est un redoutable exercice de foi. Quant à Roberts, il a été l'invité d'une des dernières émissions de Phil Donahue, où il a expliqué les vertus de son show raisonneur et saisonnier devant 40 millions d'Américains.

Après avoir déposé le copyright du *Hell House*, Roberts a commencé à fabriquer des « kits » de son spectacle qu'il exporte aujourd'hui au Japon, au Paraguay, aux Bahamas, en Grande-Bretagne, en France et dans 46 États américains. Pour 150 dollars, il livre le manuel nécessaire pour monter chaque scène, ainsi que des cassettes audio et vidéo. Il délègue aussi sur place, à la demande, des « directeurs artistiques » chargés, dans chaque église « franchisée », de monter les représentations initiales. « Si nous tenons à la qualité du show nous ne négligeons pas pour autant la puissance du message. Un message 100 % orienté, un message qui doit changer, bousculer la vie des gens. » Le *Hell House* a d'ores et déjà modifié l'existence de l'Abundant Christian Life Center, lui donnant des allures de PME. Pour faire tourner la boutique, outre deux pasteurs à plein temps, on en a embauché un à mi-temps ainsi que quatre secrétaires. On a également ouvert un site Internet et inauguré une « aire de protestation » réservée aux gays et aux lesbiennes sur le parking de l'église.

« J'en avais marre qu'ils se couchent devant les guichets pour empêcher les gens d'entrer, alors je leur ai réservé un enclos où ils peuvent se rassembler et nous huer tranquillement. Je ne hais pas les homos. Je déteste ce qu'ils font. N'en déplaise aux libéraux et à leur propagande falsifiée, on ne naît pas gay. C'est Lucifer, le Maître des Ténèbres qui vous fait croire ça. C'est comme l'avortement. Avorter c'est tuer, arrêter un cœur qui bat. Sans s'en rendre compte, on devient tous de plus en plus immoraux, on s'éloigne de la Bible. Notre show est une réponse violente, appropriée à l'offense qui chaque jour est faite à la parole de Dieu. Vous trouvez cela excessif ? C'est normal, vous êtes européen. Je crois d'ailleurs que nous devrons adapter notre spectacle aux sensibilités de votre continent. »

Keenan Roberts est un révérend qui a de la ressource. Et qui ne cesse d'améliorer ce qu'il appelle parfois sa « revue » : « Vous voulez que je vous dise un secret, un vrai secret ? À la rentrée, je vais ajouter un nouveau tableau au *Hell House*. Quelque chose sur la luxure. Et vous savez dans quel endroit je vais situer la scène ? Dans le bureau Ovale de la Maison-Blanche. Au cœur du système. Vous voyez ce que je veux dire ? » On ose à peine l'imaginer.

Pour l'instant, le *Hell House* est une attraction saisonnière. Aussi, afin que nous puissions apprécier à loisir les détails de chaque fresque, le pasteur a convoqué tous les figurants des tableaux « L'homosexuel » et « L'avortement » afin d'organiser une représentation privée. Et là, devant l'objectif de notre photographe, le révérend Roberts, entouré de sa femme et de ses deux jeunes enfants, se transfigure soudain en un implacable metteur en scène, dirigeant les bénévoles, contrôlant chacun de leurs rictus, chacune de leurs expressions. À la jeune avortée, il conseille avec tact : « Incline ton visage en arrière, exprime toute ta souffrance, pense à ta propre agonie. » Aux infirmières qui l'entourent : « Mettez du sang sur les draps et aussi sur vos gants. Voilà, j'aime bien le sang sur les gants en caoutchouc. Quant à toi, le Diable, montre le coton rougi avec un rictus effrayant. C'est parfait. » Puis, se tournant vers le photographe, il a cette sublime notation : « Je compte sur vous pour ne pas faire de prises de vue des jambes de la jeune femme qui avorte, hein ? Il faut quand même que tout cela reste décent et ne soit pas de mauvais goût. » Avant d'ajouter aussitôt à l'endroit des infirmières : « Surtout, qu'on voie bien le sang, n'hésitez pas à humecter les compresses. »

Le révérend est un perfectionniste impénitent qui n'ignore rien du pouvoir des images. Mais quand son fils de quatre ou cinq ans, témoin de la scène, lui demande : « C'est quoi tout ce sang ? », le maître de « La Vie abondante » marmonne comme tous les pères qui ne savent que répondre : « C'est pour rire. » Pourtant, le pasteur n'a jamais été aussi sérieux tant il éprouve, en cet instant, le sentiment grisant d'œuvrer à la fois pour les arts du spectacle et la gloire de Dieu. « À la fin du show, ajoute-t-il, je vais toujours parler un moment avec les spectateurs, les rassurer, prier avec eux. Et mon plus grand bonheur, c'est lorsque des adolescents viennent me dire : " Merci pour tout ça. Vous avez changé ma vie pour toujours. Vous m'avez ouvert l'esprit. Jamais je n'accepterai l'avortement, la drogue ou l'homosexualité. " Au fait, je vous ai dit que tout le spectacle partait sur la route à Montrose, du 9 au 12 juillet ? Ce sera une formidable tournée. »

Nous traversons maintenant l'église vers une autre pièce. Le jeune homme qui, l'air livide, attendait jusque-là près du couloir se hisse dans un cercueil posé au centre de la scène. « Vous savez qu'un de mes paroissiens a offert ce cercueil-là à sa femme pour le jour de ses quarante ans ? Ça nous a tous fait beaucoup rire mais ce n'est pas de très bon goût, je l'avoue. » Puis le silence se fait. Sans indication de son mentor, le figurant s'allonge dans la bière, referme la partie basse du couvercle, entre lentement dans la peau glacée de son personnage, détend les traits de son visage, croise les mains et ferme paisiblement les yeux. Cette fois, il semble mort à jamais, et nous, définitivement atterrés.

Arvada, Colorado, 2 juillet 1998

Love Lab

Voilà donc l'homme qui sait tant de choses, celui qui prédit le bonheur comme on prévoit le temps, qui ausculte les couples au palmer, les tâte, les palpe, les radiographie, les interroge comme autant de suspects, pour mesurer leur aptitude à jouer du mensonge ou à s'aventurer dans l'avenir. Voilà donc l'homme providentiel que la science attendait pour honorer une chaire de météorologie conjugale où l'on apprendrait à déchiffrer les cartes du temps perdu et les subtilités des climats affectifs.

John Gottman est le directeur du Gottman Institute, une singulière unité de recherche située dans le campus de l'université de Washington à Seattle. Depuis vingt ans, en collaboration avec sa femme Julie, il étudie les couples, leurs vies, leurs œuvres, leurs joies, leurs peines, et annonce même parfois leurs morts prématurées. Ce travail se déroule dans le « Laboratoire de la Famille » surnommé aussi « *Love Lab* ». À côté de ce bâtiment, se trouve la « Clinique du mariage », où l'on soigne les cas de dysfonctionnements conjugaux les plus aigus. John Gottman est un scientifique qui a publié 119 communications et 36 ouvrages, dont *The Seven Principles for Making Mariage Work* (*Comment réussir son mariage en sept leçons*, éditions Lattès), qui a été, aux États-Unis, un record des ventes pendant plusieurs mois. Il est aujourd'hui l'expert incontournable en « *marital stability and divorce prediction* ». Ce qui, ainsi énoncé, n'est pas peu de chose. Surtout sur le « marché » nord-américain où 67 % des mariages se concluent par une séparation. Où 34 % des jeunes époux se battent physiquement. Où les parents parlent, en moyenne, 35 minutes par semaine à leurs enfants qui, eux, pour meubler leur attente, regardent la télévision 4 heures par jour. Aussi, lorsque, terrifiés par de pareilles statistiques, un homme et une femme se présentent au *Love Lab*, Gottman les installe face à ses machines et, après les avoir soumis à sa batterie de tests, affirme pouvoir se prononcer sur la fiabilité et la longévité de leur devenir commun (sans bien sûr leur révéler). « Et ce avec un taux d'exactitude de 91 %, dit-il, dans la posture d'un homme confiant en ses chiffres. L'erreur est excessivement rare. Nous pouvons même prévoir à quelle période se déroulera la séparation. Je ne suis pas un voyant. La précision de ces résultats est la simple conséquence d'un travail scientifique. »

À quelle science John Gottman fait-il référence ? Quelle est donc cette nouvelle connaissance permettant de quantifier la félicité et d'en afficher la date de péremption ? « Cela repose sur l'étude, l'observation clinique de plusieurs centaines de couples soumis à un protocole biologique et surtout une modélisation mathématique de leur " bonheur " sur lequel nous avons travaillé pendant quatre ans avec James Murray, un ami mathématicien. » Pareille à l'instabilité météorologique, la mécanique affective du couple s'apparenterait donc à celle des fluides, avec ses « effets papillons », son instabilité et ses interdépendances. Il faudrait être autre chose qu'un témoin pour apprécier la validité et la pertinence d'un tel système d'analyse.

En tout cas, lorsqu'on se glisse à l'intérieur du *Love Lab*, voilà à quoi ressemble la « salle d'examen » 202B. Une pièce carrée agrémentée des yeux ronds de deux caméras vidéo « Pelco » qui filment en permanence un mari et sa femme. Ils sont assis face à face sur deux estrades montées sur des *sensors* qui enregistrent le moindre de leurs mouvements. L'un et l'autre sont également équipés de capteurs chargés de lire un certain nombre de données physiologiques telles que la fréquence cardiaque, la rapidité du pouls pris au bout du doigt et sur le lobe de l'oreille, le rythme de la respiration, l'intensité de la transpiration. Ils possèdent aussi en main un potentiomètre qu'ils peuvent, selon les sentiments qu'ils éprouvent, faire varier de « *very positive* » à « *very negative* » en passant par « *neutral* ». Quinze minutes durant, la pièce est close et le couple enfermé face à lui-même et son image bleutée renvoyée par un moniteur de télévision. L'homme et la femme ont alors pour seule mission de parler d'un sujet qu'ils savent épineux ou douloureux. De l'autre côté du couloir, face à une machinerie électronique allant d'un « *bio amplifier* » à des « *inductance couplers* », Gottman et son équipe collectent les données de leur grand mal ou, au contraire, de leurs petits bonheurs.

Ensuite, les chercheurs analyseront tous les tressaillements secrets de leurs corps, leur intime sudation, leur souffle retenu, comme l'emballement de leur myocarde. Ils mettront tous ces graphiques en perspective des images de leurs visages, dont chaque expression sera décodée selon une grille de lecture mise au point par le laboratoire. « Les légères modifications de traits, explique Gottman, disent souvent plus que les mots exprimés par les patients. Elles révèlent les véritables sentiments de chacun. Quant aux capteurs dits " physiologiques ", ils nous permettent de mesurer l'intensité et la durée d'une bouffée de joie, de contrariété, d'angoisse ou de colère. » Quand on dit à Gottman que, si l'on oublie son fameux modèle mathématique, tout cet attirail de

165

recherche ressemble, dans sa philosophie, à une sorte de détecteur de mensonge affectif, il sourit et accepte l'analogie.

« Même si notre méthode est plus fine et complexe que le détecteur de mensonge classique. N'oubliez pas que nous disposons de diverses données qui pour être validées doivent se recouper. Les expressions du visage et les relevés physiologiques. Pour identifier la colère, par exemple, nous savons que les sourcils doivent s'abaisser, les lèvres se contracter, le menton se soulever, le rythme cardiaque s'accélérer et la température des mains augmenter. La tristesse ? Les sourcils, les pommettes, le menton se relèvent, la bouche se plisse vers le bas, la température des mains reste stable tandis que les pulsations du cœur augmentent. Vous le voyez, chaque sentiment a une combinatoire spécifique. Savoir ce qui se passe dans le corps nous indique un peu ce qui se passe dans le cœur. »

Accumulés, ces imperceptibles harmoniques affectifs finissent par déterminer la tonalité et la tonicité globale d'un couple. En vertu de règles mathématiques complexes, Gottman affirme même entendre la résonance future de son éventuel bonheur. Pour preuve de la quasi-infaillibilité de son oreille, il raconte l'histoire de jeunes mariés qui avaient accepté de subir une série de tests au *Love Lab*. Tous les observateurs s'accordaient à convenir de leur amour mutuel et même de leur passion. Tous, sauf Gottman qui, « derrière ces nageurs voyait déjà des noyés ». Lui percevait quelques désagréables dissonances dans leur incompatible façon de transpirer, ou de laisser transparaître, au travers d'un mouvement de mâchoire, l'embryon d'une haine naissante. Comme il l'avait « scientifiquement » mais secrètement prévu, le couple se sépara quatre années plus tard.

En ce qui concerne la rupture, John Gottman livre les statistiques suivantes : pour un homme et une femme, les sept premières années de leur vie commune sont les plus dangereuses et c'est, en moyenne, au bout de 5,2 ans que survient le divorce. Ensuite, survient le cap fatidique des 16 à 20 ans de mariage, qui se solde généralement par un échec au bout de 16,4 ans. Pour affiner ces décimales conjugales, traquer la piste du conflit, enregistrer les moindres secousses sur ses sismographes amoureux, Gottman mène plusieurs études de front, dont une, au long cours, qui consiste à filmer en permanence, à leur domicile, la vie commune de sept couples volontaires. « La seule chose que je puis dire pour l'instant, note Gottman, c'est que, lorsqu'ils sont enregistrés au laboratoire, ces hommes et ces femmes ont des relations beaucoup plus polies, des gestes plus attentionnés que lorsqu'ils sont observés à leur domicile. » Pour le reste il faudra attendre, laisser filer l'âge et les années pour savoir si, après des centaines d'autres, ces cobayes sortiront appariés de cet exercice.

Pour échapper à la faillite, il leur est, en attendant, recommandé de suivre les « sept principes » que le maître du jeu suggère d'appliquer dans ses publications. Ce ne sont pas des recettes très compliquées : « Soyez ouvert au monde de votre partenaire. Demeurez affectueux et admiratif. Prenez soin l'un de l'autre. Laissez-vous influencer par votre conjoint. Réglez toujours les problèmes mineurs. Ne pensez pas qu'une situation est sans issue. Essayez d'avoir des attentes et des ambitions communes. » Et, par-dessus tout, méfiez-vous des termites qui rongent la poutre conjugale et sont ce que Gottman appelle les « quatre cavaliers de l'Apocalypse » : la critique, le mépris, la mauvaise foi et le repli sur soi. Fort de ces enseignements, de tous ces conseils que votre mère, après tout, aurait pu vous prodiguer sans « *bio tests* » ni algorithme, vous pouvez peut-être maintenant vous épargner le voyage à

Seattle et laisser au temps le soin de décomposer vos élans. John Gottman n'en prendra pas ombrage. Il est un homme sympathique qui tente d'appréhender la simplicité du monde à travers un prisme bien complexe.

Dans la lumière pacifique du soir, le long des allées du campus, il parle de ses relations avec sa propre femme, de leur travail commun, de la nécessité de partager le pouvoir : « En société, je crois susciter l'intérêt grâce à mes recherches alors qu'en réalité c'est Julie qui captive l'entourage. Cela équilibre notre relation. Elle a beaucoup plus d'esprit et d'humour que moi. » Une question alors – qu'évidemment nous ne poserons pas – vient à l'esprit : Julie et John se sont-ils affrontés dans la salle 202B ? Ont-ils échangé leurs griefs devant l'œil des « Pelco » avant de décrypter, sur écran, le sens voilé de leurs rictus ? Leur transpiration et leur respiration ont-elles été synchrones ? Savent-ils ce que les statistiques leur réservent et combien de temps commun il leur reste ?

« Vous ai-je dit qu'il y avait un moyen infaillible de détecter si un couple au bord de l'implosion avait une chance de s'en sortir ? demande Gottman. Cela ne doit rien à la science. J'ai découvert ce principe comme cela, par hasard. J'enferme l'homme et la femme dans le laboratoire, face aux caméras, et je leur demande de me raconter leur première rencontre. S'ils se taisent ou marmonnent quelques informations sommaires, c'est fini, il n'y a plus rien à espérer. Si au contraire, malgré l'âpreté de leurs conflits actuels et les années passées, ils évoquent ces souvenirs avec tendresse et en souriant, alors bien des choses sont encore possibles. »

En attendant le ferry, assis sur un banc, on regarde passer des hommes et des femmes qui marchent sur la promenade le long d'Elliot Bay. Ils n'ont pas l'air de se soucier des avancées modélisées du bonheur. Ni des inexorables statistiques.

Couples fatigués, bancals, illégitimes peut-être, tous glissent vers le soir en parlant calmement, condamnés sans doute, mais encore vivants.

Seattle, Washington, 15 juillet 1999

Le bon docteur Biber

Il y a le bout du monde. Et juste après, la petite ville de Trinidad. En son milieu coule une rivière du nom de Purgatoire. Cela a au moins le mérite de clarifier les choses. Vivent là dix mille habitants regroupés en quelques rues que l'on dirait roulées en boule comme un animal dans le froid. Cette nuit, il a neigé sur ces plaines désertiques du Colorado et le thermomètre est descendu à −5 °C. C'est, paraît-il, dans l'ordre de la nature. Mais la nature, il y a bien longtemps, à Trinidad, que plus personne ne s'en soucie. Cela date de l'époque où le docteur Stanley H. Biber s'est installé ici avec l'idée de la refondre, de la remodeler. Oui, la nature, ici, est une donnée assez volatile, instable, au point qu'en une trentaine d'années quatre mille voyageurs entrés en ville pourvus d'un indéniable pénis en sont ressortis quelques jours plus tard affublés d'un tout aussi indiscutable vagin. Quand ce n'était pas le contraire. Entre-temps, Stanley avait fait jouer ses couteaux. Alors, pardon pour la rudesse du ton et la verdeur du propos mais, comme on dit là-bas, *ladies and gentlemen*, « *Welcome in the Sex Change Capital of the World* ».

Pour être franc, ce n'est tout de même pas le message officiel de la maison du tourisme, qui s'attache plutôt à vanter la beauté virginale des sites environnants, « ces écrins de paix, d'air pur, d'authentique atmosphère western », et tente délicatement d'orienter le randonneur innocent vers la découverte de la toute proche réserve d'Indiens Comanches. Mais dès que l'on pousse la porte du Bob & Earl's Restaurant ou d'un autre bar de la ville, il se trouve toujours un familier du comptoir pour proposer un autre état des lieux : « Oui, bien sûr, le tourisme et les Comanches, c'est pas mal. Mais nous, ce qui nous a tenu la tête hors de l'eau pendant toutes ces années, c'est la *sex change industry* de Biber. C'est comme ça. À commencer par l'hôpital. Si le docteur n'y faisait pas ses fameuses opérations, il y a longtemps qu'il serait fermé. Vous ne pouvez pas savoir tous les gens qui sont passés par ici. À une époque, ils arrivaient de tous les coins de la planète, et très souvent avec les amis et la famille. Tout ce monde couchait à l'hôtel, mangeait dans les restaurants, traînait dans les bars, louait des voitures, achetait de l'essence, des fleurs, des souvenirs. Pour un endroit comme Trinidad, Biber, c'est un vrai filon. » Paula Manini, directrice du Trinidad History Museum, va même au-delà de cet audit flatteur : « Le docteur mériterait qu'on consacre une exposition à sa vie et son œuvre. Je sais bien qu'en raison de la nature de son travail, cela pourrait choquer quelques personnes de notre communauté mais, tout de même, il incarne une époque de notre ville. »

Trinidad a connu trois grandes périodes dans sa courte histoire. D'abord, à la fin du siècle dernier, le temps des grands troupeaux. Située sur la piste de Santa Fe, la ville était alors une halte fameuse tenue par quelques éleveurs et autres maîtres de la viande. Des années plus tard, sous les pâturages, on découvrit une mine de charbon, et tout le monde s'engouffra dans ces galeries de la modernité. Après la griserie, vint le temps du grisou, des déflagrations économiques, puis, comme toujours, le coke passa de mode, les puits fermèrent, et bien des habitants décidèrent d'aller s'enterrer ailleurs qu'au Purgatoire. C'est en 1954 qu'un jeune médecin, tout juste démobilisé après la guerre de Corée, arriva à Trinidad pour ouvrir un cabinet sur Main Street, au dernier étage du petit immeuble de la First National Bank. Il s'appelait Stanley H. Biber et avait fait ses classes dans un MASH, une de ces unités militaires chirurgicales d'urgence réputées pour leurs opérations à la grenade et à la scie sauteuse. Sans le savoir, Trinidad et Biber cinglaient déjà vers l'âge d'or.

Après avoir fait peindre son nom sur une plaque de marbre en bas de l'immeuble, Stanley se mit au travail. Quinze années durant, il cantonna sa pratique à l'ablation d'appendices, de foies, de poumons, opéra des tibias, des hanches, des ménisques, recousit des arcades et surtout accoucha toutes les parturientes du comté. Biber ne comptait pas ses heures, ni ses nuits, ni ses jours. « En 1969, poursuit-il, tout a changé. À cette époque, il m'arrivait de travailler assez souvent avec une assistante sociale. Un jour, cette femme entre dans mon cabinet. Je la revois encore. Elle était assise exactement là où vous vous trouvez. Et elle me dit : " Stanley, contrairement à ce que tu crois, je suis un homme, avec un machin d'homme et tout ça. Je veux que tu m'opères, que tu m'enlèves tout, que tu me transformes en vraie femme. " Vous imaginez une affaire pareille en 69, à Trinidad ? Des transsexuels, je n'en avais jamais vu, je ne savais même pas ce que c'était. »

Biber se renseigne, contacte un médecin de New York qui a déjà fait ce genre d'intervention et qui, par téléphone, lui dicte quelques conseils techniques et la marche à suivre : « Je l'entends encore me dire : " Pour simplifier, disons que vous allez appliquer une procédure assez proche de celle que vous utilisez dans les cas de cancer de la prostate. " » Le téléphone coincé contre l'épaule, Biber prend sous la dictée, fait des croquis sur des bouts de papier. « J'avais l'impression que ce gars-là me parlait depuis la lune. J'écrivais tout ce qu'il me racontait, je dessinais même certains points anatomiques. Vous savez, à l'époque, la plupart du temps, on se contentait de couper les pénis, très peu prenaient le risque de reconstruire un vagin. » Une semaine plus tard, transi par la peur et flanqué de toutes ses notes, Biber tente l'opération. C'est un succès. L'avenir de la ville est assuré. « Depuis, j'ai bien dû pratiquer quatre mille opérations du même genre. Personne au monde n'en a fait autant que moi. J'ai soixante-seize ans et, jusqu'à aujourd'hui, je n'ai jamais eu d'accident opératoire. Je suis assez fier de mon travail. Mon plus bel exploit ? Je crois que c'est un transsexuel que j'ai opéré et qui s'est ensuite marié à un gynécologue. Croyez-le ou non, ce dernier ne s'est jamais aperçu de rien. Je vous jure que c'est vrai. Regardez ces photos, vous y verriez quelque chose, vous ? » Et Stanley Biber de déployer son album fourmillant de sexes factices, de glands raccommodés, de membres glabres ou ombrageux, de vulves turgescentes ou dorées. « Tout cela a fait vivre notre ville pendant près de trente ans. À présent cela s'est un peu calmé mais, dans les années 80, mes patients venaient du monde entier, de Chine, de Thaïlande, du Pakistan, d'Europe. Ils ont relancé le commerce local. Et vous avez vu notre hôpital Mount San Rafael ? 70 lits ultramodernes. Vous croyez qu'une ville comme Trinidad pourrait s'offrir un établissement pareil ? Ce sont les profits de mes opérations qui le subventionnent. Aujourd'hui, je pense à la retraite, j'ai réduit mon rythme, mais j'en fais encore trois ou quatre par semaine. Je n'ai jamais arrêté la chirurgie générale. À mon âge, je continue d'opérer les fractures ou les cancers du côlon des gens de Trinidad. »

Reconstructeur d'intimités, médecin industriel, chirurgien des familles, Biber a élevé neuf enfants, bâti un ranch et une réputation mondiale sans jamais éprouver la tentation d'exercer ailleurs que sur les rives du Purgatoire. Lorsqu'il a lancé sa petite entreprise, il a eu la délicatesse d'inviter le prêtre, le pasteur et le rabbin local pour leur expliquer la nature de son travail et leur parler du *gender dysphoria syndrom*, cette maladie de l'âme qui donne au patient le sentiment d'être une femme emprisonnée dans un corps d'homme, ou l'inverse. Les trois religieux ont parfaitement compris que la nature pouvait parfois commettre ce genre d'erreurs et se sont même proposés pour visiter les futurs opérés si cela pouvait leur apporter un quelconque réconfort. « Je dois dire que j'ai été assez fier de leur attitude, et de leur réaction à l'époque. Bon, maintenant, venez, on va voir Sacha. Je l'ai opéré ce matin. »

Sacha est arrivé du Viêtnam via Seattle. Lorsque, hier, il s'est présenté au Mount San Rafael Hospital, c'était un jeune homme de vingt-six ans. Aujourd'hui, c'est une jeune femme qui se repose dans la pénombre de sa chambre. « Je lui ai refait le sexe en une heure et demie. C'est à peu près le temps qu'il me faut. Que ce soit un sexe masculin ou féminin, c'est pareil. J'en ai fait tellement que je pourrais opérer les yeux fermés. Une transformation complète, c'est-à-dire le sexe, les seins, une rhinoplastie pour affiner le nez, et le rabotage de la pomme d'Adam, me prend à peu près quatre heures. Et je vous assure que, le travail terminé, mes patients, hommes ou femmes, peuvent ensuite sans rougir prendre nus des douches en public. »

Les tarifs de Biber sont affichés dans son cabinet : 5 000 dollars pour la chirurgie génitale ; 1 800 dollars pour des seins ; 1 500 dollars pour une rhinoplastie corrective ; 1 200 dollars pour supprimer la pomme d'Adam ; entre 4 et 6 000 dollars de frais hospitaliers ; compter 1 000 dollars d'anesthésie et 52,74 dollars pour le test HIV. À noter que le docteur Biber n'opère pas de patients d'un poids supérieur à 100 kilos.

Enfin, le patient doit se plier à diverses exigences éthiques du médecin. Parmi celles-ci, la règle numéro 6 proclame : « Si vous êtes marié à une " vraie " femme, nous exigeons une preuve de votre divorce avant de vous opérer. Dans le cas exceptionnel où vous seriez marié et désireriez le rester après l'opération, nous demandons une lettre notariée signée de votre épouse et stipulant qu'elle est parfaitement au courant de la nature de l'intervention qui vous privera à jamais de votre organe mâle et vous empêchera d'avoir avec elle des rapports sexuels classiques. » Telles sont les règles du jeu dans la capitale mondiale du *sex change*.

En trente années de pratique, Stanley Biber n'a connu que trois échecs, comme il dit, trois patients qui, quelques mois après leur opération, ont voulu reprendre leur sexe initial. « J'ai défait ce que j'avais fait. Ce n'est pas très agréable et le résultat final n'est jamais brillant. » En ville, au-dessus de la banque, la décoration de la salle d'attente du cabinet de Biber date des années 50. Avec ses volumes immenses, ses gros radiateurs bruyants, ses stores cassés qui pendent aux fenêtres, sa vue sur des toits goudronnés, ses 23 fauteuils dépareillés, avachis, recouverts de skaï ou d'imitation léopard, l'endroit ressemble à une salle de billard désaffectée. La secrétaire tape quelques rapports sur une vieille machine à écrire Smith Corona. Biber semble regarder la neige qui fond le long des rues.

Un vieil homme entre dans la pièce en traînant les pieds. Il porte une blouse blanche déboutonnée. En l'apercevant, Biber sourit. « Je vous présente mon associé, le docteur Jimenez. Il a été mon partenaire pour la première opération, celle de l'assistante sociale. C'était quelque chose, quand même, cette intervention. Tu te souviens de l'assistante sociale ? » Jimenez se fige, semble fouiller un long moment dans les penderies de sa mémoire, regarde fixement le ciel par la fenêtre, et dit : « C'était il y a longtemps, cette affaire-là. Oh oui, il y a bien longtemps. » Et puis l'on n'entend plus que le bruit des radiateurs qui claquent dans le silence.

Trinidad, Colorado, 7 janvier 1999

L'homme qui murmurait à l'oreille des chiots

Le jour où, dans les rues de son quartier, Ricardo Guzman Kali commença à voir des chiens porter des casquettes de base-ball, des jeans-couture et des lunettes de soleil, il se dit que l'époque était en train de changer et qu'il était peut-être temps pour lui de monter son affaire. Il acheta donc de longues et bonnes laisses, s'arma de courage et s'attela au train de tous les cabots du voisinage. Aujourd'hui, il s'enorgueillit du titre de *personal physical trainer of the star's dogs*, ce qui n'est pas rien. Du lever au coucher du soleil, donc, sa société s'attache à promener des meutes de luxe dans les collines de Hollywood. Au détour d'une avenue, on peut voir ainsi surgir le *trainer* traîné par d'impétueux attelages canins aussi disparates que dispendieux.

La société de Guzman Kali n'est pas un cas unique. Elle est simplement l'une de ces nombreuses, parfois éphémères mais toujours extravagantes compagnies vouées à l'amélioration, la distraction et l'entretien des chiens de la bonne société californienne. Au sommet de ce cartel, ô combien cynophile, on trouve Matthew Margolis, le pharaon du dressage, « la crème de la crème, à la fois l'Intel et l'IBM du monde des chiens », comme il se définit lui-même avec le plus grand sérieux. Il aime aussi ajouter qu'à la tête de son National Institute of Dog Training, son chenil de Monterey Park, il « sociabilise » ses pensionnaires plus qu'il ne les mate. Mais, par-dessus tout, il voudrait que l'histoire le regarde à jamais comme l'homme qui murmurait à l'oreille des chiots.

Lui qui, naguère, rêvait d'être acteur est devenu un formidable comédien qui cabotine en jouant les experts canins sur les chaînes ABC et PBS. Un de ses ouvrages, *Woof,* a connu le succès en librairie avant d'être décliné en une série télévisée logiquement titrée *Woof, woof.* À qui veut bien l'écouter, il répète qu'il est le plus proche confident animalier de Whoopi Goldberg, qu'il a élevé le pitbull de Madonna, éduqué le berger allemand d'Elizabeth Taylor, instruit l'akita de Cher, dégauchi le bâtard de Jimmy Stewart et le golden retriever de sa femme. En trente années d'exercice, avec son équipe, il affirme avoir ainsi traité et apaisé 30 000 chiens et autant de maîtres. Au début, il facturait son savoir au tarif forfaitaire de 1 200 dollars. Aujourd'hui, les propriétaires d'animaux capricieux se voient demander entre 6 000 et 9 000 dollars pour une simple « sociabilisation » de seize semaines dans le chenil du maître. En revanche, le « dressage complet » à domicile d'un berger allemand coûte de 15 000 à 18 000 dollars. Le prix d'une Chrysler neuve. Généralement, le propriétaire est satisfait des trilles de l'artiste. Sauf, peut-être, l'acteur John Candy, qui paya 19 000 dollars à Margolis pour la fourniture et l'affinage d'un jeune chien de garde qui, loin de chasser l'intrus, avait pour caractéristique essentielle de s'abandonner à d'embarrassants épisodes diarrhéiques chaque fois qu'il était soumis à la moindre émotion. Margolis reprit le piteux mâtin et le revendit aussitôt 17 000 dollars à un autre client qui, lui, jamais ne se plaignit d'un quelconque manque d'étanchéité de son animal.

Avec ses douze livres publiés (*When Good Dogs Do Bad Things, Woof,* etc.), ses vidéos, sa boutique Internet, ses accessoires griffés, Margolis est aujourd'hui au sommet d'un marché qui, à Los Angeles, génère des profits considérables. Pour y demeurer, il utilise tous les leviers tordus et paradoxaux d'une société qui ne l'est pas moins. Durant la *National Dog Bite Week* – quoi de plus américain ? –, il passe à la télévision pour affirmer que lui se fait fort de calmer en direct n'importe quel dingo en moins d'une minute. Il ajoute aussitôt que le pays ne doit jamais oublier que 1 % des blessés admis aux urgences ont été mordus par un chien. Et qu'en conséquence les possesseurs de molosses devraient civiliser leurs dobermans avant de devoir verser des fortunes aux hypothétiques victimes de leurs sautes d'humeur. Et le gotha de Hollywood, qui ne redoute rien tant que l'ombre d'un procès, se précipite chez « Uncle » – le diminutif professionnel du maître – pour quérir quelque réconfort.

Voici le verbatim de l'argumentaire avunculaire : « Qu'arrivera-t-il si votre chien mord quelqu'un ? Y avez-vous pensé ? À ce moment-là, vous direz : " Mais ce n'était jamais arrivé avant. " N'est-ce pas exactement ce que vous diriez ? Pourtant, cette fois, c'est arrivé. Et vous savez alors ce qui vous attend. Des poursuites. Des avocats. Un procès. Une condamnation. C'est ce que vous voulez ? Être condamné ? Bien sûr que non. En nous confiant votre chien, vous savez désormais comment éviter tous ces ennuis. » À voir alors tous ces petits porteurs remplir avec gratitude leurs chèques de « sociabilisation », on se dit que, si Margolis a le don d'apaiser les bêtes, il possède aussi celui d'endormir leurs maîtres. Il peut ensuite, l'âme sereine, aller sur la plage de Marina Del Rey promener ses propres animaux qui obéissent de manière aérienne et semblent danser autour de lui comme un vol de lucioles.

À Los Angeles, dopé par la réussite de quelques grands dresseurs, le marché du chien est devenu une véritable niche économique à l'intérieur de laquelle cohabitent d'hétéroclites sociétés. Parmi celles-ci, on trouve le Behavior Trainer of the Stars' Pets dirigé par Shelby Marlow, qui se propose de donner du savoir-vivre aux animaux et se définit elle-même comme la « Steven Spielberg » du dressage. Dans les mêmes parages on trouve une salle de gymnastique pour chiens où des bêtes « stalloniennes » courent indéfiniment sur l'infatigable dos des tapis roulants avant de laper divers menus diététiques et reconstituants que leur propose le chef d'un restaurant canin. Et puis, si une saine fatigue les envahissait, leurs maîtres peuvent leur louer une chambre au Four Seasons Hotel, où un groom sera attaché à leur service pour leur donner un bain et leur offrir un soin de toilettage. Ensuite, grâce à Animals Shuttle Service, une compagnie de taxis jaunes, votre animal pourra se rendre en ville partout où cela sera nécessaire.

Tamar Geller, lui, à West Los Angeles, propose quelque chose que l'on a presque honte de retranscrire. À première vue c'est une sorte de garderie pour chiens, équipée de toboggans, de sofas, de télévisions, de jouets et d'une salle de sport. « La nuit venue, ajoute Geller dans son dépliant, nous fournissons aussi des suites équipées de lits où des humains sont payés pour s'allonger près des chiens si ceux-ci n'ont pas l'habitude de dormir seuls. » L'endroit s'appelle The Loved Dog. Les hommes, c'est un peu moins certain...

The Hollywood Hound est une compagnie largement aussi pitoyable. Dirigée par Susan Marsleet, elle fournit des vêtements de cérémonie et des buffets de luxe pour les anniversaires et les mariages de chiens. Lorsque la célébration est terminée, Marsleet met au service des jeunes époux une immense limousine à l'intérieur de laquelle la paire de clebs s'éclipse en voyage de noces. On croit alors avoir touché le fond de la désolation. Jusqu'au moment où l'on entend parler de Whow Whow, sorte de centre culturel pour cabots

– dont la façade est peinte façon dalmatien –, et qui, entre autres activités, vient d'ouvrir un atelier de peinture pour chiens. À quand, au Getty, des toiles de Van Dog ?

On peut comprendre que des traitements aussi aberrants finissent par faire perdre la raison au fox le mieux conformé. C'est alors que Lydia Hiby et Peppermint Pets interviennent. La première est une sorte de cartomancienne, une voyante qui livre des horoscopes canins sur mesure, tandis que Peppermint se charge de redonner le goût de la vie à l'animal flapi grâce à des traitements d'aromathérapie. Bien sûr, tout cela ne sent pas très bon, surtout lorsque la cure se double d'une psychothérapie à quatre pattes sur le tapis.

Et maintenant, le morceau du roi. Comment, en effet, parler autrement de Neuticles, cette entreprise qui fabrique des testicules de silicone (170 dollars la paire) pour chiens castrés ? Peut-être en citant ce passage de la lettre de Janell Sausser, résidant à San Lorenzo, et qui écrit au manager de la société pour le remercier : « Mon chien Frodo n'a jamais su qu'il avait perdu quelque chose et il est revenu heureux de chez le vétérinaire, équipé de ses nouvelles Neuticles. » Qu'ajouter de plus ? Que la compagnie a vendu à ce jour 13 560 paires de son modèle de luxe et que, forte de ce succès, elle a décidé de mettre sur le marché des testicules-porte-clés ainsi que des T-shirts frappés de l'invraisemblable slogan de la société : « *Looking and Feeling the Same.* » Grâce donc à Neuticles, les chiens californiens ne seront plus la risée de leurs congénères « entiers » et pourront reprendre une vie sociale active en se montrant par exemple dans le seul club canin qui compte vraiment à Los Angeles : le Mara's Pampered Paws. Arrivé en taxi spécial, l'animal est immédiatement promené dans un parc de 5 acres (15 dollars), avant d'être distrait par « un camarade de jeu humain qui lui apportera toute son énergie positive », et ce pour la somme de 12 dollars de l'heure. « Quant aux animaux qui aiment l'eau, continue la brochure, nous leur offrons une piscine équipée de toutes sortes de jeux aquatiques (25 dollars). Ensuite nous proposons un service de massages T. Touch, vibrants, électriques ou par acupression (prix variables selon la taille du chien). » Et, comme si tout cela ne suffisait pas, Mara's vend à ses sociétaires des produits pharmaceutiques à base d'herbes et de plantes (25 dollars la dose) censés revitaliser les bêtes.

Mais le jour où ces médecines se révèlent inopérantes, lorsque ces vieux lascars n'ont plus la force de charrier la supercherie de leurs Neuticles et ont perdu le goût de dormir à l'hôtel avec des compagnons humains, alors, à l'issue d'opiniâtres soins en clinique et après un passage en funérarium de luxe, ils sont enterrés dans le seul endroit où il est de bon ton d'être enseveli : le Dog Heaven Cemetery. Là, parmi l'or et le marbre des caveaux, cernés par le ridicule et la grandiloquence des épitaphes, couchés près des mastiffs de Chuck Norris ou de Jerry Lewis, ils se reposent de leurs piètres maîtres et des longues laisses de Los Angeles. Enfin seuls et en paix, ils demeurent entre eux, membres du Mara's et autres lieux.

Los Angeles, Californie, 12 août 1999

5
Aliens

Des Indiens dans la ville

Ils sont plantés là, au cœur de la ville, comme un clou rouillé enfoncé par le temps. Ils vivent sur un sol de poussière à deux pas des fontaines de l'argent. La nuit, ils peuvent percevoir la lueur flamboyante des casinos, la rumeur insomniaque des grands hôtels. Le jour, ils ouvrent les yeux sur une rue triste comme une cicatrice charriant tous les sans-abri de la ville et quelques voyageurs de commerce qui, une heure durant, vont se hisser sur un tabouret du Satin Saddle (La Selle de satin), une boîte de strip-tease au bord de la route, dans l'espoir d'apercevoir ce qui reste de la peau d'un sein. Avec le temps, ils ont oublié d'être incommodés par la chaleur du ciel qui consume les parois de leurs *trailer homes*. Aujourd'hui, il fait 114 °F – près de 44 °C – à l'ombre. Mais les seules ombres qui traînent par ici sont celles des hommes qui marchent au soleil.

Nous nous trouvons dans un endroit où vous ne vivriez pas, auquel les arbres et les lézards ont renoncé depuis longtemps, au centre de Las Vegas, dans un recoin des boyaux de cette pétaudière, à quelques minutes du Caesar's Palace, du Mirage et autres contrefaçons du luxe, de la luxure et du bonheur. Oui, nous sommes assis sur une terre brûlante et sacrée, au milieu de la réserve indienne des Paiutes, un territoire de 18 acres – 7,2 hectares –, une propriété pelée, tondue, fichée en plein dans les cents et les mille de Vegas. Ces Indiens-ci dans cette ville-là sont une sorte de kyste de mémoire dans l'amnésie américaine, un pari insensé au paradis des perdants, une configuration unique dans l'histoire de ce pays. Mais parfois, la nuit, il suffit que quelques coups de feu éclatent dans la réserve, pour qu'entre Blancs – Caucasiens, comme disent les Indiens – et Paiutes ressurgissent les images fantomatiques du passé, les diables et les vieilles lunes de deux mondes étrangers.

Jadis, lorsqu'il parlait de cette terre du Nevada, Seattle, le vieux chef de tribu, disait simplement : « Chaque colline, chaque vallée, chaque plaine, chaque arbre est pour nous un souvenir sacré. Ils incarnent les moments heureux ou malheureux de notre peuple, ils sont les témoins silencieux et permanents de notre histoire. » Aujourd'hui, lorsque les Caucasiens locaux vantent les mérites de Vegas, voilà ce que cela donne . « 30 millions de touristes et 110 000 mariages chaque année. La ville qui croît le plus vite aux États-Unis : 5 000 nouveaux habitants par mois. Le plus grand bowling du monde avec les 106 pistes du Showboat Lanes. La plus grosse réplique du pont de Brooklyn, de la statue de la Liberté et de la tour Eiffel. La plus grande librairie consacrée au jeu, avec 4 000 ouvrages spécialisés. Le plus grand hôtel du monde : MGM Grand Hotel Casino, 5 000 chambres. Le plus cher : le Bellagio, 300 millions de dollars. Le plus grand restaurant : 2 000 couverts. La plus grosse pépite d'or de la planète, une trentaine de kilos, visible au Golden Nugget. » Il y a aussi le plus grand barrage de l'Ouest, le plus grand palais des congrès, les plus grands shows, les plus gros paris et surtout la plus grande concentration de perdants et de pigeons que l'on puisse imaginer sur cette planète. Face à ces territoires électriques et infinis où jamais la nuit ne tombe, que pèsent les 18 acres mal éclairés et les 34 familles indiennes qui logent au bord de Paiute Drive ?

Au commencement, ici, il n'y avait que du vent, du soleil, du sable et quelques hommes qui s'accommodaient d'une vie précaire. Les Paiutes formaient une tribu qui se surnommait elle-même *Tudinu* – « le peuple du désert », celui qui vit aux portes de la Vallée de la Mort. C'est en 1776 que pour la première fois ces Indiens virent un Caucasien pénétrer sur leurs terres. C'était un Espagnol d'allure insignifiante, un missionnaire qui se nommait Francisco Garces. Un siècle plus tard, l'évangéliste avait fait son œuvre, tracé les lignes droites de la civilisation et quelques voies de chemin de fer. Les Blancs étaient partout et les Paiutes, chassés de chez eux, n'avaient plus nulle part où aller.

En 1911, une pionnière, sans doute émue par leur destin misérable, leur offrit quelques arpents d'une terre qui ne l'était pas moins et qu'elle baptisa avec ingénuité « *The Colony* ». Le 2 décembre 1983, Ronald Reagan entérina ce don et officialisa la réalité de cette réserve de centre-ville. « Ils ont tous oublié que nous étions là les premiers, que nous vivions ici depuis toujours, dit aujourd'hui Curtis Anderson, le chef de la tribu. Au fond, je ne pense pas que les gens de cette ville nous respectent. Ils ne nous demandent jamais notre avis. Pour eux, nous sommes un peuple disparu. » Eux, ce sont les politiciens, les policiers, et surtout le maire. Las Vegas vient d'ailleurs d'en choisir un nouveau. Sans doute dans un souci de cohérence, la capitale du jeu a élu Oscar Goodman, le flamboyant et célèbre avocat de la Mafia. C'est lui, désormais, le maître du domaine, que devra affronter le chef Anderson si des incidents semblables à ceux du 5 mai dernier se reproduisent.

Ce jour-là, juste avant l'aube, des coups de feu ont été tirés sur le territoire des Paiutes. L'histoire ne dit pas par qui, ni pourquoi. Mais ce dont on est certain, c'est que pour la première fois des shérifs de Las Vegas sont entrés dans la réserve et ont passé les menottes à quatre jeunes autochtones. Or la loi interdit à la police de pénétrer sur des terres indiennes et d'y opérer des arrestations ou même des contrôles d'identité. Cette tâche incombe aux officiers paiutes, qui en revanche n'ont aucun pouvoir une fois franchies les étroites limites de leur juridiction. « Vous savez combien on a de policiers indiens ? dit une habitante de la réserve. Dix. Dix pour une soixantaine de personnes regroupées dans vingt maisons. Croyez-moi, notre sécurité est mieux assurée ici qu'à l'extérieur de la *Colony*. Les flics n'ont qu'à s'occuper de ce qui se passe en ville au lieu de venir fourrer leur nez dans nos affaires. » Ce petit incident de frontière ajouté à d'innombrables autres humiliations, cette « violation de souveraineté », a mis la communauté en état de siège, révélant toutes les frustrations accumulées d'une tribu privée de ses espaces d'antan et contrainte de survivre dans l'exiguïté de ses *trailers*.

L'affaire du 5 mai a libéré les vieux diables, en faisant même surgir de nouveaux, plutôt inattendus. Ainsi, tout autour de la réserve, la municipalité a regroupé une série de centres d'accueil pour les sans-abri. Une initiative que David Colvin, l'avocat de la tribu, trouve pour le moins discutable. Il n'aime pas cet agrégat de pauvreté, cette ceinture de misère si près de sa réserve : « Ces gens boivent énormément, jettent des ordures partout, viennent uriner ou déféquer sur notre terre sacrée. La ville se débarrasse des *homeless* qu'elle ne veut plus voir rôder dans ses rues et les entasse ici. Nous, nous vivons avec. » Subtilement, des hiérarchies s'opèrent dans le dénuement, et le pauvre accable le miséreux. Pourtant, il suffit de traîner dans le quartier pour voir où l'on se trouve, comprendre qu'il n'y a pas d'issue, qu'on est à la fois au centre de la ville et à l'autre bout de la terre, avec un strip-

tease en bas de l'avenue, une morgue en face, et, partout
ailleurs, du sable qui n'a plus rien de sacré quand les vessies
sont pleines.

114 °F, et la peau du chef Anderson demeure irrémédiablement sèche. Malgré son visage de sachem, ses traits d'autrefois, Curtis cultive un goût bizarre pour la modernité, prê-
chant notamment un *new indian urban concept*, quelque
chose d'assez flou qui ferait de lui et des siens de nouveaux
Paiutes des villes, aussi habiles à gérer le fond des affaires qu'à
chasser le daim des forêts. « Notre force, pendant des siècles,
c'est d'avoir su nous adapter au climat, à l'environnement, à
ceux qui nous entouraient. C'est pour cela que nous avons
survécu depuis si longtemps. » Lorsqu'on demande à Anderson ce qu'il pense du nouveau maire, de la ville, des lumières,
et des joueurs caucasiens qui grésillent dans leurs shorts de
vinyle, il sourit calmement et livre une réponse inattendue :
« Je pense qu'après les incidents de mai, la nouvelle municipalité sera davantage à notre écoute. Les premiers contacts
sont bons. Nous ne demandons que du respect. Pour le reste,
nous sommes ici depuis toujours et, quoi que l'on puisse en
penser, nous considérons cette ville comme notre maison.
Nous l'avons vue croître, se bâtir. Il faut vivre avec elle, essayer
de la comprendre. Je ne renie rien de ma culture, mais je
veux que moi et les miens participions à la réalité du monde,
vivions dans le temps qui est le nôtre. » Et Curtis Anderson
de hausser légèrement les sourcils et le sommet des épaules
comme un homme qui, de toute façon, n'a pas le choix.

Derrière son *chairman*, la tribu est déjà partie sur le sentier
des affaires en ouvrant un imposant *smoke shop* sur Paiute
Drive et surtout en transformant 3 800 acres de terres sacrées,
qu'elle possédait dans la banlieue de Las Vegas, en deux terrains de golf à l'usage des Caucasiens scalpeurs de greens. Le
premier parcours se nomme *Nu Va Kaiy*, « montagne ennei-

gée », et le second *Ta Va Kaiy*, « montagne ensoleillée ». Tous les jours, la Ford Crown Victoria n° 9884 de la Las Vegas Paiute Tribe Police patrouille dans le secteur « pour que les Blancs puissent jouer l'esprit en paix et tranquilles ». De temps en temps, en bordure d'un fairway, on perçoit le bruit sifflant d'une balle perdue par un joueur de passage. Et puis, comme une réprobation, le silence retombe. À Las Vegas, le chef Anderson est allé faire un tour dans son *smoke shop*. Près de la porte est apposée une affiche : « La branche Kaibab des Paiutes autorise n'importe quelle autre réserve indienne à chasser le daim sur ses terres, dans le nord de l'Arizona, entre les 21 et 28 novembre prochains. » Les clients, tous blancs, les bras chargés de cartouches de cigarettes, passent devant l'annonce sans la voir. Rêveusement, Curtis les regarde s'éloigner : « Je sais, ce n'est pas bien de vendre tout ce poison à ces Caucasiens. Mais je me souviens qu'ils ont décimé mon peuple avec l'alcool. Alors, que voulez-vous, je me dis aussi que, pour nous, Indiens, ce commerce du tabac est une sorte de revanche. » Et il sourit. Et son visage se ride comme une écorce d'arbre. Et l'on ne sait plus si sa bouche plaisante ou lâche enfin les mots de la vérité.

Las Vegas, Nevada, 22 juillet 1999

Affaires indiennes

Les mâchoires se sont refermées brutalement, émettant un bruit sec et violent, pareil au claquement de deux volets rabattus par le vent. On imagine ensuite l'humide noirceur régnant au cœur de cette gueule fétide piquetée de quatre-vingts dents jaunies, capables de vous enserrer en vous infligeant une pression d'une tonne et demie par centimètre carré. On frissonne alors à l'idée qu'un certain Kenny Cypress, âgé de vingt-sept ans, se soit retrouvé il y a quelques mois dans cette désavantageuse posture, la tête coincée entre les mandibules hostiles d'un alligator de trois mètres dépassant le quintal. Il fallut deux hommes, une barre d'acier en guise de levier et surtout beaucoup de chance pour extraire de ce tenace gosier ce qui restait de l'intrépide jeune homme occupant un emploi qui l'exposait à ce genre de désagrément, puisqu'il œuvrait au poste singulier de lutteur de crocodiliens dans la réserve des Indiens Miccosukees de Floride.

Mike Bailey a vingt-trois ans. Il exerce la même profession aventureuse sur l'un des territoires séminoles au nord de Miami. Cinq fois par jour il plonge dans le marigot artificiel du Seminole Okalee Village and Museum pour affronter un alligator retors qui pèse deux fois son poids. Encore tout ruisselant de la lutte qu'il vient de livrer, il s'avance vers nous.

« Si vous me donnez 1 000 dollars, j'ouvre la gueule de l'animal à mains nues et je mets ma tête à l'intérieur. Pour 1 000 dollars je vous le fais, sans blaguer. Ça vaut bien ça. L'important, c'est que la bête ne sente rien dans sa bouche, que pas un cheveu n'effleure ses parois internes. Parce que autrement les quatre-vingts dents se referment sur vous et vous n'êtes plus là pour les entendre vous mastiquer. » Mike Bailey sait de quoi il parle. En dix ans de pratique il a été mordu autant de fois.

Le chef de la tribu, James Billie, un gaillard de cinquante-six ans qui, en février dernier, lors d'une fête de village, a voulu replonger dans le bain, s'est fait arracher un doigt au moment où il essayait de sortir le reptile de l'eau. C'est peut-être ce dernier incident qui a incité les Indiens locaux et leur grand manitou à passer cette invraisemblable annonce dans le *Sun Sentinel*, le journal de la région : « *WANTED : Alligators wrestlers. Must be brave and risk taker. Males and females OK. No experience needed.* »

C'est une vieille tradition chez les Miccosukees et les Séminoles de Floride que de se battre à mains nues contre cette vermine rampante qui hante les basses eaux des marais des Everglades. Autrefois, cette chasse à hauts risques avait le mérite de pourvoir les tribus en nourriture et en peaux qui étaient ensuite revendues aux négociants blancs. En 1919, fasciné par cette pratique téméraire, un Irlandais audacieux du nom de Henry Coppinger Jr. eut l'idée de lancer, à Miami, le premier spectacle de lutteur d'alligator et se colleta lui-même à heures régulières avec ces prédateurs de vase. Devant le succès de l'entreprise, les Séminoles comprirent tous les avantages qu'ils pourraient tirer de leurs ancestrales pratiques. C'est ainsi que dans toutes leurs réserves, pour attirer des touristes, les Indiens montèrent des spectacles semblables à celui de Coppinger Jr.

Mais le métier a des risques et fort peu de vertus. Surtout aux yeux des 2 600 Séminoles formant aujourd'hui une tribu qui en quelques années a changé de monde, aussi bien culturellement que socialement. Les enfants ont fait des études supérieures et les parents ont adopté les règles du marché. Ils dirigent aujourd'hui une usine qui fabrique des petits avions, gèrent de grands magasins de tabac, d'alcool, et surtout possèdent dans la région des casinos qui leur rapportent plus de 500 millions de dollars chaque année. On comprend que de tels revenus n'incitent guère jeunes ou anciens à perpétuer d'imprévisibles et remuantes traditions à quatre-vingts dents. Alexandra Frank, qui dirige le Seminole Okalee Village and Museum, résume ainsi l'évolution : « Depuis quelques années, les membres de la tribu ne veulent plus se battre contre des alligators. À quoi bon prendre ce genre de risque juste pour faire du spectacle ? Nous n'avons plus besoin de ça. Nos enfants sont diplômés, ils occupent de bonnes situations, des postes de managers. Lutteur de crocodile, ça ne rapporte pas beaucoup. Chez nous, ça n'intéresse plus personne. C'est pour ça qu'on a passé l'annonce. » Les Indiens préfèrent désormais gérer les profits de leurs tables de jeu ou créer des « éco-tours » dans leurs réserves. Alors, en un de ces retournements dont l'Histoire a le secret, les voilà aujourd'hui qui embauchent de petits Blancs nécessiteux pour continuer d'attirer les touristes autour d'étranges marais de banlieue entretenus comme de pimpants jacuzzis.

Mike Bailey est parfaitement conscient de cette évolution. « Moi, j'ai combattu mon premier alligator à dix ans. Depuis, je continue dans l'espoir de pouvoir un jour me payer des études. Aujourd'hui, j'exerce ce métier à plein temps. 12 dollars de l'heure. C'est pas mal. Aux débutants, les Séminoles offrent 8 dollars. C'est comme ça. La jeune génération de la réserve a de l'argent. Elle n'a plus besoin de faire le show, de gagner sa vie avec les animaux. Alors c'est moi qui fais leur boulot. Moi qui tente d'attraper ces espèces de diables par la queue, qui fais l'Indien en essayant de respecter l'esprit et la tradition séminoles. Mais si demain quelqu'un me payait mes études, je quitterais tout ça. Vous vous rendez compte qu'il y a treize ans que je me bats avec ces bêtes ? Et qu'à mon âge je suis le type le plus ancien dans la profession ? »

Tous les jours, face à des touristes clairsemés qui ont payé 5 dollars à la caisse de la réserve pour avoir le droit de s'asseoir sur des tribunes toutes neuves, Mike Bailey plonge dans l'eau du bassin, attrape un animal d'une taille comprise entre deux et trois mètres, âgé de dix à vingt ans, l'enfourche et s'efforce de le traîner sur les bords sablonneux. Là, tel un chiropracteur suicidaire, il le manipule, lui ouvre la gueule, fait claquer ses mâchoires, triture son cou, et termine par une position dite du *Bull Dog*, figure où l'homme emprisonne la gueule de l'animal entre sa propre gorge et son menton, avant de lever ses bras en arrière à la manière d'un plongeur de haut vol. Aucun type raisonnable ne ferait une chose pareille chaque jour de sa vie. Bailey ne dit pas le contraire. « Les alligators sont des animaux extrêmement dangereux. Les gens n'imaginent pas à quel point. Quoi qu'ils mangent, ils l'avalent en entier. Ils ont un esprit, une façon de penser très bizarre. Leur cerveau a la taille d'un petit pois. Il est impossible de les dresser, d'en faire quoi que ce soit. Ils ne nous reconnaissent pas, ne s'habituent jamais à nous. Le plus dur dans ce métier, c'est d'arriver à la retraite avec tous ses doigts et tous ses membres. »

À la réserve, Bailey alterne les shows avec Felix Rodriguez, qui s'est présenté à nous avec grande fierté comme étant le seul « *alligator-wrestler*-portoricain-au-monde ». Lui aussi est là pour l'argent. Il s'est déjà substitué aux Indiens dans des combats en eaux profondes dans les Everglades. Il connaît la musique. À propos de l'annonce parue dans le *Sun Sentinel,* il a son idée. « Ils auront du mal à recruter. En plus ils ont mis : " Hommes ou femmes OK. Expérience pas nécessaire. " Moi je veux bien, mais je vois pas une femme là-dedans. Et pas davantage un type qui a jamais fricoté avec ces bestioles. »

À la parution de l'annonce, un journaliste du *New York Times* a réussi à joindre un candidat à ce poste d'amuse-gueule. Il s'agissait d'un certain Lance Holmquist, vivant de la location de son bateau à Key Largo, à mi-chemin entre Miami et Key West. « D'une manière générale, je suis un type qui aime prendre des risques. Par exemple, j'adore chasser les ouragans, surfer des vagues féroces, faire de la moto à fond sous des trombes d'eau. J'aime aussi pêcher au fusil entouré de requins. Alors j'espère qu'ils vont m'embaucher. En fait, quand j'ai rencontré les Séminoles, ils ne m'ont jamais demandé si j'avais de l'expérience avec les alligators. La seule chose qui les intéressait, c'était de savoir si j'avais eu des problèmes cardiaques. » À ce jour, les chefs de la tribu n'ont pas encore rappelé Lance Holmquist. Sa candidature est à l'étude. On imagine d'ici le sage et paisible conseil d'administration des anciens de la tribu, assis sur le tas d'or de ses casinos, auditionnant d'étranges petits Blancs nerveux, piaffant d'impatience à l'idée de maintenir une ancestrale tradition autochtone qui n'intéresse plus aujourd'hui que de moites touristes bavarois, et où l'on risque de se faire trancher les doigts à heures fixes pour 56 francs de l'heure. En attendant, Bailey est déjà revenu à l'eau. Il serre la gueule de l'alligator dans le creux de sa gorge. Une dizaine de visiteurs le regarde exécuter cette figure mélancolique qui était autrefois une marque de courage chez les Séminoles. Il souffle un vent du nord. C'est un peu de l'hiver qui passe sur la Floride. L'homme et l'animal ont froid. À Key Largo, pendant ce temps, Holmquist espère et attend.

Miami, Floride, 12 avril 2001

L'école des cartes

Lorsqu'il parle de ses débuts de croupier, lorsqu'il raconte le bruit que faisaient les cascades de l'argent à Las Vegas ou à Atlantic City, lorsqu'il évoque la saveur des cocktails du Desert Inn, la coupe cintrée de ses costumes d'alors et cette façon bien à lui de tourner les cartes ou de lancer les dés sur le tapis, la voix ronde et profonde de Ron ronronne. Ses phrases roulent dans un larynx que l'on imagine drapé des velours d'une autre époque, un temps où l'on savait ruiner les clients avec élégance, de la main à la main, d'homme à homme, sans avoir recours à l'électronique hasardeuse de ces « bandits manchots » qui rançonnent aujourd'hui le chaland de casino.

De ce même timbre équanime, Ron Ramsey, soixante-huit ans, se souvient du nom et des préférences de ses clients, ces célébrités qui avaient leurs habitudes à sa table. Cartes ou craps. Ils s'appelaient Elvis Presley, Mickey Mantle, Peter Frampton, Billy Ray Cyrus, les Carpenters ou encore George Seagal. « De ce dernier, je dirai qu'il est peut-être une vedette, mais qu'il manque certainement de classe : il ne sait pas perdre. » Ron fait quelques pas puis ajoute : « Il faut se faire à l'idée qu'il est inévitable de perdre au casino, vous comprenez ? Il peut vous arriver de gagner, mais tout est fait pour que vous ne rameniez jamais cet argent à la maison. »

Ceci posé, Ron s'assoit à une table, délie ses doigts, prend les cartes, les bat, les coupe et les distribue. Ses étudiants à peine plus jeunes que lui regardent respectueusement œuvrer le maître du domaine. Nous sommes à Palm Springs, Californie, dans une académie. The American Gaming Academy. L'université des croupiers de casinos. La toute nouvelle école officielle qui, dans cet État, délivre des certificats de donneurs de cartes de black-jack.

L'intitulé peut sembler fantasque. Pourtant, depuis que la Californie – où le jeu est rigoureusement interdit – a voté, il y a un an, la proposition 1A, une loi qui autorise les Indiens à ouvrir des casinos sur leurs réserves, l'Académie se retrouve au cœur de bien des espoirs. À Palm Springs où est concentré l'essentiel des tribus, une dizaine d'immenses paquebots du lucre, de basiliques de néon à 80 millions de dollars, ouverts 24 heures sur 24, ont surgi dans le désert. Ces établissements s'appellent le Spa Resort, le Morongo, le Fantasy Springs, le Spotlight 29. Trois autres ouvertures sont prévues dans le courant de l'année. Cela signifie au moins 500 nouveaux emplois. Ces affaires administrées par les tribus ont un besoin permanent de donneurs de cartes de black-jack et de poker pour faire tourner leurs tables en trois-huit. Il leur faut un personnel compétent, fiable, qualifié, capable de repérer un brelan de tricheurs ou une paire d'emmerdeurs.

C'est là qu'intervient Ron Ramsey. Avec son pedigree et son savoir-faire, il n'a eu aucun mal à se faire agréer comme académicien en chef. Et lorsqu'il a ouvert sa modeste université le long d'un parking de Palm Springs, ce sont des mères de famille, des infirmières, des retraités, des serveurs, des techniciens hospitaliers, des employés du bâtiment, des coiffeurs qui se sont inscrits dans cette école en quête d'une nouvelle vie. « D'un nouveau départ en tout cas. L'occasion de tenter autre chose. Figurez-vous que j'ai même eu un dentiste d'une cinquantaine d'années qui s'est inscrit ici. Un type qui avait un cabinet florissant et qui pourtant avait tout quitté, raconte Ron. Il est arrivé un jour et m'a dit : " Ça suffit, j'ai enlevé assez de dents. Maintenant je veux m'amuser et apprendre à donner des cartes. " » Comme les autres, il a fait un chèque de 1 150 dollars pour six semaines de formation de black-jack plus un autre de 1 450 dollars couvrant les deux mois nécessaires à la certification d'un croupier de poker. Comme les autres, dans la posture du meneur de jeu, il s'est assis à des tables couvertes de billets de pacotille et piquetées de jetons fictifs. Comme les autres, la première fois où il a timidement glissé ses doigts dans le sabot, le trac est monté en lui à la vitesse d'un cheval au galop. « À ce jeu, dit Ron, il faut surtout être lucide, habile en calcul mental et avoir des doigts agiles. Pour le reste, même si les horaires de nuit sont parfois difficiles, le métier, lui, est tranquille. On a une pause toutes les heures, en saison on voit du monde, les pourboires sont conséquents, on a de bonnes assurances sociales, les repas gratuits, un uniforme et une retraite formidable. »

À Palm Springs, où l'on compte aujourd'hui plus de 600 donneurs, un débutant gagne 6,50 dollars de l'heure et environ 100 à 130 dollars de pourboires par jour. Dans la région, ces salaires sont, pour beaucoup, l'espoir d'un nouveau départ, et ce n'est pas un hasard si dans les cours de l'Académie on retrouve bon nombre d'hommes et de femmes à mi-vie. À cinquante-trois ans, Raul nettoie des vitres et des moquettes. Après le travail, il vient ici prendre ses cours. « Dans ma vie je n'ai jamais joué. Mais cette fois, en changeant toute mon existence, je tente un pari. J'ai toujours fait des travaux pénibles. C'est pour ça que je me suis inscrit ici. Pour gagner de l'argent plus facilement et enfin porter des vêtements propres. Je vais travailler pour les Indiens. Ce sont des gens très corrects avec leurs employés. » Ce sont en tout cas des patrons qui imposent une estimable et édifiante clause d'embauche à leurs nouveaux salariés. Outre leur formation spécifique, les croupiers doivent tous posséder un diplôme de fin de scolarité secondaire. « Je suis d'origine mexicaine et dans mon pays je n'avais jamais rien appris, poursuit Raul. Je ne possédais aucune instruction. Maintenant, cela fait plus d'un an que je prépare mon examen. Je le passerai le 28 août. Mes enfants sont heureux que je me prépare à devenir croupier mais ils sont encore plus fiers que je sois revenu à l'école. Si tout va bien, cet automne je travaillerai au casino. Et avec l'argent que je vais gagner, j'ai l'intention de poursuivre mes études. »

Depuis que la proposition 1A a été votée, les Indiens ne cessent de faire des demandes auprès de l'administration pour avoir le droit d'ouvrir des établissements de jeu. Seules contraintes imposées par la Californie : être reconnu en tant que tribu et posséder une terre. Autant de conditions faciles à satisfaire lorsque l'on saura qu'un frère et une sœur viennent d'être qualifiés et considérés comme une tribu à part entière par le gouvernement. À l'Académie, on est évidemment ravi par tous ces agréments synonymes d'emplois futurs.

Dean a soixante-trois ans. Cartes en main il en paraît vingt de moins. Il est sur le point de terminer son stage : « Toute ma vie j'ai été dans le management. Et là j'ai senti que j'avais l'opportunité de commencer une nouvelle carrière, une nouvelle vie. Je me suis dit : je vais devenir donneur de blackjack et le reste de mon temps je le consacrerai à faire danser les vieilles dames. C'est exactement ce que je veux. Être plus libre. Être plus heureux. En plus je sais que les Indiens sont des employeurs très loyaux. Et c'est d'autant plus formidable de leur part que dans le passé nous les avons maltraités et humiliés. Il y a une règle essentielle chez eux : on respecte les anciens. » Dean donne. Et Dean remporte la main. Comme tous les élèves en fin de stage il a les doigts déliés et l'esprit affûté.

Ron, lui, s'est retiré dans son bureau et dispute d'interminables et silencieuses parties de black-jack avec son ordinateur. Dans ces instants de retraite, une partie de son cerveau brasse machinalement des lots de cartes sur l'écran, tandis que l'autre hémisphère pense à l'avenir et tente de prendre la mesure de ce que l'« académicien » appelle « la naissance d'une nouvelle industrie ». « Je suis très fier de participer à ce mouvement, répète-t-il, fier de permettre à ceux qui le désirent de reconstruire quelque chose en dépit de leur âge ou de leur métier. » Il est persuadé que désormais, à Palm Springs, les gens seront heureux, qu'ils auront un emploi digne et stable, que jamais ils n'auront besoin d'aller à Vegas, cette capitale des perdants et des pingres où chacun sait que les pourboires sont toujours inversement proportionnels à l'ampleur des gains. « J'y suis allé à plusieurs reprises pour observer les croupiers, raconte Raul. Je vais vous dire une chose : je les trouve bien moins habiles et moins professionnels que ceux qui sortent de notre Académie. » Ron rosit sous l'alizé des compliments. Depuis qu'il a ouvert son établissement, il n'a connu qu'un échec. Un étudiant plutôt brillant, intelligent, avec des doigts de fée. « Lorsqu'il s'entraînait chez nous, les cartes semblaient fuser toutes seules. Malheureusement, dès qu'il passait une audition, dès qu'il était placé en situation de jeu véritable, ses mains étaient aussi raides que du bois et il se mettait à trembler de tout son corps. »

Helen, elle, est infiniment calme. Cette ancienne gérante de boutique de vêtements, diplômée cet hiver, travaille depuis trois mois comme donneuse aux tables de black-jack et de poker du Spotlight 29. Plusieurs fois par semaine elle vient à l'Académie perfectionner ses gestes et son doigté. Ce soir, à sa table, élégante esseulée, elle distribue des volées de cartes qui glissent en douceur et meurent sur la feutrine comme autant de palets. « Ce n'est pas facile pour une femme de mon âge de tout recommencer. Mais j'ai toujours aimé les casinos, surtout ceux d'autrefois lorsque les gens s'habillaient pour sortir. Aujourd'hui c'est différent, avec ces machines à sous et tous ces types en short. Mais bon, je gagne bien ma vie, le casino me nourrit, me paie mes frais médicaux et m'offre mes lunettes de vue. Le soir, quand j'ai fini, lorsque je quitte ma table, je me dis que, dans le fond, j'ai été la seule vraie gagnante de la journée. »

Confusément, à la même heure, Ron doit penser exactement la même chose. Alors, comme aux plus belles heures du Desert Inn, lissant ses tempes, il se rassoit à sa table, prend les cartes, les bat, les coupe et, de ses mains innocentes et prodigues, les distribue autour de lui comme autant de chances que chacun est libre de saisir ou de laisser passer.

Palm Springs, Californie, 16 août 2001

Douglas, port de l'angoisse

Ce soir est tombée la première pluie depuis le mois de février, lourde, dense, libérant, la nuit venue, toutes les odeurs enfouies et poudrées du désert. Au bout d'une ligne droite qui semble ne jamais devoir finir, se profile Douglas, fragile relais roulé dans la poussière, formé de maisons froissées, de rues affalées, piètre ville perdue semblant errer dans les bas-fonds des cartes routières de l'Arizona. Un hôtel, deux restaurants, trois prisons, quatre églises, 110 °F en été (43 °C), 1 000 mètres d'altitude, 18 000 habitants par habitude, autant de chapeaux, sans compter les couvre-chefs réglementaires des 560 agents de la Border Patrol arc-boutés sur chaque borne de la frontière. Ici, à la station-service de l'avenue Panamericana, c'est encore l'Amérique. De l'autre côté de la route, derrière la grande grille, commence le Mexique. Et Douglas devient Agua Prieta.

C'est à peu près tout ce que l'on peut dire d'intelligible et de cohérent sur cet endroit. Car pour le reste il faut bien reconnaître que l'on séjourne dans des zones absurdes, au cœur du désert le plus peuplé du monde, patrouillé le jour, éclairé la nuit, truffé de caméras et de capteurs, survolé par des hélicoptères noirs à vision infrarouge, parcouru d'hommes en hardes, surveillé par des éleveurs en armes, grouillant de trafiquants mexicains, eux-mêmes pistés par des Indiens des douanes américaines, sans parler des cadavres d'immigrants vaincus par la chaleur du jour, ou d'autres silhouettes indistinctes se faufilant sur le sable, et dont on ne saura jamais s'il s'agit de proies ou de chasseurs. Tel est Douglas, presqu'île dégueulasse, petit port de l'angoisse.

Le destin de cette ville s'est joué à des centaines de kilomètres d'ici, le jour où les services de l'immigration des États-Unis ont décidé de renforcer leurs contrôles à l'ouest, à Tijuana, et à El Paso vers l'est, pour empêcher les entrées de clandestins sur leur territoire. Selon les lois conjuguées de la géographie, de la physique et de l'économie, le flot d'immigrants mexicains a alors convergé vers l'Arizona, secteur le plus perméable de cette interminable frontière s'étirant de la Californie au Texas, et son maillon le plus faible, Douglas. En haute saison, c'est-à-dire en hiver, au moment où les températures sont plus douces, on enregistre ici plus de 3 000 entrées clandestines par jour. 3 000 hommes, femmes et enfants arrivant de partout, n'ayant nulle part où aller, fuyant seulement leur part de pauvreté. « Jusqu'à l'an dernier, cette ville était devenue invivable, raconte Roy Bailey, *field operations supervisor* de la Border Patrol. Des immigrants la traversaient de tous les côtés, le jour mais surtout la nuit, laissant leurs ordures partout, faisant du bruit. Les chiens aboyaient sans cesse, plus personne n'arrivait à dormir. »

Pour endiguer ce flux, le gouvernement américain décida de construire une grille de trois mètres de haut sur une dizaine de kilomètres. D'installer l'une des plus impressionnantes garnisons de gardes-frontière du pays. D'y adjoindre un contingent consistant de douaniers. De mobiliser les hélicoptères de l'armée. D'élever des miradors mobiles équipés de caméras vidéo. D'enfouir dans le sol des capteurs de vibrations sensibles aux pas humains. De lancer des dirigeables capables d'effectuer des prises de vues de surveillance aérienne. Et c'est ainsi que Douglas est devenu un rempart dans le désert. La nuit, de loin, la frontière ressemble à un interminable ruban de lumière. Tous les cent mètres, la Border Patrol a installé des projecteurs alimentés par des groupes électrogènes qui ronronnent de concert. Au pied de chaque pylône, en faction permanente, un Ford tout-terrain de la police des frontières. Dans les camions, des hommes observent la grille. Et de l'autre côté de la barrière, au Mexique, à quelques pas, d'autres hommes qui les guettent aussi, cherchant le trou, la faille, attendant le moment propice. De temps à autre, ils jettent des pierres sur les sombres pare-brise des Ford. Mais les projectiles rebondissent sur les grilles de protection des véhicules.

Roy Bailey gare son engin le long de la clôture. « Depuis qu'on a creusé une fosse et monté cette grille, la ville est devenue plus calme. Les immigrants sont obligés de la contourner, de passer par le désert. C'est là qu'on les attend. On a dissimulé des capteurs dans le sable. Bien sûr, on ne peut pas stopper ce flot constant. Mais l'an dernier, rien que pour la station de Douglas, on a arrêté 240 000 clandestins. » Ce qui veut dire que dans ce trou de souris de l'Arizona il s'en est faufilé trois, quatre, cinq fois plus. Rien que pour le mois de janvier 2000, la Border Patrol a appréhendé 70 000 illégaux. Cette année, d'après l'Administration, les chiffres seraient en baisse.

Tom Bassett III, lui, est plutôt sceptique. Après avoir longtemps travaillé comme statisticien chez Philips, il vit aujourd'hui retiré dans le désert, à quelques minutes de Douglas. Il va régulièrement déposer des containers d'eau le long des passages empruntés par les clandestins : « L'année dernière, sur cette frontière, 450 immigrants sont morts à cause de la chaleur. Un homme de vingt-neuf ans est tombé là, devant ma porte. Et encore, dans ce recensement ne sont pris en compte que ceux dont on a retrouvé les corps. Car ici, entre la chaleur et les animaux, en trois jours, il ne reste plus rien de vous. Cette militarisation de la frontière est ridicule. D'autant que tout le monde sait parfaitement que notre économie a besoin de ces immigrants. Ils sont même recrutés au Mexique par des représentants de nos compagnies et ont une promesse de travail en Californie ou dans les fermes du Middle West avant de franchir la frontière. Pour la restauration, la construction, l'agriculture américaines, ils sont une main-d'œuvre docile, indispensable et bon marché. » En privé, des membres de l'Administration, des agriculteurs, des entrepreneurs du bâtiment confirment ces besoins et ces pratiques inavouables. Mais à Douglas, ville simple, bien loin des stratégies économiques, on s'en tient à des règles élémentaires : ici, un bon immigrant est un immigrant refoulé. Qu'il soit mexicain, bolivien, chilien, chinois ou roumain, comme c'est désormais souvent le cas.

La nuit est tombée. Une dizaine d'adolescents viennent d'escalader la grille avant d'être surpris par le faisceau de lumière d'un mirador. Paniqués, ils rebroussent chemin. Dans son 4×4, Roy Bailey s'approche de la clôture. Épuisée, une jeune fille n'arrive pas à franchir l'obstacle. Le superviseur descend de son véhicule, lui fait la courte échelle, et d'un geste à la fois souple, ferme et galant, la réexpédie dans les regrets de son pays, vers les poussières latines d'Agua Prieta.

Au cœur de cet univers étrange, aux valeurs louches et aux règles ambiguës, les ranchers locaux, éleveurs et conservateurs ancestraux, se sont transformés en auxiliaires de police. Roger Barnett est de ceux-là : « Depuis qu'ils ont fait cette grille en ville, les Mexicains passent désormais par nos propriétés. Ils cassent nos clôtures, percent les réservoirs d'eau destinés à abreuver nos troupeaux. Derrière eux, ils laissent les couches souillées de leurs gosses, du papier hygiénique, des poubelles, de vieilles chaussures. Tous les matins il faut tout nettoyer, tout vérifier. Alors avec mes voisins on en a eu assez. On a décidé de les intercepter, de les arrêter et de les remettre à la Border Patrol. C'est légal. Ils violent notre propriété. Avec mon frère, en un seul week-end, j'en ai coincé 226, et plus de 2 000 pour l'année dernière. Certains jours, il suffit de s'asseoir là et de les regarder avancer. Ils soulèvent des nuages de poussière, on dirait une armée en marche. De toute façon, notre combat est perdu d'avance. Si on arrive à colmater la brèche ici, à Douglas, une autre s'ouvrira ailleurs, et ils s'engouffreront à nouveau, et il faudra tout recommencer. Et ça coûtera des millions de dollars pour rien. Parfois je me dis qu'on est en train de recommencer ici ce qui nous a perdu au Viêtnam. On est en train de perdre la guerre parce qu'on ne fait pas ce qu'il faut pour la gagner. »

Barnett dit que ces gens ne respectent rien et viennent voler le travail des Américains. Puis, vitupérant tant de laxisme, il dénonce la complaisance de la presse américaine « tenue par des socialistes ». Son frère Don, quelque temps auparavant, ajoutait : « J'ai toujours sur moi un colt 45. Je le garde dans mon holster. Le jour où je le sortirai, ce sera pour appuyer sur la détente. » À Douglas, dans ce climat xénophobe, le Ku Klux Klan a fait quelques apparitions. À la fin de l'année, des tracts anonymes ont été diffusés, appelant les touristes de la région à participer à des chasses à l'immigrant clandestin dans le désert : « Venez aider les ranchers. Amenez votre camping-car, des jumelles infrarouges, des lampes halogènes, des CB, des klaxons, des chiens d'attaque et de la crème solaire écran total. » La règle étant ensuite de remettre les captifs à la Border Patrol.

Dans le même périmètre, le service des douanes se livre, lui, à d'autres battues. Cette administration s'est en effet aperçue que les trafiquants de narcotiques profitaient de ces marées migratoires pour se faufiler discrètement dans les flux quotidiens qui abordent cette région de l'Arizona. Alors, dans ce comté de Cochise, elle a tout naturellement fait appel à des Indiens pisteurs capables de déjouer les ruses des passeurs de drogue qui, pour éviter de laisser des empreintes sur le sable, se confectionnent des bottes avec de la moquette épaisse, marchent à l'envers ou en rond dans le désert, ne déposent jamais leurs charges sur le sol. Mais les Indiens des douanes connaissent toutes les ruses de cette terre, et possèdent en outre un odorat si fin qu'ils peuvent repérer dix lieues à la ronde l'odeur de la fumée d'une cigarette. C'est comme ça qu'ils attrapent parfois un passeur. En lui tapant simplement sur l'épaule au moment où celui-ci, détendu, au fin fond des sables et se croyant seul au monde, tire en paix sur son mégot. Demain, vers 5 h 30, comme il le fait tous les matins, Tom Bassett III ira déposer de l'eau et de la nourriture sur les passages que les clandestins empruntent dans le désert. « Les trafiquants sont organisés. Pas les immigrants. Ils sont livrés à eux-mêmes dans cette immensité hostile. Ils marchent parfois pendant deux jours d'affilée, avec des enfants en bas âge et par des températures qui peuvent grimper jusqu'à 50 °C. » S'ils ne mettent pas le pied sur un capteur des sables et parviennent à se faufiler entre les doigts des patrouilleurs, l'œil des hélicoptères et les caméras des dirigeables, ils apercevront alors, au loin, les miradors et les lumières de Douglas, puis, après encore une bien longue route, peut-être parviendront-ils jusqu'à la côte Pacifique où, comme disent les ranchers comptables de leur bonheur, ils voleront le labeur des éleveurs en devenant laboureurs ou plongeurs à 6 dollars de l'heure.

Douglas, frontière du Mexique, 5 août 2001

L'Amérique latine

Après tout, on pourrait dire qu'il ne s'agit que d'un changement de propriétaire. Une cessation de commerce, un restaurant qui, simplement, passe dans d'autres mains. Dans ce quartier coréen de Los Angeles, le Chungju Buffet était un établissement populaire. Chacun connaissait cette immense pagode tombée du ciel à l'angle d'Olympic Boulevard. Il y a quelques mois encore, on y mangeait toutes sortes de soupes asiatiques, on y parlait les langues de l'Orient, on y buvait des alcools de riz. Aujourd'hui, l'architecture et le décor du local sont inchangés, mais l'endroit est rebaptisé Guelaguetza. On y sert des tamales, des tacos, des enchiladas et des burritos rafraîchis à la Corona. Les dîneurs sont d'indécrottables moustachus, la musique, d'inspiration mariachi, et les commandes comme les remarques se font exclusivement en espagnol. Quant aux menus, si l'on s'attache à les lire entre les lignes, ils n'annoncent ni une nouvelle cuisine, ni une modification du bail, mais, bien plus profondément, une autre époque, le basculement d'un ancien monde.

En fait, c'est à la lumière des résultats du dernier recensement américain, livré en mai dernier, qu'il faut reconsidérer la minuscule affaire du Guelaguetza. Les chiffres de cette enquête ont révélé que les Latinos étaient, pour la première fois, majoritaires à Los Angeles. Devant les Blancs, les Noirs et les Asiatiques. Dans l'ensemble du pays, leur nombre a augmenté de 57,9 % durant les dix dernières années. En Californie du Sud, ils forment parfois l'entier d'une communauté. À East L.A., ils représentent 96,8 % de la population. À Santa Ana, 76,1 %, à El Monte, 72,4 %, à Oxnard, 66,2 %. Inglewood et Compton, bastions noirs en 1990, sont aujourd'hui devenus majoritairement mexicains. De même que la banlieue de Watts où se déroulèrent, jadis, des émeutes légendaires : 69 % de Noirs, 26 % de Latinos en 1990, contre 45 % et 47 % aujourd'hui. Des villes conservatrices comme Anaheim, où l'on dénombrait, il y a dix ans, 57 % de Blancs pour 28 % de Latinos, voient ces chiffres désormais inversés : 51 % de Latinos, 24 % de Blancs. Tout cela signifie qu'un bouleversement racial est en train de s'opérer sous la formidable poussée de la communauté latino-américaine, dont le taux de croissance en Californie est quatre fois plus élevé que celui de n'importe quel autre groupe ethnique.

Cette prééminence démographique avérée a déjà des conséquences dans la politique, l'économie, la culture de cet État et, à un degré moindre, dans celles du pays tout entier. Dans les environs de Los Angeles, on assiste à une prise de conscience de cette situation de la part d'une population jusque-là méprisée et cantonnée dans les emplois subalternes ou de services. Ceux qui ont balayé pendant vingt ans les salles de restaurant commencent aujourd'hui à pouvoir ouvrir des *Guelaguetza*, à racheter des affaires, à réclamer leur part de la richesse commune. Dans l'agriculture, les Mexicains reprennent les exploitations que les Blancs ne trouvent plus assez rentables. Ils se lèvent à l'aube et se couchent à la lune pour cultiver des fraises, arroser des melons ou irriguer des fleurs. Ils se battent avec la sécheresse, les sols ingrats, mais, pour la première fois, possèdent une terre américaine et peuvent envoyer leurs filles à l'université.

« Maintenant, nous sommes la majorité. » C'est ce que l'on peut désormais lire sur certains murs de L.A. Et cela est si vrai que dans l'univers opportuniste des médias on raconte que de jeunes journalistes purs anglo-saxons, se nommant par exemple John Atkins ou Peter Parker, ont décidé, au vu des résultats du recensement, et pour flatter leur popularité, de prendre des pseudonymes d'antenne aux consonances latines tels que Ricky Sanchez ou Eduardo Guttierez. Alors, pour mesurer ce petit séisme économico-culturel, nous sommes allés voir ceux qui sont en train de faire trembler cette terre qu'ils possédèrent jusqu'en 1848, année de la signature du traité de Guadalupe Hidalgo.

Le sociologue

Lorsqu'il est arrivé à Los Angeles à l'âge de seize ans, Gaspar Rivera Salgado ne parlait pas un mot d'anglais. Aujourd'hui, il enseigne la sociologie à l'University of Southern California. « Le phénomène d'immigration auquel nous assistons ici est unique au monde par son intensité. La " latinoïzation " de la Californie est déjà bien avancée. Certes cela crée des tensions avec les Blancs, d'autant que nous sommes très différents des Anglo-Saxons. Mais le temps est venu pour nous de négocier notre nouvelle place dans l'Amérique moderne. Il s'en est fallu de peu, il y a quelques mois, qu'un maire latino soit élu à Los Angeles. Actuellement, nous vivons une période de transition du pouvoir entre Anglo-Saxons et Mexicains. Cela pourrait se régler dès la prochaine élection. » Pour le reste, selon lui, l'affaire est déjà entendue. La Californie mange, boit, danse et prie latino. « Allez faire un tour, dimanche, à l'église de La Placita. » La cathédrale s'appelle Our Lady Queen of Angeles. Les messes ont lieu à

6 h 30, 7 h 45, 8 h 15, 9 h, 10 h 30, 12 h, 13 h 30, 15 h, 16 h 30, 18 h, 19 h 30. Des horaires de navettes. Pas de pasteurs. Des curés à l'ancienne. Des baptêmes d'antan. Et des offices archibondés.

Le policier

Le sergent Juan Arroyo est policier au commissariat de Hollenbeck, à East L.A. Il stoppe sa voiture de patrouille au milieu du pont qui relie son quartier, exclusivement latino, à Los Angeles et il dit : « Voilà, nous sommes exactement sur la frontière qui sépare les Blancs des Mexicains. Je sais ce que je dis. » Cette ligne de démarcation, le sergent a eu bien du mal à la franchir. Quand il est arrivé à Hollenbeck, venant du sud avec son père, il avait seize ans et passait ses journées à chercher des filles pour lui apprendre l'anglais. Avant même qu'il ait eu le temps de maîtriser la langue, on lui donna un fusil et on l'envoya raboter son accent au Viêtnam. À son retour il voulut rentrer dans la police.

« J'ai connu alors l'époque de la discrimination douce. On refusait de m'embaucher une fois parce que j'étais trop petit, une autre fois parce que j'avais un accent trop marqué, une autre fois parce que je n'avais pas fait assez d'études. Il a fallu que j'écrive au Congrès, au maire. Quand je suis devenu policier, ça a continué : les mauvais horaires, les mauvais salaires, les mauvais quartiers. Il a fallu monter une organisation hispanique à l'intérieur de la police. Aujourd'hui, ça y est, on a fait notre place. Et on parle même espagnol au commissariat. En plaisantant, je dis parfois qu'on est en train d'envahir la Californie. En réalité, on ne fait que reprendre ce qui nous appartenait autrefois. » Un Latino passe en voiture avec un échappement bruyant et la radio à fond. Juan Arroyo le rattrape : « Tu veux que je te mette une amende ? » L'autre baisse aussitôt le son et s'éloigne en douceur. « Je déteste ce genre de types qui se croient tout permis. Et aussi ceux qui taguent les murs. Ils donnent une mauvaise image de la communauté. »

Le maire

Le premier élu latino d'une cité de plus de 100 000 habitants dans la banlieue de Los Angeles est une femme. Rachel Monte est maire d'El Monte. « Je porte le nom de ma ville. Je vois cela comme un signe du destin. Mais il a quand même fallu se battre dur et longtemps pour que j'en arrive là. En 1950, on a interdit à mon père d'acheter une maison ici même parce qu'il était d'origine mexicaine. Seuls les Blancs avaient le droit de devenir propriétaire à El Monte. » Et quand, en 1970, sur Peck Road, les membres du Parti national-socialiste défilaient derrière des drapeaux frappés de la croix gammée, les Mexicains devaient rester cantonnés chez eux. « Aujourd'hui, ces nazillons ont disparu, explique Rachel Monte. Mais je crois que, si leurs sympathisants revenaient en ville, les Latinos leur feraient un sacré accueil. » Cette ancienne coiffeuse, qui avec son frère, nommé au poste de premier adjoint, mène sa ville à la baguette et signe ses arrêtés avec un stylo piqué d'une rose artificielle, met aussi un point d'honneur à faire imprimer ses cartes de visite en espagnol et s'enorgueillit d'entretenir le « *First Latino Museum* ». « Pour que nous prenions le pouvoir dans toute la Californie, il suffit d'une chose : persuader les gens de notre peuple, les Latinos, qu'il est capital de s'inscrire et de voter. Et ça, c'est le plus difficile. »

L'activiste

Convaincre les Mexicains de se rendre aux urnes, c'est justement le travail d'Antonio Gonzalez. Il préside le *Southwest Voter Registration Education Project*, une organisation dont le but est d'éveiller le sens civique et politique des Latinos. « Aujourd'hui, normalement, le maire de Los Angeles devrait être un Latino. Nous avons perdu la dernière élection parce que nous n'avons pas eu assez d'inscrits. Nous représentons plus de 44 % de la population de la ville. Si chacun faisait son devoir de citoyen, nous serions largement majoritaires, sans aucune alliance. Politiquement, le pouvoir est en train de basculer. Il y a une très grande probabilité pour que le futur maire appartienne à notre communauté. D'après les dernières études, les Blancs votent de moins en moins et nous de plus en plus. Notre travail, désormais, consiste à donner une éducation politique et civique à des Latinos qui souvent n'ont pas d'instruction et sont exploités économiquement. »

Le jardinier

Ulysses Garcia est patron d'Ulysses Garden. Patron, cela signifie qu'il tond lui-même les pelouses des autres. Qu'il travaille sans compter ses heures. Qu'il se bat autant avec les racines qu'avec ses machines. Il y a quinze ans qu'il est arrivé à Los Angeles et a fait toutes sortes de petits travaux épuisants. Aujourd'hui, il commence à peine à vivre décemment. Alors il a décidé de lutter pour que les nouveaux arrivants n'endurent pas ce qu'il a subi : « Après mon travail, je viens dans ce bureau pour recevoir et aider des immigrants. Je ne veux plus que les Mexicains soient obligés de dormir à dix dans une pièce, ni que cette génération continue de laver les sols des McDonald's pour un salaire de misère. Je me bats pour que nos enfants fassent désormais respecter leurs droits, aillent à l'université et aient enfin, un jour, de vrais emplois. »

L'enquêteur

En Californie, les Latinos sont, de tous les travailleurs, les plus mal payés et les plus exploités. Relégués dans des emplois sans perspectives, embauchés à des postes que refusent les Noirs, ils étaient jusqu'à présent à la merci de patrons maîtres en tout point de leur destin. « Justement, cela est en train de changer à Los Angeles », raconte Javier Amaro. Syndicaliste à Justice for Janitors, un mouvement qui en son temps défendit les Mexicains surexploités par les entreprises de nettoyage, Amaro est aujourd'hui une sorte d'inspecteur du travail masqué traquant les supermarchés qui ne respectent pas les droits élémentaires des salariés. « Lorsqu'on me signale des irrégularités, par exemple des dépassements d'horaire systématiques dans un magasin ouvert 24 heures sur 24, je vais sur place, de jour comme de nuit, j'observe, je discute avec les employés en me faisant passer auprès de la direction pour un membre de leur famille ou pour un livreur. Ensuite, je fais un rapport. Si la société persiste dans ses fautes, j'engage une procédure et je préviens en même temps le service des impôts. Les patrons sont sensibles à ce genre d'arguments. En ce moment, les choses changent et nos syndicats prennent de plus en plus de place dans cette ville. »

Los Angeles et la Californie ont donc atteint le point de bascule qui les confronte à une nouvelle réalité statistique, qui fait des Blancs une minorité ethnique. Avec pour première conséquence que l'enseignement public et les administrations vont devoir reconsidérer la notion de bilinguisme jusque-là négligée. Et cette autre, moins conflictuelle, mais bien plus exotique comme signe de ralliement ethnique : le port recommandé, dans les fines soirées, de cet attribut que l'on s'arrache, la « *latin mustache* ».

Los Angeles, Californie, 9 août 2001

Les « astronautes » de Vancouver

Oui, vraiment, Richard MacMillan aime la bière. Il en boit beaucoup, en vend à l'occasion, et rêve d'en brasser un jour. Généralement, après la quatrième pinte, MacMillan a l'alcool historique et évoque invariablement la mémoire de George Vancouver, illustre navigateur et père fondateur de la ville du même nom : « Un sacré capitaine. En cherchant une route maritime vers l'Orient, il a fait escale dans la baie en 1792. Il a trouvé l'endroit formidable. Alors, en bon Britannique, il est allé voir les Indiens locaux, qui depuis toujours vivaient sur cette île, et il leur a annoncé que désormais ils habitaient à Vancouver. Sur les terres de la Couronne. Puis il a repris la mer vers l'ouest. Je ne sais pas si Vancouver a découvert la route idéale vers Canton. En revanche, je peux vous affirmer que les Chinois, eux, ont trouvé la ligne la plus directe pour venir à Vancouver. Au point que parfois je me demande si je vis à Hongcouver ou à Vankong. » De la pointe du menton, avec une moue dégoûtée, MacMillan désigne la profusion de tours disgracieuses qui enlaidissent *downtown*. « Derrière chacune d'elles, il y a un type de Hongkong. Un investisseur, paraît-il. Moi, je dis un envahisseur. » Semblant fourbu par tant de laideur, il débouche une Budweiser et la boit d'un trait, jusqu'à la garde. MacMillan n'aime guère la compagnie des riches immigrés chinois de

Hongkong. Il les accuse de fourmiller, d'ourdir, de combiner ; de souiller l'environnement, d'être porteurs de mille maux économiques et sociaux. D'une manière moins abrupte, le sénateur libéral de Colombie-Britannique Jack Austin synthétise certains sentiments xénophobes qui traversent aujourd'hui une partie de la communauté anglophone : « Les immigrés, vous voyez, on les accepte plus facilement quand ce sont des gens qui entretiennent votre maison ou lavent votre linge, parce que les autochtones se sentent supérieurs à eux. En revanche, il est beaucoup plus difficile de se sentir dominateur face à des étrangers qui achètent les plus belles demeures de la ville et roulent en Mercedes. »

Avec ses montagnes bleuies de cèdres, de sapins et coiffées de neige, avec sa baie taillée comme un diamant, ses plages bretonnes, ses fjords norvégiens, ses jardins orientaux, ses bateaux asiatiques et sa pluie londonienne, Vancouver est un concentré de la beauté du monde. Et c'est dans cet écrin que 110 000 Asiatiques, souvent riches et diplômés, ont choisi de se réfugier en l'espace de quelques années. Ils sont venus de Taïwan, de Chine, mais surtout de Hongkong, à mesure que se rapprochait le 1er juillet 1997, date à laquelle ce territoire britannique sera restitué aux autorités de Pékin. Aujourd'hui, ils représentent un peu moins du quart de la population de la ville. Cet afflux brutal, massif et d'un profil inhabituel a bouleversé les mœurs de Vancouver, ses manières, ses habitudes, sa langue, son architecture. Aux Hongkongais on fait avant tout le reproche de ne pas s'être intégrés, mais plutôt implantés sauvagement à coups de millions de dollars, en achetant pêle-mêle un passeport canadien, des berlines allemandes, une âme de propriétaire, de belles terres et des résidences charnues.

C'est alors que les problèmes ont commencé. Pour bien comprendre la suite, il faut savoir que la Colombie-Britannique est une sorte de Californie luxuriante, terriblement anglo-saxonne, plutôt conservatrice mais tolérante, au point que l'on trouve légitime que des Sikhs poursuivent en justice le gouvernement quand celui-ci veut les obliger à troquer leur turban traditionnel pour un casque en polystyrène lorsqu'ils s'adonnent à la pratique du vélo. De la cité de Vancouver, on dira qu'il s'agit d'un véritable sanctuaire écologique – Greenpeace y fut d'ailleurs fondé – où l'on voue un culte permanent et immodéré à la nature. Et c'est dans ce Vatican de la verdure que les Hongkongais ont commis leur premier sacrilège, en rasant les maisons de bois qu'ils achetaient pour construire à leur place de gros pavés de béton disgracieux au confort tapageur, appelés ici *monster houses*. Et ils ont également abattu tous les arbres plantés sur ces propriétés, jugeant qu'ils prenaient une place inutile et attiraient, selon la culture chinoise, les mauvais esprits. Enfin, et c'est peut-être là le pire, ils ont élevé de hautes clôtures cimentées et ornées de dorures autour de leurs villas, contrevenant ainsi aux règles de base du savoir-vivre britannique reposant sur des pratiques de « voisinage » entretenues par de rituelles conversations échangées lors de la tonte régulière du gazon mitoyen. Tout cela peut sembler dérisoire, et pourtant des rues entières ont signé des pétitions pour faire taire les tronçonneuses et tomber les murets de séparation.

Mais peut-être faut-il lire un ressentiment de nature plus économique derrière ce flot nourri de protestations écologiques. Lorsqu'ils vous parlent des Hongkongais, les « *white Canadians* » répètent à peu près la même chose : ils ne s'intègrent pas, refusent d'apprendre l'anglais, étalent leur fortune de façon tapageuse et achètent n'importe quoi à n'importe quel prix, faisant ainsi flamber le coût de la vie et surtout les tarifs immobiliers. Pour mesurer l'ampleur de ce dernier phénomène, il suffit de savoir qu'à Hongkong un modeste deux-pièces coûte 1 million de dollars américains (5,8 millions de francs), tandis qu'à Vancouver 250 000 dollars canadiens (1,05 million de francs) vous permettent d'acquérir un adorable appartement. Avec un tel différentiel en leur faveur, on comprend pourquoi les immigrants sont peu regardants, y compris lorsqu'il s'agit de débourser 350 000 dollars canadiens (1,5 million de francs) et de les investir en Colombie-Britannique, comme l'exige la loi, pour obtenir la nationalité canadienne. En fait, une étude récente a montré que ces nouveaux immigrants injectaient chaque année plus de 4 milliards de dollars canadiens (17 milliards de francs) dans les affaires locales. Ce qui les rend à la fois intouchables et insupportables. Car, plus que les clôtures, c'est la barrière de l'argent qui sépare aujourd'hui les deux communautés.

À Vancouver, dans les beaux quartiers de la ville, il est d'usage d'envoyer ses enfants suivre des cours à l'Alliance française. Et, dès l'adolescence, se dessine cette nouvelle ligne de fracture économique. « Nous avons à peu près 300 élèves chinois assidus, explique Maïte Lasserre, de l'Alliance française. Ils sont issus de familles aisées, et certains ont déjà un style de vie assez privilégié. À seize ans, ils arrivent au lycée dans un coupé sport Acura et ont 3 000 dollars (12 600 francs) d'argent de poche tous les mois. Vous imaginez les tensions et les jalousies que cela peut entraîner. Quand il y a un problème, nous appelons leurs parents, et la plupart du temps nous tombons sur une domestique qui ne parle pas l'anglais. Le père, en général, n'est jamais là et continue de mener ses affaires à Hongkong. »

C'est une autre des singularités de cette immigration luxueuse. Beaucoup de ces hommes d'affaires, baptisés ici « astronautes » en raison de leurs va-et-vient incessants entre la Chine et le Canada, n'ont pas rapatrié leurs avoirs de Hongkong, où ils poursuivent leur business. « Pour la majorité de ces entrepreneurs, commente Georges Payrastre, expert en migrations, Vancouver ressemble à un abri temporaire, du point de vue financier sans doute un peu trop calme et timoré à leur goût : un endroit où l'on ne brasse pas assez d'argent. En attendant de voir l'attitude de la Chine, ils ont installé leur famille ici et saupoudré leur fortune en Australie, aux États-Unis et dans tous les coins du Pacifique. D'autres, comme Li Ka-shing, un tycoon de la banque et du bâtiment, ont misé plus franchement sur Vancouver. Cet homme possède 20 % de la surface constructible de la ville, sur laquelle il est en train d'édifier Concorde-Pacific, le plus grand projet immobilier d'Amérique du Nord. » Et c'est ainsi que ces Chinois ultracapitalistes, obsédés par l'argent, obéissant à la morale du profit, affichant leur réussite et se souhaitant bonne année en disant : « Devenez riche », se sont offert la plus mythique et la plus belle part de la Colombie-Britannique.

C'est cette forme de néocolonialisme inversé qui justement dérange la population blanche. D'autant que ce petit monde asiatique vit le plus souvent refermé sur lui-même, que ce soit dans le quartier de Richmond ou dans le Chinatown du centre-ville. Chaque jeudi soir, les femmes des astronautes se retrouvent dans les salons de l'hôtel Victoria pour partager leur solitude autour d'une partie de mah-jong, en écoutant distraitement l'une des deux chaînes de télévision émettant en cantonais. Trois radios et autant de journaux, dont *Sing Tao* et *Ming Pao*, qui ont leur siège à Hongkong, permettent à cette communauté de prospérer dans son isolement doré tout en étendant son emprise immobilière et financière sur la ville. Parfois les anglophones disent se sentir à l'étranger dans leur propre cité : « Maintenant, explique Philip, un employé du port, on traverse des rues entières où les noms et les enseignes des magasins sont écrits en chinois. Ils ne font même plus de double affichage. Hier, je suis allé manger au restaurant Kirin, dans la 12e Rue. Le menu était écrit en cantonais. C'est de plus en plus comme ça. Je ne suis vraiment pas raciste, mais ils pourraient quand même faire un effort. »

Un point de vue que partage Chang, un assureur de bateaux. Chang est, comme on dit ici, une « banane », c'est-à-dire « jaune à l'extérieur et blanc à l'intérieur ». Lui s'est intégré, parle un anglais studieux et habite une maison discrète entourée de cèdres majestueux : « Les reproches que l'on nous fait sont souvent justifiés. On ne peut pas vivre avec un pied sur chaque continent, ignorer les habitants et refuser d'apprendre la langue d'un pays qui vous a accordé un passeport. Moi, en cinq ans, je suis vraiment devenu canadien, et je respecte les coutumes et la culture de cette nation. » Au point de rêver de vivre à Victoria, délicieuse capitale politique de la Colombie-Britannique, située au fond d'un entrelacs de fjords, à deux heures de bateau de la côte.

Mais dans cette ville cossue, la plus « blanche » et la plus britannique qui se puisse imaginer, on ne recherche guère la compagnie des Hongkongais : « Quand on voit comment ils ont défiguré l'architecture de Vancouver, dit Mark, pilote d'hydravion, on aime autant ne pas les voir arriver ici. » Malgré une hausse de la criminalité, l'émergence de quelques gangs et triades, Vancouver demeure une ville singulièrement hospitalière où se côtoient quinze langues principales, et où chacun affiche une volonté certaine de désamorcer les tensions raciales sans pour autant les nier. Une fois passé le choc de cette dernière vague migratoire asiatique et nantie, tout le monde veut croire que la vertu du temps et les vitamines de l'argent se chargeront d'araser les clôtures, de lisser divergences et différences. Mais en cas d'échec, si l'intégration ne s'opérait pas, des sociologues prédisent un scénario catastrophe : minée par une fracture économique et culturelle, la ville serait confrontée à de sévères guerres ethniques aggravées par l'incapacité pour ces clans à dialoguer dans une langue commune. Alors, à la fin de cette singulière fable économique où l'on découvre qu'un afflux brutal de richesses appauvrit parfois les échanges humains, on songe aux vols planés de ces astronautes du capital, Hongkongais putatifs, Canadiens virtuels qui, l'âme sereine, à mi-chemin de la terre et du ciel, peuvent infléchir la vie des hommes et tordre le destin d'une ville.

Vancouver, Colombie-Britannique, 19 juin 1997

Les clochards célestes

Pour entrer dans l'histoire il n'est que de pousser la porte dorée de Fine Home and Estates, Seville Properties. De flâner dans l'agence, de ressembler à un client qui passe. Et ensuite de s'asseoir face au marchand en lui disant des choses simples, par exemple qu'on ne supporte pas la pollution de la vallée et que l'on cherche une maison, confortable et tranquille, pour s'installer sur les hauteurs. Le préposé à l'immobilier, qui en a vu et surtout entendu d'autres, déploie alors posément son catalogue des affaires disponibles et, d'une voix de maître d'hôtel désabusé, commence par proposer une petite chose amusante à 8,1 millions de francs dans les environs de Saratoga. Puis une autre un peu plus conséquente à 11,6 millions, près d'Atherton. Il en mentionne rapidement une troisième à 14,3 millions, avant de présenter celle qui « devrait parfaitement convenir », vaste villa bientôt achevée sur les hauteurs de Los Gatos, que l'on pourrait réserver pour un montant de 35,7 millions. Sans broncher, lissant la brochure comme pour en chasser les reflets, il faut alors s'efforcer de déglutir sereinement en expliquant que, ma foi, cela n'est pas rien et mérite, à tout le moins, d'être revu le lendemain. Il ne reste plus ensuite qu'à s'effacer du cadre, à sortir dignement de cette agence sise sur Camino Real, et à continuer d'avancer dans l'histoire en cheminant sur la plus riche avenue de la plus riche vallée du pays le plus riche de tous les pays riches.

Longtemps cette terre fut celle des légumes et des agrumes. Aujourd'hui, elle porte des fruits d'un rapport autrement juteux. Chaque jour qui passe sur la vallée fait éclore 63 nouveaux millionnaires en dollars. C'est le ratio quotidien moyen de la récolte, le bénéfice de l'ensoleillement local généré par les entreprises d'informatique, les start-up et autres bizarreries de l'Internet. Si l'on multiplie le nombre de ces bienheureux par 365 – l'efflorescence ne s'interrompt ni les week-ends ni les jours fériés –, cela représente, en une année, 22 995 nouvelles pousses de riches.

Ce genre de statistique change bien sûr une vie mais modifie aussi profondément les structures économiques et sociales d'une ville. À San Jose, situé au sud de San Francisco et au cœur de la Silicon Valley, le revenu annuel moyen d'une famille de la région dépasse aujourd'hui les 564 000 francs. Une maison de surface modeste n'offrant qu'une unique chambre se négocie entre 3,4 et 5,4 millions. Du côté de Palo Alto, une résidence qui n'avait rien d'excentrique avec son living-room et ses quatre chambres a été mise en vente à 15 millions. D'irrationnelles enchères, nullement suscitées par le propriétaire mais fouettées par la folie du marché, ont fait monter son prix jusqu'à 21,8 millions. Comme lors de la location de cette autre villa tout à fait commune, mise à prix à 12 200 francs par mois et aussitôt réservée par téléphone pour le double.

Le bouillonnement de l'argent finit par noyer tout sens commun. Ainsi cette étudiante de dix-sept ans développe un étonnant complexe de classe : « Mes parents, tous deux médecins, éprouvent le sentiment d'avoir raté leur vie. Surtout lorsque, avec leurs modestes moyens, ils se retrouvent en compagnie de leurs amis millionnaires ou des membres du conseil d'administration de Cisco. À côté d'eux, de leur puissance, mon père se sent totalement insignifiant. » Dans ce monde inversé, cette vallée aux valeurs paradoxales, tous les commerces embauchent, les sociétés de services pullulent, les entreprises sortent sans cesse de terre, l'aéroport s'agrandit, les hôtels affichent « *No vacancy* » et l'on bâtit jour et nuit. Tout cela ressemble à une économie de paradis. La grande valse de la finance ouverte, chaque soir, par 63 débutants de ces bals de l'abondance.

Mais il y a les autres. Tous ceux qui n'entreront jamais dans la danse et qui, dehors, attendent. 20 000 sans-abri vivent dans ce comté de Santa Clara. Statistiquement, ce n'est pas pire qu'ailleurs. En revanche, et cela est unique au monde, 34 % d'entre eux sont des salariés qui, durant la journée, occupent un emploi à plein temps. Le soir, dans les files d'attente des soupes populaires et des refuges pour sans-logis, on peut ainsi croiser des policiers, des pompiers, des vendeurs de voitures, des enseignants, des convoyeurs de fonds, des postiers, des conducteurs d'engin, des ouvriers de l'aéroport. Partout ailleurs sur cette terre, ces hommes et ces femmes vivraient décemment de leur travail. Ici, compte tenu du coût de la vie, du manque de logements sociaux et de la hausse permanente des loyers, ils en sont réduits à se nourrir dans des cantines publiques, à coucher dans des dortoirs, et à mener des existences de clochards célestes. Selon des sources fédérales, dans ce comté, le seuil de « pauvreté » est atteint si une famille de quatre personnes ne gagne pas plus de 361 000 francs en une année. Pour une personne vivant seule, le revenu minimum se situe à 253 000 francs. Au-dessous de ces sommes pourtant conséquentes commencent les difficultés. Plus on s'éloigne des ces barèmes, plus on se rapproche des files d'attente des sociétés de bienfaisance.

Jan Bernstein travaille pour l'une d'entre elles : « À InnVision, nous servons 900 repas par jour et nous offrons près de 400 lits. Tous les soirs, faute de place, nous refusons du monde. Le tiers des gens qui viennent ici ont un travail à temps complet. Ils gagnent normalement leur vie, mais ont connu un problème de santé ou de famille, en tout cas un événement qui a modifié leurs revenus pendant un ou deux mois. Prenez le cas d'un divorce. Lorsqu'ils vivaient ensemble, cet homme et cette femme mettaient leurs revenus en commun et s'en sortaient à peine pour payer le loyer. Séparés, ils ne peuvent assumer leurs nouvelles charges. Alors on les récupère au foyer. Vous savez qu'un petit appartement se loue 1 700 dollars (11 500 francs) par mois et un studio minable 1 000 dollars (6 800 francs) ? Si un ouvrier ou un employé payé au salaire minimum voulait juste survivre dans cette vallée, il devrait travailler plus de 150 heures par semaine. » Jan Bernstein s'occupe des refuges, et connaît presque tous les pensionnaires, hommes et femmes, qui les fréquentent. Elle ne s'habitue pas à l'injustice qui leur est faite. Face à ces extravagances libérales, cette économie d'orpailleur, elle dit simplement : « Ici, c'est vrai, il n'y a plus de chômage. En revanche on assiste au retour de la pauvreté. Comme si l'une devait obligatoirement remplacer l'autre. »

Tout, absolument tout, augmente sans cesse dans le comté de Santa Clara. Tout, sauf le taux horaire minimum du travail : 5,35 dollars (36,40 francs). Alors, dans cet éden de l'opulence moderne, on voit ressurgir d'obscurantistes pratiques de négriers où les pauvres finissent par soumettre les miséreux. C'est ce petit propriétaire qui entasse 26 travailleurs dans les ergastules de sa maison minable, chacun lui payant tous les mois quelque 2 700 francs de loyer. C'est cet autre modeste employé qui, au même tarif, loue chaque soir son salon à une famille chassée de son logement pour qu'elle y passe la nuit. Ceux qui ont encore moins de revenus se contentent d'un sous-sol ou d'un coin de garage.

Mais il y a pire encore. C'est l'autobus 22. Ici, on l'appelle « *the rolling hotel* », l'hôtel roulant. Du centre de San Jose au terminal de Menlo Park, il est le seul à sillonner la vallée 24 heures sur 24. Le jour, la ligne est fréquentée par des usagers classiques. Mais à la nuit tombée la clientèle change. Peu à peu, des travailleurs sans abri s'installent. Au fil des arrêts ils s'allongent sur les banquettes et s'accordent deux heures de sommeil. C'est à peu près le temps que dure le circuit. Cela fait un cycle très court. Ensuite, il faut descendre au terminus, c'est la règle, et attendre dehors dix minutes avant de pouvoir repartir dans l'autre sens. Cela fait une drôle de nuit. Des miettes de paix. Des segments de sommeil. Le forfait coûte 3 dollars (un peu plus de 20 francs). Les « chambres » du 22, c'est vraiment lorsqu'on a tout perdu, et qu'on ne peut plus vous prendre à InnVision ou ailleurs.

Ralph a connu ces interminables virées dans le bus. Pour l'instant, il a trouvé place dans un refuge. Il n'y a pas si longtemps, cet homme de cinquante-cinq ans était technicien chez l'avionneur McDonnell Douglas. Comme tout le monde, il a été licencié. Un divorce, trois déménagements, six métiers et quelques humiliations plus tard, le voilà qui découpe des échalotes sur un comptoir de bois, à 23 heures. « Dans la vallée, on a tous du travail. Le problème c'est que, si l'on n'est pas employé dans les sociétés high-tech, on est payé une misère. J'ai tort de rester ici comme cuisinier. On a tous tort. Je n'ai aucune chance de m'en sortir. Cet endroit n'est pas fait pour des gens comme nous. Un jour, j'irai rejoindre ma fille en Californie du Sud. Et là, peut-être, je retrouverai une vie décente. »

Charlie a trente ans. Tous les soirs, avec ses affaires de jour, son sac et son téléphone portable accroché à la ceinture, il vient dormir au refuge. Il cache sa situation à son employeur. Honte de n'avoir pas de maison. Peur aussi d'être licencié. Et le cynisme de l'histoire veut que, dans cette vallée des PC, ce sans-abri salarié travaille justement pour Cisco, le géant de l'informatique. D'ailleurs, cinq revues sont posées sur la table de nuit de sa chambre commune : *Computer Currents, Smart Computing, Computer Shopper, Micro Times, PC World.* Drôle de monde. Drôle de vie. « Comme livreur, dit Charlie, je gagne 1 400 dollars par mois (9 500 francs). Ici, ça ne suffit pas pour manger et se loger normalement. Mais je veux faire mon trou chez Cisco, et un jour m'installer avec ma fiancée. En attendant, grâce à ce refuge, je peux me laver, me raser et partir au travail tous les matins comme un homme normal. Personne ne sait que je suis *homeless.* »

Le voisin de lit de Charlie est graphiste. Il s'appelle Andre. Il porte une veste, une cravate, un pantalon à plis. Une dizaine de costumes de belle coupe sont suspendus à une ficelle contre le mur. Tout cela témoigne de la trame d'un passé plus heureux. Dans un coin, entassés dans le périmètre exigu qui lui est alloué, un ordinateur et une table à dessin : « C'est ici que je travaille. Au refuge. Toute la journée. Et parfois même la nuit. Souvent, devant ce mur, je réfléchis à ce que je suis devenu, à tous ceux qui vivent ici. Et je me dis que l'informatique, cette vallée, tout ça, ça nous a rendus fous. » Et encore, Andre ne sait pas tout.

Il ignore par exemple que ce riche comté qui s'accommode du destin de ses vagabonds salariés vient de se préoccuper avec le plus grand sérieux du « choc traumatique » qui guette, chaque jour, les 63 nouveaux apprentis millionnaires qui fertilisent la vallée. Ce désordre de l'âme a été identifié par un cabinet de psychologues de San Francisco sous le nom de « *sudden wealth syndrome* ». Le syndrome de la richesse subite. Stephen Goldbart et Joan DiFuria ont ainsi observé que les immenses fortunes de type Rockefeller, jadis accumulées sur une longue durée, se constituaient aujourd'hui en une décennie, voire en une année. Les jeux de la Bourse et les fantaisies des nouvelles technologies créant donc des grossiums instantanés, Goldbart et DiFuria ont étudié les troubles de ces néonantis et leur timidité à faire valser les sequins ou à gérer en paix, ontologiquement, leur bien. Pour masser toutes ces mauvaises consciences, ils ont ouvert un institut dans la banlieue de San Francisco et l'ont voluptueusement baptisé Money, Meaning and Choices.

« Vous savez, dit Joan DiFuria, un afflux soudain d'argent bouleverse une vie. Vous n'avez plus besoin de travailler. Vos valeurs ne sont plus les mêmes. Vous êtes maître de votre temps. Votre fils vous demande pourquoi vous voyagez en jet privé. Vos amis vous regardent différemment. Ce que nous disons à nos clients est assez simple : soyez à l'aise vis-à-vis de votre fortune. Vous l'avez gagnée. Elle est à vous. Mais, une fois vos désirs comblés, rien ne vous empêche d'aider les autres, de vous lancer dans des actions philanthropiques, des programmes humanitaires. Notre discours est d'autant mieux compris que nous nous adressons souvent à la génération des baby-boomers, qui autrefois prônait la générosité et le partage. Le tarif de nos consultations ? Je ne peux pas vous répondre. Nous ne divulguons pas nos honoraires, par respect pour nos clients. » Si les cures curieusement caritatives de Money, Meaning and Choices apaisent les fluxions de conscience des néomillionnaires ? Par respect pour Andre, Charlie, Ralph et tous les habitués de la ligne 22, disons que nous oublierons de nous poser la question.

San Jose, Californie, 13 avril 2000

6

Cimetières

Les Kennedy et la mort

Sur la terre comme au ciel, ils avaient leurs habitudes. Avec la confiance et l'assurance des maîtres, ils pilotaient indifféremment des avions, des voitures, des femmes, des opinions et un pays. Ils possédaient la beauté, la fortune, et une manière désinvolte, brutale, parfois aristocratique, de se servir du monde. Ils conduisaient leur vie à tombeau ouvert et, bien sûr, s'égaraient prématurément dans les cimetières. On voyait une malédiction dans cette suite de deuils qui n'étaient peut-être que la conséquence de dépassements de certains seuils. Et comme la religion est un peu l'ancre de l'Amérique, à chaque drame on s'accrochait à cette phrase que prononça Robert Kennedy après l'accident de son frère Ted : « Il y a là-haut quelqu'un qui ne nous aime pas. » Comme si tout cela dépassait le cadre trop restreint de l'humanité pour se résumer en une sombre affaire de contentieux entre les Kennedy et Dieu. Et dans ce petit jeu de la mémoire ressurgissaient les propos de Rose, la mère du clan, qui prit tout son temps avant de s'éteindre à l'âge de cent quatre ans. Chaque fois que les malheurs s'abattaient sur la famille, elle avait coutume de répéter : « Dieu ne nous envoie aucun fardeau que nous ne soyons capables de supporter. » Sans doute voulait-elle dire par là que la tribu était forte, féconde, et que le ciel trouverait à qui parler tant qu'il y aurait des Kennedy. C'est du ciel, justement, que nous allons traiter, de cette brume côtière nocturne qui a décidé du sort d'un fils qui, du moins vers la fin, portait le même nom que son père : John Fitzgerald Kennedy.

Dans le bureau Ovale, le président avait coutume de jouer avec son enfant. Pour le taquiner, il l'appelait « Sam ». « Ça va, Sam ? Tu ne dis rien, Sam ? » Lorsque l'héritier de deux ans s'entendait ainsi interpeller, il réagissait chaque fois de la même manière : « *No, no, no ! My name is John !* » Il fallut une trentaine d'années à cet enfant pour qu'il récupère enfin son patronyme, et par là même, peut-être, sa véritable identité. Car, après la mort de son père et ce salut au cercueil qui resterait longtemps sa marque de fabrique, il n'allait être pour l'Amérique qu'un éternel puîné, un vague « John-John », sobriquet qui lui était aussi étranger que le « Sam » de jadis. Alors il s'appliqua à grandir pour dépasser ce diminutif. Contrairement à tous ses aînés qui avaient pratiqué Harvard, lui se contenta de Brown University. Les autres avaient pour ambition de diriger le pays, lui se contenterait de régenter sa propre vie. Il aimait le patin à roulettes, le parapente, rêvait de construire des kayaks de mer, et pour le reste, tant bien que mal, il surnageait dans le droit. Au point de devoir présenter ses examens à plusieurs reprises. Quand il échouait, la presse tabloïd titrait : « Collé, fiston ! » Cela ne l'affectait pas le moins du monde. Le fils du mythe avait d'autres consolations.

S'il ânonnait au barreau, il savait en revanche parler aux femmes. De ce point de vue, son père semblait lui avoir transmis son savoir-faire. De même que le nom de JFK avait été accolé à ceux de Marilyn Monroe ou de Kim Novak, celui de son fils se retrouvait associé au destin de poseuses modernes comme Madonna ou Cindy Crawford. Les reporters de la presse populaire qui raillaient le juriste louaient en contrepoint les saillies du séducteur. *People Magazine*, avant de le proclamer « homme le plus sexy du monde », espionnait John sur sa terrasse, n'hésitant pas à raconter l'aube de l'un de ses dimanches matin passés en tête à tête avec Daryl Hannah : « Il portait juste un boxer-short, et elle un déshabillé de nuit. Ils dansaient serrés l'un contre l'autre. Même s'ils avaient été des inconnus, cela aurait représenté une très belle image. » Lorsque, le lendemain, dans les journaux, il lisait le compte rendu de ses romances de balcon, John Kennedy demeurait très serein. À ses proches, il confiait simplement : « Je ne vais pas faire de grands couplets de morale au sujet des paparazzi. Ce sont des gens qui gâchent réellement ma vie, mais ça c'est mon problème. »

Le reste du temps, il voyait beaucoup sa mère, déjà malade, et faisait de la figuration, comme assistant, auprès du procureur de Manhattan. Dès qu'il quittait le prétoire, il redevenait un homme sans histoires, un Américain qui avait fini sa journée, rentrait à pied, prenait l'autobus et empruntait le métro pour aller jouer au frisbee dans Central Park. Son seul problème durant ces excursions, c'était l'éclat de son éblouissante beauté. Un jour qu'il dînait avec son éditeur dans un restaurant de New York, il fut reconnu par deux très jolies femmes qui promenaient un chien. En l'apercevant, elles poussèrent de grands cris et se précipitèrent vers lui. John n'en fut ni ému ni agacé. Il salua gentiment ces admiratrices et caressa même l'animal. « À ce moment-là, se souvient l'éditeur, j'ai pensé : mon Dieu, ce garçon a eu à faire ça toute sa vie. »

C'est peut-être pour avoir passé trente-cinq années à flatter la croupe de quelques lévriers et le teint pâle de leurs maîtresses qu'un jour lui vint le goût de s'acheter un costume de flanelle sombre et l'envie de se lancer dans la presse. Avec l'aide du groupe Hachette-Filipacchi, il créa *George*, un mensuel qui se piquait de traiter la politique par-dessus la jambe de Cindy Crawford. C'est ce mannequin qui, grimé en George Washington, posa en Wonderbra sur la couverture du premier numéro. Bruce Willis, Johnny Depp, Demi Moore, dans d'autres tenues, lui succéderaient. L'idée de la revue était de rompre avec l'austérité du milieu, de mêler le fond et les formes. Les détracteurs du journal verront dans cette création « un miroir de la dichotomie caractérisant la propre vie de son géniteur ». En quelques années, le magazine diffusa 419 000 exemplaires, et son directeur multiplia les grands entretiens. Les mauvais esprits faisaient aussi remarquer que son père répondait aux questions de toute la planète, tandis que le fils se contentait d'en poser quelques-unes à Mike Tyson, à George Wallace, l'ennemi intime de l'ex-président, à Bill Gates, au dalaï-lama ou à Colin Powell. On reprochait aussi parfois à *George* d'être un peu trop spectaculaire. Kennedy répondait alors : « La politique, c'est le plus grand show de la terre. Regardez ça comme un divertissement et laissez-nous parler des grands hommes comme *Sports Illustrated* traite des sportifs. » Le monde avait changé. Les Kennedy aussi. Au point que le dernier de la lignée se laissait quelquefois aller à des phrases pleines d'une sourde fatigue : « Je sens parfois peser sur moi le poids de tout un passé. Et la charge est bien lourde. »

Pour la partager, sans doute, il épousa Carolyn Bessette, une élégante et discrète jeune femme, ancien mannequin, recyclée dans le service des relations publiques du couturier Calvin Klein. La cérémonie eut lieu devant vingt-quatre personnes sur une petite île au large de la Géorgie. Les paparazzi apprirent la nouvelle par la poste. Et c'est ainsi qu'à trente-huit ans « Sam » devint un homme. Et avec lui « John-John ». Et aussi l'adjoint du procureur qui avait un frisbee dans son cartable. Et encore le type qui souriait aux femmes et caressait les chiens. Oui, à trente-huit ans, John Kennedy Junior se lançait avec bonheur dans ce qu'il croyait être les joies simples de la famille et l'honnête confection d'articles de presse à tendance journalistique.

C'est alors qu'il monta dans un avion. Un Piper Saratoga, un engin à six places, rouge et blanc. Après le patin de rue, le canoë de mer, l'aile delta, c'était là son nouveau jouet. Un engin d'occasion payé 300 000 dollars à Minir Hussain, un de ses instructeurs. Son tout récent brevet de pilote l'autorisait à peine à officier « par beau temps, sur un monomoteur, à condition qu'il ne soit pas un hydravion ». C'était une clause de son permis. Comme si, en le privant de flotteurs, la mort avait voulu prendre quelques assurances. Ce vendredi donc, il arriva seul au volant de son cabriolet allemand à l'aéroport de Fairfield, New Jersey. En attendant sa femme Carolyn et sa belle-sœur Lauren, il inspecta sommairement son appareil. Un témoin, Kyle Bailey, vit qu'il boitait légèrement. On venait en effet de lui ôter un plâtre à la jambe à la suite d'un accident de ski nautique.

À la tombée du soir, les trois voyageurs à son bord, le Piper décolla pour l'île de Martha's Vineyard. Sans plan de vol, ni gilets de sauvetage, ni balises. Le lendemain, John, Carolyn et Lauren avaient rendez-vous à la propriété familiale de Hyannis Port, où devait être célébré le mariage de Rory, la fille de Robert Kennedy. Le mariage n'eut pas lieu. À la place on dit une sorte de messe des morts. À l'aube, on retrouva sur une plage la valise de Lauren, un tube de médicaments au nom de Carolyn, un sèche-cheveux et un appui-tête de Piper.

La veille, quelque chose s'était passé dans le ciel, quelque chose que l'on ne saurait peut-être jamais, un incident qui avait fait chuter l'avion de 400 mètres en quelques secondes, un oubli dans la brume, une amnésie du moteur, une absence des gouvernes, une erreur humaine ou tout simplement une malfaçon dans la destinée de ces trois voyageurs aériens. Les plus raisonnables parleront d'imprudence à propos d'un pilote inexpérimenté se lançant dans un vol sans visibilité au-dessus de l'océan et qui avouait lui-même qu'en raison de son noviciat et de son manque d'expérience « [sa] femme était la seule personne qui acceptait de monter avec [lui] ». D'autres, échauffés par l'histoire de la dynastie, ont déjà envahi l'Internet pour s'étonner que la presse n'évoque pas l'hypothèse d'un « sabotage » et réclamer une commission d'enquête, une sorte de nouveau « rapport Warren », chargée d'établir « qu'il n'y avait pas de bombe à bord ». Ceux-là croient au complot des hommes et à celui des dieux, unis, à 2 000 pieds, pour concourir à la perte du clan. Fermement, ils soutiennent la thèse de la « malédiction » et, pour preuve, récitent la liste des morts de la prolifique descendance de Rose et Joseph Kennedy. Ils portent le deuil de John Kennedy, assassiné à Dallas. De Robert, son frère, tué à Los Angeles. De Joseph P., l'aîné, mort aux commandes de son bombardier durant la Seconde Guerre mondiale. De Kathleen, la sœur, disparue dans un accident d'avion. De Rosemary, la cadette, internée et lobotomisée. De David, mort d'une overdose. De Michael, disparu dans un accident de ski. Et, aujourd'hui, de John et de sa femme.

À ces tragédies s'ajoutent les décès d'autres enfants mort-nés, les maladies invalidantes de certains, la toxicomanie et l'alcoolisme d'autres, sans parler des nombreux épisodes scandaleux qui ont amoindri les prétentions de la famille : les comportements délinquants de JFK et de Robert envers les femmes, l'inculpation d'Edward pour « non-assistance à personne en danger » après la mort de sa collaboratrice dans les eaux troubles de Chappaquiddick, l'inculpation de Michael pour détournement de mineur et quelques autres enquêtes relatives à des plaintes pour harcèlement sexuel, violences et viols. Il y a chez les Kennedy une façon d'être, une attitude commune, que le *Herald Tribune* définit en une pudique formule : « Leur intrépide manière de vivre. » Pour ne pas dire cavalière et souvent insouciante. Tous ceux qui ont disparu ont souvent privilégié des conduites à risques. John croyait pouvoir se jouer des lois de la nuit et du ciel, David, dominer l'héroïne, Michael, descendre à skis, mais sans bâtons, la piste vertigineuse et verglacée d'Aspen, Edward, fuir indéfiniment ses responsabilités, John Fitzgerald et Bob, gouverner une nation en dépit de leurs relations ouvertes avec des membres du crime organisé et du passé interlope de leur père et mentor.

Ce dernier, outre une grande mansuétude pour Adolf Hitler, ses liens étroits avec la Mafia et un antisémitisme forcené, prétendit que, pour éduquer de solides fistons, il suffisait de leur inculquer une sommaire philosophie du caleçon. « Envoyez-vous en l'air aussi souvent que possible », leur assénait-il. Par ailleurs, jusqu'au bout, il défendit avec cynisme d'insoutenables positions d'affairiste et ne fit pas mystère de s'être enrichi de 15 millions de dollars, en ce seul jeudi noir de 1929 où l'Amérique bascula dans la ruine. Oui, pudiquement, on peut convenir que le style de tous ces Kennedy avait quelque chose d'« intrépide ». Et la gloutonnerie pourrait bien être la véritable source de leur « malédiction ».

Il n'en reste pas moins la puissance de ces ténèbres familiales qui, inlassablement, tissent sur le pays la toile de leur dramaturgie. L'Amérique n'aime rien tant que les parages de la mort. N'est-elle pas la seule nation capable de faire monter les larmes aux yeux de toute une génération en lui posant cette unique question : « Que faisiez-vous quand le président a été assassiné ? » Lorsque le Piper de John s'est abîmé en mer, Hyannis Port se souviendra qu'il préparait la fête de ce mariage qui jamais n'aboutit, avec ses blanches tentes et ses

275 invités, qui, près du port, regardaient voguer les ferries vers Nantucket ou Martha's Vineyard. Un mariage qui finit par ressembler à un enterrement. Car le fils avait disparu à deux pas de chez lui, tout près de cette grande maison au bord de la dune où il jouait jadis avec son père. Il avait disparu au large du mémorial qui honore la mémoire du Président, dans une eau froide où, même en été, se risquent bien peu de nageurs. John Fitzgerald Kennedy Junior, celui qui s'était donné tant de temps et de mal pour grandir sur cette terre, mais aussi dans quelques recoins du ciel, celui-là a péri corps et biens pour, à nouveau, dans l'Histoire, faire place à « John-John », ce fils de l'Amérique figé au garde-à-vous face à la mort.

Cape Cod, Massachusetts, 22 juillet 1999

La mort lui va si bien

Un jour, la mort a changé la vie de Vidal Herrera. Elle lui a ouvert les yeux, a fait de lui un homme riche et lui a redonné le goût du bonheur. C'était en 1988. À cette époque-là, Vidal n'était qu'un homme parmi d'autres, un Latino de cent kilos portant de sombres moustaches, vivant dans les faubourgs pelés de East L.A. et gagnant un maigre salaire en ramassant les cadavres de types assassinés qu'il glissait dans des housses en plastique avant de les apporter à la morgue. Vidal Herrera faisait ce travail de nettoyeur pour le compte du procureur de Los Angeles. Un matin, tandis qu'il soulevait une dépouille de fort tonnage, son dos le lâcha. Ses vertèbres partirent dans tous les sens et des hernies discales firent de lui un homme guère plus valide que les clients qu'il empaquetait. Licencié de son emploi, à demi infirme, Vidal se mit à lire les journaux. Surtout les magazines économiques. Il ne savait pas vraiment ce qu'il cherchait là-dedans, mais il cherchait.

Dans un numéro de *Fortune*, il tomba sur un article intitulé « *The golden era death* ». L'âge d'or de la mort. L'auteur racontait les formidables batailles que se livraient les grands groupes industriels et financiers pour racheter des cimetières privés, des funérariums ou des entreprises de pompes funèbres. Car, poursuivait le rédacteur, ces hommes d'argent avaient compris que dans les trente prochaines années la mort serait d'un bon rapport. Tout simplement parce que la génération des baby-boomers, qui, dans les années 50, avait fait le bonheur des maternités, ferait bientôt celui des hospices avant de combler les marchands de concessions à perpétuité. L'âge d'or de la mort, c'était donc cela, l'avenir.

Vidal Herrera se remit sur ses jambes, emboîta le sens d'une histoire qu'il savait inéluctable et entreprit de suivre des cours d'assistant d'autopsie dans un hôpital public. Chemin faisant, entre les lambeaux d'un foie et les nerfs d'un jambier antérieur, l'idée lui vint de monter sa propre affaire. Son petit job personnel et privé de disséqueur et de préleveur d'organes. C'était tout à fait légal. Même s'il n'avait aucun diplôme de médecin, il possédait la pratique et connaissait le travail. Lui ferait le sale boulot, se colletterait avec la viande et les viscères qu'il confierait ensuite à un praticien de laboratoire chargé des analyses. À première vue, tout cela ne ressemblait à rien. Et lorsqu'il acheta pour 200 dollars son premier Honda Civic coupé d'occasion, vert pomme, sur laquelle il inscrivit « Autopsy Post Services, Inc. », il fut la risée de tout East L.A.

Aujourd'hui, Vidal Herrera habite les beaux quartiers, gagne 1,5 million de dollars par an en réalisant, avec ses quatre assistants, 900 autopsies totales et 700 partielles. Depuis qu'on a relaté son succès sur CNN, 2 400 personnes, dans tout le pays, lui ont écrit pour acheter, moyennant 36 000 dollars, la franchise de sa marque déposée 1-800-Autopsy, et il vient de refuser de vendre son label à un grand groupe qui lui proposait 9,2 millions de dollars. En outre, à des fins publicitaires, la firme Volkswagen a décidé de lui offrir 8 fourgonnettes qui sillonneront bientôt les rues de Los Angeles, et Herrera est en train de négocier avec Nike un parrainage pour son équipe d'athlétisme, des marathoniens baptisés les « Stiffs » (les cadavres) qui, pour le moment, trottent sous les couleurs d'Autopsy. Le rouge et le noir. « Le rouge, c'est le sang, explique Vidal, et le noir, bien sûr, la mort. » La presse l'a baptisé « le Prince des cadavres » et ses amis latinos « el Muerto ». Et lui, plus que jamais, trouve que la vie est belle.

Quand on découvre l'histoire de ce succès farfelu, le feu d'artifice des chiffres, on s'attend à rencontrer un type cousu d'or, roulant en limousine et fumant des havanes par les deux bouts. Erreur totale. Vidal, pour l'instant, n'a même pas de bureau. Fagoté dans une blouse blanche, ignoré du personnel soignant, il squatte les sous-sols de l'hôpital des Vétérans de Los Angeles où, près du frigo des macchabées, dans un recoin de la salle d'autopsie, il attend sur son portable les appels de ses clients. Malgré l'afflux des dollars, il continue, dix-huit heures par jour, à faire le boulot lui-même. En se brisant le dos et en cassant les prix. Dans le comté de Los Angeles, diligentée par le coroner, une autopsie complète revient à 2 541 dollars. Vidal propose le même travail pour 2 200.

Ce matin, Herrera est fatigué. Il a passé la nuit à disséquer un cadavre. Entre un seau en plastique dans lequel flottent un cerveau et des boyaux sous verre, Vidal nous présente un grand bocal rempli de chairs ondulantes en suspension dans un liquide jaunâtre. « Ça, vous voyez, dit-il d'un regard éloigné, c'est un homme en lamelles. J'ai prélevé un morceau de tous les tissus, de tous les organes qui font un être. C'est un travail très long, très astreignant, très minutieux. » Au-dessus de lui, une pendule bleue, où l'on peut lire « Dead End Motel », égrène des secondes interminables.

Dans la presse économique, Vidal lit avec un certain bonheur l'histoire de sa propre réussite. On raconte partout qu'il a inventé la *freelance autopsy* et, à ce titre, il est invité à la Death Care World Expo (le salon mondial de la mort), qui se tiendra bien sûr à Las Vegas les 17 et 18 mars. « Vous voulez que je vous dise un truc ? Mon rêve, ç'a toujours été de monter un restaurant, un endroit confortable et sympathique. Et voilà que je me retrouve à découper des cadavres. Mais ça ne fait rien. Avec toutes les franchises 1-800-Autopsy que je vais lancer, et sur lesquelles je toucherai 10 % du chiffre d'affaires, l'idée, c'est de réussir dans l'industrie de la mort ce que McDonald's a fait avec les hamburgers. Je crois en mon succès. Et vous savez pourquoi ? Parce que la mort est là, toujours, constante, présente. Dans ce job, il n'y a pas de récession. »

En outre, avec une forte propension à la procédure, les États-Unis offrent à Vidal un formidable champ d'opération. « Beaucoup de mes clients me contactent à la suite du décès d'un de leurs proches à l'hôpital. Ils suspectent une faute médicale – il y a ici une médecine pour les pauvres et une autre pour les riches – et ne font pas confiance aux légistes de l'établissement. Alors ils contactent un privé, quelqu'un d'indépendant. Moi, je ne donne mes résultats qu'à mes clients. Pas aux hôpitaux, ni à la justice, ni à la police. Je travaille aussi pour des célébrités. Quand une vedette meurt d'overdose, par exemple, sa famille veut souvent un job discret. Et puis il y a ceux dont les parents sont décédés d'un Alzheimer ou d'un Parkinson et qui veulent une confirmation de ce diagnostic. Il m'arrive souvent aussi de me déplacer dans tout le pays. Tenez, dans quelques jours je pars à Chicago pour faire des prélèvements d'os sur un homme enterré depuis des années. On va faire une étude d'ADN. C'est la fille de ce monsieur qui m'a demandé de faire une recherche de paternité. Elle croit que le défunt n'est pas son vrai père biologique. »

Les avocats de Los Angeles sont aussi très demandeurs des services de 1-800-Autopsy. Johnny Cochran, notamment, l'avocat d'O.J. Simpson, est un fidèle de la maison. Hier, il a appelé pour demander à Herrera de procéder à une seconde autopsie d'Ennis Cosby, le fils du célèbre acteur Bill Cosby, assassiné par balle sur une *highway* de la ville alors qu'il changeait un pneu crevé de sa voiture. Comme à chaque fois, Vidal va faire « le sale travail qui sent mauvais » pour le compte d'un honorable anatomopathologiste, qui ensuite analysera les tissus en laboratoire.

Sur son ordinateur portable, Vidal a mis en mémoire tous les tarifs et les contrats légaux qu'il fait signer aux familles. Ensuite, lorsque tout est en ordre, solitaire et discret, tel un privé de Chandler, il enquête dans les entrailles de la mort. « Dans les hôpitaux, on ne me regarde pas, je crois qu'on ne me voit même pas. Parce que je fais le travail au bas de l'échelle. Je suis l'ouvrier fantôme des cadavres. » Au-dessus de nous, nous écoutons la pendule « Dead End Motel » qui avance dans le temps pendant que, sous nos yeux, l'homme en lamelles n'en finit pas de flotter. « Vous pourriez me rendre un service ? demande Vidal. Voilà, j'ai monté mon affaire en 1988. Et comme je vais bientôt redessiner mes cartes de visite, je voudrais imprimer " Maison fondée en 1988 " en chiffres romains, pour que ça fasse ancien, sérieux. Vous pourriez écrire ça pour moi ? » MCMLXXXVIII. Vidal a l'air déçu. Il voyait quelque chose de plus simple, trouve ça trop compliqué, trop long. Surtout pour l'inscrire sur les maillots de course des Stiffs. « Vous avez un moment ? Venez, je vais vous montrer mon camion. »

Les sous-sols de l'hôpital des Vétérans sont interminables. Tandis que nous cheminons dans ce dédale, Vidal dit : « Le camion, pour l'instant, c'est mon vrai bureau. Dedans, j'ai un téléphone, un fax et tous mes outils. C'est normal, je suis itinérant, je travaille dans toutes les morgues, tous les hôpitaux de la ville. » Soudain, sur le parking, on aperçoit l'engin. Un van Astro Chevrolet, blanc comme un réfrigérateur, avec un énorme « 1-800-Autopsy » peint à l'avant et à l'arrière. Sur les flancs, Vidal s'est contenté d'afficher les spécialités de la maison : « *Private autopsies, forensic autopsies, post mortem biopsy diagnosis, DNA (paternity) analysis, toxicology & serology analysis, tissue procurement, medical photography, prod. (TV, movie) consultant.* » Oui, au fil du temps, Vidal est devenu l'homme à tout faire, le *buzz boy* de la mort. Il accepte de la poudrer pour les films de Hollywood, tout autant que d'en récurer les miasmes bien réels.

Coquetterie d'entrepreneur, il a fait personnaliser les plaques d'immatriculation de son Astro, sur lesquelles on peut lire « YSPOTUA » (on voit « Autopsy » dans son rétroviseur). « Vous voulez voir l'intérieur ? C'est dans ces caisses de plastique que je transporte mes prélèvements. Dans les grosses je mets les membres ou les grosses parties du corps. Et ça, c'est ma boîte à outils. » D'un geste, Vidal déploie son attirail. Une perceuse pour ouvrir les crânes. Des scies pour segmenter les os. Toutes sortes de couteaux de boucherie pour le gros de l'ouvrage, des scalpels pour la finition et, enfin, d'énormes sécateurs pour sectionner les côtes afin d'accéder au cœur du labeur. Et l'on reste là, planté devant le van, muet dans cette lumière du matin, l'esprit en paix, à contempler la panoplie chromée de l'artisan millionnaire. « Bientôt, je vais ouvrir un site sur Internet. On pourra avoir tous les renseignements sur mon travail, mais aussi acheter les T-shirts et les blousons rouge et noir des Stiffs. C'est dans l'ordre des choses. Vous savez ce que je me dis ? Que, grâce à mon idée et aux franchises, des gens simples comme moi vont pouvoir monter leur petit job indépendant dans toute l'Amérique. Et c'est ça qui me plaît. » Dead End Motel. Tandis que Vidal Herrera, quarante-cinq ans, range son matériel funèbre en célébrant l'avenir, nous, nous pensons à la pendule bleue qui tourne, aux années qui filent, à notre âge qui avance et à la *golden era death* qui nous attend.

Los Angeles, Californie, 13 mars 1997

La mort en gangs blancs

L'Utah est un drôle d'État. Le genre d'endroit que l'on a plaisir à laisser derrière soi, à voir rapetisser au travers du hublot de l'avion. Pour vivre ici, mieux vaut posséder une foi d'acier et une âme bien trempée. 90 % de la population pratique la religion mormone et il y a dans l'air quelque chose qui respire les rigueurs de ses lois. À Salt Lake City, vêtus de leurs éternels complets sombres et de leurs chemises immaculées, les hommes ont des airs de portiers funèbres et leurs femmes, fronts hauts, talons plats, de veuves repoudrées. Tous les élus de la région, sénateurs, gouverneur, membres de la police, maires, ainsi que les directeurs des grandes compagnies, sont membres de cette secte, ou plutôt appartiennent à « l'Église de Jésus-Christ des Saints des Derniers Jours ».

Cela a évidemment quelques répercussions sur les distractions de ce bas monde. Ainsi, vous n'avez pas le droit de consommer dans un bar si vous n'êtes pas parrainé par un client connu de l'établissement. Conformément à la loi, le tenancier ne vous préparera pas de cocktails, ne vous servira aucun double. En revanche, il alignera sur le comptoir toutes les bouteilles que vous demanderez, mais vous laissera accomplir le dernier geste coupable, celui qui fera de vous, en pleine conscience, un pécheur. Boire à Salt Lake City demande donc une certaine connaissance de la liturgie locale et surtout l'appui courageux de quelques relations non abstinentes.

Sans doute Bernardo Represa, quinze ans, manquait-il de ces appuis précieux. Sans doute avait-il des manières trop latines pour cette ville froide. Sans doute aimait-il l'odeur du tabac, le parfum des filles et le goût de la bière, autant de choses qui à Salt Lake City peuvent désormais vous coûter la vie. Et, il y a quelques mois, Bernardo Represa la perdit, cette vie, devant le numéro 100 de South State Street. Pour n'être pas l'un de ces saints des derniers jours, il fut, une nuit, d'abord insulté par Sean Darger, puis frappé avec une batte de base-ball par Andrew Moench, et enfin, alors qu'il gisait inconscient, poignardé au ventre par Colin Reesor. Les trois meurtriers, âgés de dix-sept et dix-huit ans, ont tous été élevés dans les corsets de la foi avant de devenir membres du gang le plus invraisemblable et le plus intolérant d'Amérique, les « *Straight Edge* ».

Au départ, cette « confrérie » que l'on retrouve dans tous les États-Unis est essentiellement un mouvement végétarien radical – au point de rejeter les laitages et même le miel – dont les membres, avec leurs tatouages, leurs crânes rasés, leur goût du piercing et de la musique punk, militent contre toute forme d'exploitation animale. Mais, dans l'Utah, cette mouvance s'est peu à peu transformée en milice talibane. Il y a trois ans, les « *Straight Edgers* » ont commencé par détruire un restaurant McDonald's en l'arrosant d'essence et en l'enflammant avec des cocktails Molotov. Ryan Durfee et Jason Troff, les auteurs de l'incendie, ont expliqué qu'ils voulaient ainsi alerter l'opinion sur les « massacres de bovins, de poulets et de poissons perpétrés par la compagnie ». Quelques mois après, c'est la boutique d'un grossiste de cuir qui partit en fumée. Puis celle d'un marchand de chaussures. Puis celle d'un fourreur. Puis celle d'un négociant de produits laitiers.

Jusqu'au jour où la « fraction animalière » fut, en Utah, et uniquement dans cet État, débordée par une sorte de brigade hallucinée prête à tout pour, cette fois, combattre la caféine, le tabac, l'alcool, la drogue, l'avortement, l'homosexualité, la sexualité avant le mariage et la sexualité tout court dès l'instant qu'elle ne s'applique pas à la reproduction. Tant de zèle pourrait faire sourire si au fil du temps ces gangs armés de chaînes, de bâtons ou de barres de fer ne s'étaient mis à sillonner les environs des lycées, des concerts de rock ou des centres commerciaux pour remettre militairement les impies dans le droit chemin.

Rich Webb fut l'une de ses nombreuses victimes. Un soir, il remontait une rue en fumant un joint. Seul et en paix. Une bande de *Straight Edgers* tendance *hard line* lui tomba dessus, le déshabilla, le maintint au sol et, après l'avoir instruit de son immense faute, lui entailla la peau du dos avec un couteau pour lui graver un X dans la chair. Un X, c'est le tarif minimum, la signature pure et simple du sigle national. Trois X, la marque locale de ce nouveau Ku Klux Klan, dont les membres s'aguerrissent en se frappant ou en se pulvérisant mutuellement au visage des gaz antiagression. Bien d'autres jeunes fumeurs, buveurs ou câlineurs furent au fil des mois ainsi agressés, battus ou torturés pour avoir osé allumer une cigarette en public ou bien s'être seulement embrassés sur un trottoir.

Devant l'ampleur du phénomène, la police locale, voilà deux ans, a nommé un inspecteur, Brent Larsen, et mobilisé une escouade spécialement chargée de lutter contre cette nouvelle milice. Même mobilisation parmi les agents du FBI. Aujourd'hui, les rapports de ces deux administrations s'accordent à reconnaître que la bande des *Straight Edgers* – « un millier d'individus, 200 violents, 50 dangereux » – est le gang le plus violent et qui progresse le plus vite dans la ville.

Il est composé, et c'est là sa spécificité, de jeunes Blancs éduqués issus de la classe moyenne ou aisée de la société. « Il n'est pas innocent que ce genre de choses arrive à Salt Lake City, explique Terie Weiderhold, psychologue. Il ne faut pas oublier qu'ici la jeunesse a été élevée dans les stricts interdits de la culture mormone. » En tête desquels on retrouve, comme par hasard, la ferme condamnation du tabac, de l'alcool, de la caféine, de la drogue, de l'avortement, de l'homosexualité et de la sexualité avant le mariage. Alors on se dit que ce gang blanc, ces jeunes bourreaux nantis ressemblent étrangement au bras incontrôlable et sanguinaire de cette secte, même si, officiellement, elle renie ces fanatiques.

Ryan Spellecy a vingt-cinq ans et exerce le métier de professeur assistant de philosophie à l'université d'Utah. C'est un *Straight Edge* à l'ancienne, tendance molle. Comprenez que, s'il adhère à toute la philosophie « animalière » et abstinente du mouvement, il condamne la violence qui l'accompagne : « Il n'y a pas chez nous de leaders déclarés. Nous sommes un mouvement informel et certainement pas un gang. Moi, je crois en certaines valeurs mais je ne hais personne. Il ne me viendrait pas à l'idée de frapper un fumeur. Et je ne suis pas raciste. Aussi je pense que c'est de la folie de faire des parallèles avec le KKK. »

Allez raconter ça à James Yapias, responsable du Bureau des Affaires hispaniques à Salt Lake City, allez lui raconter ça, surtout depuis que les trois meurtriers de Bernardo Repreza ont été remis en liberté en attendant leur procès qui ne débutera pas avant un an : « Qu'y a-t-il graphiquement de plus proche de KKK que XXX ? Et puis je maintiens qu'il y a un caractère fondamentalement raciste dans l'agression et le meurtre du jeune Repreza. Les *Straight Edgers* sont très proches des suprémacistes, il n'y a qu'à écouter les paroles de chansons de Marilyn Manson, un de leurs groupes favoris.

Maintenant prenez un dossier de 1 200 pages démontrant, comme c'est le cas, qu'il n'y a pas le moindre doute sur l'identité et les mobiles des agresseurs. Imaginez ensuite que la victime de ce meurtre au premier degré, commis par trois hispaniques, soit un jeune mormon. Posez-vous alors cette question : aurait-on remis les assassins en liberté ? Bien sûr que non. Tout le monde a été choqué par cette décision. Je suis certain que l'appartenance mormone de certains accusés a influé sur le verdict. »

Quelques jours avant cette inconvenante libération, l'un des inculpés avait été filmé en prison par l'émission de télévision *20/20*. Voici ce qu'Andrew Moench avait déclaré au cours de cet entretien : « Il est normal d'user de la violence contre des gens qui ne suivent pas les règles de vie des Straight Edgers. Je n'aurais aucun problème à frapper ou même à tuer quelqu'un qui me manquerait de respect en me soufflant, par exemple, de la fumée au visage. Si vous êtes fort, vous vivez. Si vous êtes faible, vous mourez. » Malgré cette éclatante profession de foi, une absence totale de regrets, une sauvage bastonnade et un coup de poignard mortel, Andrew Moench, Colin Reesor et Sean Darger ont repris une existence normale, familiale, obsessionnellement blanche et plus que jamais abstinente.

Brent Larsen, le chef de la brigade anti-*Straight Edge*, il y a quelques mois encore si bavard, ne veut plus rien dire aujourd'hui. Et le chef de la police a imposé le silence à tous ses hommes sur cette affaire. Embarrassé par les derniers développements, le bureau du procureur a lui aussi choisi de ne plus commenter les décisions de justice concernant l'affaire Repreza avant le procès. « Nous avons fait tout ce que nous avons pu pour éviter une mise en liberté aussi scandaleuse, mais nous avons échoué », note simplement un agent du ministère public. Aujourd'hui, l'existence de ce gang insensé dérange une ville déjà humiliée par le scandale des dessous-de-table ayant servi à « acheter » l'organisation des prochains jeux Olympiques d'hiver. La métropole qui se voulait la capitale morale et rigoriste de l'Amérique héberge aujourd'hui la pire bande du pays et doit apprendre à vivre avec le meurtre et la corruption. C'est un cuisant paradoxe sur lequel ne veut pas s'expliquer William Barrett, le juge qui a libéré les trois meurtriers de Bernardo Repreza.

Dans la banlieue de la ville, au pied de la ceinture des montagnes, vit le père du jeune hispanique. Lui aussi se nomme Bernardo. Le jour, il nettoie les bureaux dans le centre-ville. La nuit, il cherche le sommeil. Malgré toutes ces années passées à travailler dans ce pays, il ne parle pas un mot d'anglais. Cela ne l'a pas empêché de donner trois fils à l'Amérique. Luis Alfonso est dans les Marines, Antonio travaille dans la police. Bernardo repose au cimetière. Cet enfant qui porte son nom et n'est plus nulle part, ce père semble partout le chercher du regard. Alors il prend dans ses mains une photo encadrée de son fils, s'assoit au soleil sur un vieux fauteuil de cuir et observe l'image. « J'éprouve de la haine contre ces jeunes qui l'ont poignardé et plus encore contre le juge qui leur a rendu la liberté. Je voudrais pouvoir rencontrer cet homme et lui dire combien mon cœur saigne. » Un avion passe dans le ciel et, distraitement, il le suit des yeux. On le voudrait assis à l'intérieur de cet appareil, s'éloignant lentement de l'Utah, quittant cette ville blanche et sectaire, oubliant les bourreaux, et regardant sa peine, enfin, rapetisser au travers du hublot.

Salt Lake City, Utah, 29 juillet 1999

Elvis à mort

Me voilà donc à pied d'œuvre, debout, aux aguets, enfermé dans les toilettes de Graceland, la maison d'Elvis Presley, à Memphis. Non pas dans le cabinet privé capitonné d'or où décéda le propriétaire, mais à l'intérieur des commodités réservées à l'usage des visiteurs. On entre ici avec recueillement, comme dans une fraîche abside, pour voir, sentir et, généralement, voler du papier hygiénique. Le papier, c'est le seul souvenir gratuit que l'on peut rapporter de Graceland. Mon voisin en short en déroule d'interminables langues qu'il fourre prestement dans ses poches comme s'il s'agissait de coupures de 100 dollars. Il dit qu'il vient de Minneapolis et qu'il a promis à tous ses copains du Minnesota de leur rapporter au moins une feuille. Le 16 août 1977, Elvis est mort au bord de sa cuvette. Vingt ans plus tard, on vénère toujours son papier toilette.

Par où commencer ? Par quel bout prendre l'histoire de ce pelvis légendaire qui incarna l'énergie binaire avant de fondre dans le beurre de cacahuète ? Que dire de « Graisseland », dernière demeure de l'obèse, transformée en machine à liposucer des dollars ? Que penser des poisseuses célébrations du vingtième anniversaire de sa mort qui, pendant plus d'une semaine, vont drainer ici près de 100 000 pèlerins défilant, sequins en poche et candélabre en main, à la nuit tombée, devant la tombe du pape de la banane pansue et du pop-corn ? Sortons des toilettes et entrons dans l'histoire.

Memphis. On peut accéder à la ville par un grand pont d'acier enjambant le Mississippi, qui relie l'Arkansas au Tennessee. Au milieu de cet ouvrage se trouve une grande pancarte : « Vous quittez l'État du Président Clinton pour entrer dans celui du vice-président Gore. » En ce symbolique point géographique, vous voilà en quelque sorte au cœur de l'Amérique, en plein centre du « territoire des rois ».

Beale Street. Cette petite rue est l'artère principale, l'aorte du blues où a régné B.B. King du temps où il possédait son fameux club. Plus bas, c'est l'ancien Lorraine Hotel figé dans le sang de l'histoire depuis que Martin Luther King a été abattu sur la coursive du premier étage. Et enfin, au 3734, Elvis Presley Boulevard, la sépulture du plus King de tous, du « roi des rois », comme disent ses fidèles.

Chaque année, depuis vingt ans, entre 700 000 et 800 000 personnes versent 18,50 dollars pour un Platinum tour qui leur donne le droit de visiter Graceland, la maison, les tombes du jardin, la collection privée de voitures et d'avions du maître de maison ainsi que celui de visionner un film intitulé *Walk A Mile In My Shoe*. Et voilà comment je me suis retrouvé dans ces chaussures-là, à marcher sur les plates-bandes d'une légende américaine entretenue comme un gazon anglais, tandis qu'une hôtesse en uniforme m'annonçait : « Une heure et demie d'attente pour les navettes qui vous conduiront à la maison. En attendant, visitez le musée des autos et des avions. C'est OK ? »

Les jets sont parqués dans ce qu'on imagine avoir été autrefois un jardin potager. Recuits par les ans et le soleil, les cockpits, les carlingues sentent la vieille penderie. Ici, le Loockeed effilé, conçu pour éblouir huit passagers, là-bas, le Convair quadrimoteur de quatre-vingt-seize places baptisé

Lisa Marie (du prénom de sa fille) et réaménagé à la mesure de l'Ange : une chambre à coucher, deux salles de bains avec robinetterie en or, partout des ceintures de sécurité fondues dans le même métal, deux salons, des canapés, des bars, une salle à manger, un bureau, des télés, des téléphones, tout cela enseveli dans des buissons de moquette. Sur la carlingue est peinte la devise du bonhomme : « *Taking care of business in a flash.* » (« Réglons les affaires en un éclair. »)

Dirigeons-nous maintenant vers le musée automobile du prince. Une immense grotte sombre comme une tombe où brillent les laques des Rolls, Ferrari, Continental, Mercedes, les vernis des Cadillac, des Harley et des incroyables Stutz habillées d'or vingt-quatre carats. Un homme est à genoux devant l'excentrique coupé. On se demande s'il prie pour l'âme du pur-sang ou s'il admire l'éclat du butin.

Dehors, l'incessante noria des navettes Ford avale les visiteurs de Graceland avant de les régurgiter une heure et demie plus tard à leur point de départ. C'est le temps imparti à chaque groupe pour visiter la maison. Lorsque vous acquittez le montant du tour, on vous attribue un numéro. À l'appel de celui-ci, vous montez prestement dans un minibus par grappes de vingt. Là, on vous équipe d'écouteurs, d'un lecteur de cassettes et vous devez suivre les instructions de votre bande magnétique qui, dans votre langue natale, vous guide, pièce après pièce, dans l'intimité « autorisée » d'Elvis Aron Presley. Nous voici dans l'entrée. À droite, le grand salon, confit. À gauche, la salle à manger, bouffie. Derrière, la cuisine équipée de fours Fabulous 100 où s'activaient jadis quatre chefs. À la cave, les salles de jeux, le billard. À l'étage, la *jungle room*, horrifiant living, gorgé de moquette verte, équipé d'une navrante fontaine bleutée, meublé de fauteuils hallucinants taillés dans des troncs d'arbres si volumineux qu'il fallut abattre une fenêtre pour les faire entrer dans la pièce. Les toilettes privées ? Celles-là, on ne les visite pas. On préfère même ne pas les évoquer, oublier cet ergastule où, le 16 août 1977 à 13 heures, on retrouva le roi, pantalon bas, recroquevillé au pied de son trône. Oui, des années durant, ce lieu d'aisances mit tout le monde dans l'embarras et aujourd'hui l'on polémique encore sur la manière dont mourut Elvis Presley.

Officiellement, après être allé se faire détartrer les dents chez son dentiste aux alentours de minuit, avoir fait la fiesta chez lui toute la nuit, joué à l'aube, avec des intimes, une partie de *rackets*, le King a été victime en fin de matinée d'une crise d'arythmie cardiaque. Dans son livre *Conspiration autour d'Elvis*, Dick Grob affirme, lui, que le chanteur a succombé à un cancer des os. Le docteur Nichopoulos, médecin personnel du chanteur, déclarera pour sa part détenir la preuve que son ami et client a été assassiné d'un atémi porté à la nuque. Plus tard, une expertise commandée par une certaine Ethel Moore à un laboratoire indépendant prétendra que le chanteur, qui durant les vingt derniers mois de sa vie consomma 12 000 remèdes et injections prescrits sur 196 ordonnances, était mort d'une overdose médicamenteuse. Enfin, il y a la fameuse thèse de la constipation soutenue par Dan Warlick, enquêteur du bureau de médecine légale du comté de Shelby. Arguant du fait que Presley souffrait d'empêchement de façon chronique, Warlick affirme que, ce 16 août, l'idole a fait exploser son aorte tandis qu'il s'acharnait sur son trône. Pour preuve, l'expert brandit un rapport signifiant que le jour de son décès l'intestin d'Elvis était trois fois plus dilaté que celui d'un individu normal et en phase d'occlusion. De tout cela, la bande magnétique ne souffle mot. Elle s'en tient avec force à la faiblesse cardiaque.

Oublions cœur et boyaux et écoutons plutôt notre invisible guide nous raconter maintenant combien le King

« aimait l'armée, adorait la police et vénérait les gros calibres ». Tirer était chez lui une manie inquiétante. Un soir, indisposé par la chanson d'un certain Robert Goulet que diffusait sa télévision, il déchargea son revolver sur son poste aujourd'hui exposé et explosé dans une vitrine de Graceland. La voix reconnaît qu'il aimait aussi beaucoup mitrailler les livres, les toasters, les mixers et les réfrigérateurs.

Ne traînons pas en ces lieux hostiles et allons dans le parc. Là, l'enclos des chevaux. Plus loin, le stand de tir, la salle de sport, la piscine et, ainsi que le dit le commentaire, « le jardin de méditation qu'il s'était fait construire pour méditer ». C'est là qu'il est désormais enterré entre son père, sa mère et son frère mort-né. On peut venir se recueillir gratuitement sur ces tombes entre 6 et 7 heures le matin. Ensuite commencent les Platinum tours et la prière passe à 18,50 dollars. Dans la navette qui nous ramène vers notre point de départ, le chauffeur nous conseille de visiter les magasins de souvenirs où nous trouverons sans aucun doute notre bonheur.

Lorsque Priscilla Presley, la femme d'Elvis, ouvrit Graceland au public, elle investit 500 000 dollars. Trente-huit jours plus tard elle avait récupéré sa mise. Elvis Presley Enterprises rapporte aujourd'hui entre 17 et 20 millions de dollars par an. Lorsqu'elle lança l'affaire, Priscilla, au nom de la décence, fit fermer les boutiques qui vendaient des copies de l'acte de décès d'Elvis ou des morceaux de tissus « imbibés de sa sueur ». Aujourd'hui, dans ses propres magasins, elle propose des tapettes à mouches griffées Elvis, des assiettes, des coussins, des poubelles, des casquettes, des battes de base-ball, des ours gonflables, des cendriers, des cloches, et même un Elvisopoly, variante memphisante du Monopoly. Elvis Presley Enterprises garde la haute main sur les commémorations de la semaine à venir en organisant une géante retraite aux flambeaux, un concert – à 80 dollars la place – où un hologramme du King en 3D chantera « live ». Outre cela, Elvis Presley Enterprises proposera un gala pour les fans, une croisière en bateau, un concours de danse, un dîner de charité, une fête pour célébrer le milliard et quelques de disques vendus de par le monde, de nouvelles compilations, et l'inauguration, au 126, Beale Street, de la statue du maître aux portes du nouveau restaurant Elvis Presley, première gargote d'une série de dix qui seront ouvertes à Londres, Miami et Las Vegas. Priscilla a tenu à ce que le plat favori de son époux figure sur tous les menus : *Fried peanut butter and banana sandwich*. L'ode aux lipides.

Avant de laisser Graceland s'enrouler sur ce pelvis sans fin, j'ai longé, à pied, les deux cents mètres du mur de clôture de la propriété bordant Elvis Presley Boulevard. Il n'est pas un centimètre carré de cette enceinte qui ne soit couvert par un petit mot laissé par les admirateurs. Cela va de « Tu es l'homme le plus sexy du monde, il me tarde de te rencontrer au paradis – Jane » à « J'aime pas ta musique mais tu as une putain de belle maison – Robin Jones ». Quittant Memphis, je me suis arrêté quelques jours à Los Angeles où, sur les conseils d'un ami, j'ai appelé le numéro de téléphone d'un certain Calvin L., pédiatre au Children Hospital. À l'autre bout du fil, j'entendis la voix crémeuse du docteur L. chanter, en roucoulant à la Presley, qu'il était absent mais me promettait de me rappeler dès son retour si je laissais mon numéro. Ce médecin a baptisé sa fille Lisa Marie. Il part tous les matins au boulot en combinaison Elvis et ausculte les nourrissons banane au front. Il aime les Corvette et toutes les moquettes. Ah oui, j'oubliais, de surcroît il est chinois.

Memphis, Tennessee, 7 août 1997

Le dollar est mort à Ithaca

Ce que l'on fait ? On est au chaud, dans une voiture, et l'on suit un homme qui pédale sur son vélo par une température proche de zéro. Ce que l'on voit ? Un casque blanc en polystyrène, le bout d'une barbe rousse et le dos voûté de ce cycliste qui peine sous un voile de pluie et les bouffées du vent. Sa roue arrière remonte une gerbe d'eau qui ruisselle en cascade sur son anorak. On a eu beau insister, tout à l'heure, pour l'emmener dans la berline, il n'a rien voulu entendre : « Je ne conduis pas les automobiles. Et je ne m'assieds pas davantage dedans. C'est ma philosophie. »

La scène se passe à Ithaca, État de New York. Dans cette ville, la firme Borg Wagner fabrique, pour le monde entier, les boîtes automatiques des voitures les plus réputées. Mais, pour changer de vitesse, Paul Glover vous dira que l'on n'a jamais rien inventé de mieux qu'un bon dérailleur à câble. C'est comme ça. Et il n'y a pas à discuter : « Je n'aime pas ce qui pollue. Je refuse aussi de prendre l'avion. À la rigueur, parfois, quand je n'ai pas le choix, j'emprunte le train. »

Lorsque, de surcroît, vous apprenez qu'il y a quelques années cet homme a mis six mois pour effectuer à pied la diagonale Boston-San Diego « afin de découvrir à quoi ressemblaient vraiment les tempêtes, les orages, les hommes et

261

les animaux de ce pays », vous pensez avoir affaire à un flâneur fêlé, voire à un pervers du double plateau.

Et vous ne pouvez pas vous tromper plus allègrement. Car l'homme qui là, devant nous, trempé jusqu'aux os, mouline dans la tourmente est l'économiste le plus astucieux de l'État, le « banquier alternatif » le plus populaire, le plus zazou et le plus à gauche que la finance ait jamais connu. Le *New York Times*, le *Wall Street Journal*, Associated Press et même le magazine ultracapitaliste *Across the Board* lui ont consacré de longs articles dithyrambiques.

Cela est d'autant plus étonnant qu'il n'y a sans doute pas au monde quelqu'un qui méprise plus l'argent en général et le dollar en particulier que Paul Glover. Au point d'inventer et de lancer en 1991, dans sa ville, une nouvelle unité monétaire. Dont il imprime lui-même les billets. Et que la plupart des commerçants, des administrations et même une banque acceptent. À Ithaca, on estime que 2 millions de dollars de cette « monnaie de singe » sont aujourd'hui en circulation. Cette devise locale s'appelle l'« Ithaca hour ». Et, consécration suprême, George Dentes, le procureur du comté, a récemment annoncé qu'il en cuirait aux aigrefins tentés de contrefaire les talbins bigarrés bricolés par Glover puisqu'ils seraient désormais punis aussi sévèrement que s'ils fabriquaient des faux dollars. « Je dirais que cela devrait être même plus durement sanctionné, ajoute Paul. Car l'Ithaca hour est une monnaie réelle dont la contrepartie représente le travail palpable de gens qui existent, tandis que le dollar est une monnaie de Monopoly, des espèces dépecées de toute matérialité, qui n'ont plus d'équivalent or ni même argent, mais seulement celui d'une dette nationale de 5 200 milliards de dollars. En Amérique, le plus gros fabricant de fausse monnaie, c'est l'État. »

Ne vous y trompez pas. Ce discours n'est pas celui d'un

quelconque milicien antifédéraliste fascisant comme on en rencontre un peu partout dans ce pays. Paul Glover serait plutôt tenant d'un nouvel ordre économique bienveillant, reposant essentiellement sur des marchés de proximité, des marques de civilité et des échanges de bons procédés. Évidemment, une telle théorie mérite d'être explicitée. Ancien publicitaire et journaliste, diplômé de gestion municipale, Glover se met en 1991 à observer les mouvements d'argent dans sa ville. Ce qu'il voit ? Les banalités de base du capitalisme : de puissantes compagnies, de grandes chaînes nationales qui s'installent à Ithaca pour aspirer l'argent local avant de le réinvestir ailleurs.

Glover n'a plus alors qu'une idée en tête. Désamorcer cette pompe à finance, diminuer le débit de ce vorace pipe-line, afin de le remplacer par un système d'irrigation en circuit fermé. Que l'argent tourne, circule, soit, mais sur place. C'est alors que lui vient l'idée de l'Ithaca hour, cette unité monétaire que l'on ne pourrait gagner et dépenser que dans la communauté. En vendant ou en achetant des services et des biens produits localement. Et voilà comment, pour lutter contre le capital, Glover se mit à battre monnaie. Le plus difficile, dans cette histoire, fut bien sûr de convaincre les 30 000 habitants de la ville et les 40 000 étudiants de la toute proche université Cornell que ce papier singulier, qui sur ses deux faces proclamait narquoisement « *In Ithaca we trust* », était autre chose qu'une facétie antitrust. Le temps et la nature même de ce séduisant nouveau système d'échange se chargèrent d'instaurer la confiance.

Comment ça marche ? « Le billet de base, l'Ithaca hour, vaut 10 dollars, ce qui représente en gros le salaire horaire moyen payé dans cette ville, explique Paul Glover. Prenons maintenant un fermier qui vend pour 20 dollars de fromage. À la place de la monnaie nationale, il reçoit donc deux heures de travail gratuit. Avec ce capital, il achète par exemple les services d'un menuisier, qui lui-même fait appel au savoir-faire d'un mécanicien, lequel utilise ces heures pour payer son chiropracteur, qui lui se sert de ces billets pour s'offrir quatre places de cinéma, et ainsi de suite. C'est un système sans fin qui grandit de lui-même, une économie écologique, en vase clos, qui s'écarte du dollar et où le temps de travail réel remplace les liquidités abstraites. »

Au début l'affaire ne tournait que sur une centaine de commerces. Aujourd'hui, ce sont 1 450 boutiques et entreprises qui acceptent cette devise locale, et une revue publiée tous les deux mois remet à jour la liste des participants. À Ithaca, on peut pratiquement tout acheter avec ces coupures. Des dîners en ville, des réparations de toiture, des légumes, du mobilier et même des voitures d'occasion. La mairie et la chambre de commerce ont avalisé la devise et l'Alternatives Federal Credit Union, une banque des plus officielles, facture certaines de ses charges et quelques frais de crédit en Ithaca hours. « Je ne suis pour rien dans le succès de cette méthode, insiste Glover. Ce sont les gens de la ville qui ont permis que cela réussisse. Parce qu'ils ont cru en ce système. »

Il faut dire qu'Ithaca est une ville qui a son caractère et un certain point de vue sur le monde. Un jour, on a voulu imposer une autoroute à ses habitants très sourcilleux sur l'écologie. Après treize années de lutte, ils ont envoyé la voie rapide se faire voir ailleurs. Une autre fois, c'est la prestigieuse université Cornell qui a décidé d'installer un incinérateur à ordures dans la localité. Le lendemain de l'annonce, un long article intitulé « Cornell tue vos enfants » était publié sur Internet. C'est ainsi que l'incinérateur partit en fumée.

Quant à la toute-puissante chaîne McDonald's, elle s'avisa il y a deux ans de monter un fast-food en plein centre-ville, juste à côté d'une sandwicherie tenue par un artisan local. Il n'y eut ni protestation ni scandale. Simplement, tout le monde ignora superbement la pitance industrielle. Aujourd'hui, faute de clients, le McDonald's a plié boutique, et des brioches à l'ancienne trônent plus que jamais derrière les vitrines de son modeste voisin. Et vous savez comment s'appelle le magasin de vêtements le plus chic du comté ? *Angels fly because they take themselves lightly.*

Tout cela pour dire qu'Ithaca est un cas. Une ville suffisamment capricieuse pour ne pas s'en laisser conter lorsqu'il s'agit d'argent. Mais le plus étonnant, c'est que ce système de troc moderne fait des émules. Vingt-cinq villes, dont Hardwick (Vermont), Waldo (Maine), Santa Fe (Nouveau-Mexique) et Kingston (Canada), ont édité, le plus légalement du monde, leur propre monnaie. Et cela grâce aux conseils de Glover dispensés sur Internet, mais aussi au kit de lancement qu'il vend avec une vidéo pour 40 dollars.

Une banlieue de Mexico tente elle aussi l'aventure, et le jour de notre arrivée, sur son vélo, notre hôte filait à un rendez-vous que lui avaient fixé des émissaires zapatistes désireux de s'informer sur cette nouvelle forme d'économie. « Ils cherchent un moyen de rendre financièrement viable leur révolution, de sortir des circuits classiques de l'argent, dit Glover. Vous savez, cette forme de troc est très intéressante pour des pays pauvres, et j'ai eu plusieurs contacts avec des États africains. »

En attendant, à Ithaca, on peaufine le système. Printer Fine Line, l'imprimerie locale, a mis au point une encre qui change de couleur dès qu'on frictionne les billets avec les doigts et qui rend les Ithaca hours infalsifiables. De nombreux emplois qui n'auraient pu être payés en dollars ont été créés grâce à cette économie parallèle et sont rétribués à 100 % en devise locale. De nouveaux billets colorés ont également été émis : des coupures de deux heures (20 dollars), d'une demi-heure (5 dollars), d'un quart d'heure (2,5 dollars) et d'un huitième d'heure (1,25 dollar).

La librairie Autumn Leaves est un peu la banque centrale du système. C'est ici que l'on vient changer ses dollars en Ithaca hours, jamais l'inverse. « Pas de spéculation, pas d'inflation, observent Stephany et Mark, les gérants. Nous émettons de nouveaux billets quand cela est nécessaire, à mesure que l'organisation grandit. Et, comme toutes les banques, nous remplaçons les coupures endommagées. »

Pour faire basculer les derniers sceptiques, voici un florilège des appréciations que les habitants de la ville portent sur leur monnaie. Michael, graphiste : « Les Ithaca hours sont la meilleure chose qui soit arrivée dans notre cité depuis l'invention du pain en tranches. » Joe, marchand de disques : « Cela reflète notre philosophie, stimule notre agriculture, notre artisanat, et responsabilise nos vies. » Danny, électricien : « Notre argent reste ici et nous nous entraidons, plutôt que d'enrichir des multinationales. » Dave, professeur d'économie : « Cette organisation parallèle crée un lien de solidarité et donne notamment la possibilité à des chômeurs de trouver un emploi. » Eli, rabbin : « Les " heures " sont une manière de rendre l'économie humaine, d'y ajouter une note chaleureuse et fraternelle. » Charlie, fabricant de tambours : « Cette forme de troc nous permet, à ma femme et à moi, de manger plus souvent au restaurant. » Bill et Chris, marchands de légumes : « Grâce à cet argent local, davantage de gens achètent des produits du terroir. Cela a fait augmenter nos ventes, et nous nous offrons désormais des petits luxes que nous n'aurions jamais pu nous payer en dollars. »

Voilà succinctement résumée l'œuvre magique de Paul Glover, ce cycliste activiste aimé des zapatistes et célébré par la presse capitaliste. Le jour de notre départ, à l'aéroport, des vols ont été annulés à cause de la force des bourrasques. En nous tendant une main amicale, Glover dit : « Vos avez de la chance. Pour un mois de novembre, il fait plutôt doux. » Puis il enfourche sa bécane, ficelle son casque sous son menton, toise les frimas, et tel un courant d'air disparaît dans le vent.

Ithaca, New York, 5 décembre 1996

7

Et un peu d'Australie pour le même prix

L'autre côté du monde

Le jour de son arrivée, en entrant dans sa chambre, il n'eut pas un regard pour le panorama et la mer de Tasmanie. Il se précipita à la salle de bains et remplit d'eau le lavabo. Ensuite, retirant délicatement la bonde, il observa avec attention le sens de rotation du liquide au moment où il s'engouffrait dans le siphon. Aujourd'hui encore, il se souvenait de ce frisson naïf qui l'avait parcouru en voyant le tourbillon s'enrouler de la gauche vers la droite, à l'inverse des vortex de l'hémisphère Nord, comme le veut la loi de Coriolis ($F_{cor} = 2\,\rho\,\Omega\,v\,\sin\varphi$). Après deux jours de voyage et d'escale, prostré devant sa tuyauterie, il sut enfin que, cette fois, il était bel et bien arrivé de l'autre côté du monde.

Ce matin, avachi sur le piton d'un poteau téléphonique, un perroquet qui avait ses habitudes devant ses fenêtres répétait inlassablement : « George, ça va ? » Bien sûr, il ne s'était jamais appelé George mais, grisé par la brise, il eut la tentation de répondre à l'oiseau que, oui, les choses allaient plutôt bien. Ceux qui immigraient en Australie devaient souvent partager cette forme d'optimisme et songer que Coriolis avait, en son temps, émis une sorte de théorème d'espérance. Après tout, à l'image du sens de rotation des eaux usées, les destins eux aussi, peut-être, s'inversaient-ils, et ce qui allait de travers dans l'hémisphère Nord pouvait tourner dans le bon sens sitôt franchie la barre de l'équateur. C'était un peu cela le rêve austral, l'idée d'une grande réserve naturelle de bonheur, un continent que l'on aimait situer aux antipodes des ennuis, à l'épicentre des possibles, un endroit où, dès le lever du jour, même les perroquets s'inquiétaient de votre bien-être. C'était une façon de regarder la Terre. Une autre, sans doute plus objective, était de considérer l'éloignement de l'île, sa situation géographique perdue au dernier bout du globe, cet isolement que les Australiens eux-mêmes qualifiaient de « *tyranny of distance* » et qui engendrait « *the feeling of insignificance*», ce sentiment d'être bien peu de chose, parce que trop loin des cratères de la vie, des palais britanniques, des Bourses asiatiques, des côtes de l'Amérique.

Cette solitude ontologique, internationale et cartographique, on la retrouvait à l'échelle du pays. Située dans la province d'Australie-Occidentale, Perth était la ville la plus isolée de la planète. Sa première voisine, Adélaïde, se trouvait à 2 708 kilomètres. À ce propos, il se souvenait d'avoir lu quelque part qu'il faudrait emboîter quatorze France pour retrouver les 7 681 800 kilomètres carrés représentant la superficie de l'Australie. Et cette immensité était à peine habitée par 40 millions de kangourous et 18,3 millions d'humains, ce qui donnait le chiffre totalement déprimant de 12,8 marsupiaux et 2,33 hommes par kilomètre carré. De plus, 90 % de cette population vivait au bord des côtes. Au vu de ces chiffres, l'idée lui vint que ce pays agissait comme une centrifugeuse en expulsant de son centre désertique toute la pulpe humaine pour la concentrer sur le pourtour de son territoire. Quelques obstinés s'accrochaient bien au cœur du continent, dans l'âpreté du bush, et s'accommodaient du fait que leur premier voisin habitât à deux ou trois cents kilomètres. Mais à pareille distance un voisin en est-il encore un ? En cas de grande nécessité, le médecin se déplaçait en avion et les enfants des fermes satellisées faisaient leurs humanités devant la télévision. Isolé au fin fond de ces terres rouges, on apprenait très tôt que le sentiment d'insularité n'avait qu'un lointain rapport avec la mer.

« George, ça va ? » Rien ne pouvait arrêter l'oiseau quand il se lançait ainsi dans son questionnement obsessionnel sur le bonheur. Il se dit qu'en cela le volatile était bien un citoyen de cet honorable pays, par ailleurs surnommé « *The Lucky Country* », comme le titre du vieux livre fondateur de Donald Horne, qui s'attacha à décrire les traits caractéristiques des habitants anglo-saxons de ce continent. La première colonie arriva au début du XIXᵉ siècle, lorsque l'Angleterre décida d'exporter 160 000 de ses forçats sur ces terres australes. Bien des générations plus tard, les descendants de ces bagnards avaient bâti « *the land of the long week-end* », une sorte d'Angleterre en tongs, hâlée, ensoleillée, nonchalante, terriblement méridionale, honorant un rendez-vous sur deux en période de surf, ayant pour unique ambition de vivre en paix et heureuse au plus près de ses 36 735 kilomètres de plage. Cela, forcément, rendait la contrée sympathique. L'auteur français Jean-Claude Redonnet, lui, donnait de l'Australie l'image délicate et modeste d'un pays qui jamais « n'a voulu bouleverser le monde et encore moins l'encombrer de sa présence ».

À ce point de l'histoire, il ne pouvait s'empêcher de donner la parole à Donald Horne pour qu'il décrive encore une fois les coutumes des siens : « Les Australiens savent parfaitement ce qu'ils veulent : une maison, un jardin et du confort domestique. Mais ici, le sport est la véritable vie, le reste n'est qu'un jeu d'ombres. Jouer, regarder les autres jouer, parler des matchs, lire leurs comptes rendus, tout cela fédère la nation, bâtit son identité. » Voilà qui était dit. Mais ce qu'il préférait chez Horne, c'était son délicieux souci de la précision, son incroyable sérieux, lorsqu'il se piquait de traiter de la chose athlétique : « En matière de sport, le mieux est bien sûr de pratiquer. On peut aussi regarder, mais pas n'importe quoi. Regarder un match de cricket est beaucoup plus sportif que suivre une course de chevaux. Quant à regarder une course d'autos, cela ne relève plus du sport mais de la distraction pure. »

Depuis qu'il était arrivé à Sydney, en plein hiver austral, il éprouvait le sentiment embarrassant d'être le seul résident de la province de Nouvelle-Galles-du-Sud à ne pas courir après quelque chose, à ne pas intégrer cette caravane aérobique où des « athlètes complets », à la brune ou sous la bruine, se forgeaient quotidiennement des bras de fer et des poumons d'acier. Hier, dans un *sports bar* enfumé et tiédi de Foster's (la bière locale), il s'était contenté de regarder, sur écran géant, la finale de la Bledisloe Cup opposant le quinze d'Australie à celui des All Blacks. À la dernière seconde, John Eales avait donné la victoire aux Wallabies. Et le bar, propulsé par le bonheur, avait décollé de terre. En quittant la taverne où, la tête noyée dans des seaux de bière, les clients entonnaient un éternel *Waltzing Mathilda*, il se dit que, selon les critères de Donald Horne, en regardant ce formidable match de rugby plutôt qu'une course de formule 1, après tout, cet après-midi-là, il avait fait pas mal de sport.

Il passa devant une maison qu'il connaissait pour y avoir été invité la semaine précédente. Y vivait un homme appelé « *Local Hero* », surnom qu'il traînait depuis l'historique averse de grêle de 1999 qui avait à la fois bâti sa renommée et détruit la moitié des toits de Sydney. Ce jour-là, des balles de tennis étaient soudain tombées d'un ciel en furie couleur de réglisse. Lorsque les rafales crépitèrent sur ses tuiles, *Local Hero*, qui n'était alors qu'un citoyen ordinaire ayant malencontreusement acheté, la veille, une voiture neuve, jaillit de chez lui vêtu d'un simple T-shirt et d'un short, pour se coucher sur le toit de son automobile afin d'offrir ses flancs en bouclier et protéger la tôle de la mitraille. À la fin de l'épisode, ses voisins l'avaient retrouvé la tête en sang, le corps couvert d'ecchymoses, mais toujours fermement accroché au pavillon de sa berline. « C'est un type adorable, lui avait raconté ce soir-là un ami. Mais il est comme tous les Australiens, démesurément attaché à ses biens matériels. Et, là, il a un peu perdu la tête. Je peux comprendre ça. Vous savez, pour exister, ici, être reconnu, il faut avant tout être propriétaire. Propriétaire de quelque chose. Posséder un carré de terre, même modeste, avec une petite maison dessus. Ça suffit. Mais c'est la règle. »

L'autre coutume, voulait que l'on invite ses amis en sa demeure, que l'on remplisse sa baignoire de glaçons, que l'on y enfouisse un trésor de Foster's afin que chaque convive puisse en boire douze ou vingt-quatre canettes, selon ses aptitudes digestives. Au même titre que le sport, elles étaient, ici, travaillées très tôt, puisque dès l'adolescence les individus mâles des villes et des villages sortaient entre eux chaque vendredi soir – ce qui en disait long sur la nature des relations entre hommes et femmes – pour s'aguerrir aux joutes et rituels de comptoir.

« Hé, George, ça va ? » Cela pouvait durer toute la matinée. Il se demandait ce que ce perroquet avait dans la tête. Décidément il ne comprenait rien aux oiseaux. Tout comme il avait du mal parfois à saisir la double personnalité de ce pays. Par exemple, on lui disait qu'en ce continent il se trouvait à « la meilleure adresse sur la terre ». Et voilà qu'il apprenait que l'Australie détenait le record mondial des suicides chez les jeunes de dix-huit à vingt-cinq ans. Les anciens lui avaient expliqué que ce pays avait été fondé sur un généreux principe d'égalité à partir de la devise « *one man is as good as another* ». Les modernes, eux, répliquaient qu'une société égalitaire était un vœu antique, que 10 % des familles australiennes les plus riches possédaient aujourd'hui 44 % de la richesse nationale, que 30 % des habitants de ce pays vivaient au seuil de la pauvreté et qu'un adulte sur trois subsistait grâce aux prestations sociales.

Alors c'était peut-être pour compenser ses désillusions et oublier sa solitude que cette ancienne colonie était devenue la nation la plus joueuse du monde. À la moindre occasion, de Darwin à Melbourne, on fréquentait les casinos, les courses, les lotos, on grattait des tickets, on se frottait à la Bourse. Les bookmakers étaient partout, les paris, pour tous. Au pays des enjeux, bon an mal an, on misait 80 milliards de dollars, et chaque citoyen perdait, en moyenne, royalement, quelque 737 dollars. Avec moins de 0,5 % de la population du globe, l'Australie détenait 21 % du parc mondial des machines à sous. Enfin – record planétaire –, 54 % des adultes étaient propriétaires d'actions. Il s'avérait en outre que les Australiens étaient aussi les premiers consommateurs de télévision et de films vidéo au monde. La liste de tous ces exploits semblait laisser l'oiseau sans voix. Mais les chiffres, à leur façon, parlaient du poids de la solitude, du syndrome de l'éloignement, des rhumatismes de l'ennui et des manières îliennes de passer le temps.

Et lui, au su de tout cela, se demandait quelle place pouvait bien occuper la culture dans ce pays de turf et de surf. Voici la réponse qu'au siècle dernier l'auteur H. Lawson aimait apporter à pareille interrogation : « Je conseillerai à tout jeune écrivain australien de se faire passager clandestin ou de partir à la nage pour Londres, l'Amérique ou Tombouctou plutôt que de rester en Australie jusqu'à ce que son génie se change en fiel ou en bière. [...] Ou alors d'étudier l'anatomie élémentaire, en particulier pour ce qui touche à la boîte crânienne, et puis de s'aider d'un miroir pour se tirer une balle dans la tête. » Aujourd'hui il en allait différemment. Il existait bien une littérature locale (Carey, White), une musique australe (INXS, Midnight Oil), un cinéma pas banal (Elliott) et des acteurs qui remplissaient les salles (Kidman, Gibson, Hogan). Cependant, pour lutter contre la fameuse *insignificance*, les célébrités suivaient en général les cyniques conseils de Lawson et s'expatriaient vers les fourneaux de Londres ou les foyers de l'Amérique.

Sur un ferry qui, plus modestement, le ramenait de Neutral Bay, il avait, hier, parcouru les résultats d'un récent sondage de l'institut Ray Morgan Research livrant les quatre éléments constitutifs du bonheur australien : 1) une relation romantique (et de la bière) ; 2) de l'argent (et de la bière) ; 3) du sport (et de la bière) ; 4) du sexe (et de la bière). Tandis qu'il ressassait la pertinence de ce classement, à la proue du bateau, un jeune écolier de Sydney, d'origine asiatique, se mit à jouer un air du folklore écossais à la cornemuse. C'était une image singulière qui pourtant reflétait le visage de l'Australie nouvelle, remodelée par l'immigration, « asianisée », selon l'expression méprisante des nationalistes. « *A man is as good as another.* » À condition qu'il fût un Blanc. C'est ce que pensait encore une frange non négligeable de la population. Un Asiatique était jadis traité de « nègre » et aujourd'hui d'« *invader* ». Un aborigène, de sous-homme. Dans le Queensland, sorte de Texas australien, il existait des sections vivaces du Ku Klux Klan. Anthony Mundine, fils de Tony, le célèbre boxeur, et lui-même honorable puncheur, racontait comment la police l'arrêtait quand il conduisait sa BMW dans son quartier de Rockdale « parce que c'était toujours suspect qu'un aborigène soit au volant d'une voiture pareille ». Les frères Ella, mythiques rugbymen, expliquaient que les Blancs continuaient à se lever pour ne pas être assis à côté d'eux dans l'autobus. Quant à l'universitaire Colin Tatz, il témoignait du racisme dont son pays faisait preuve jusque dans la manière sournoise dont les aborigènes étaient traités dans le sport. Et enfin ces statistiques terribles : l'espérance de vie d'une aborigène était aujourd'hui de 59 ans, contre 81 ans pour une Anglo-Saxonne ; un autochtone mourait à 53 ans, contre 75 pour un Anglo-Saxon.

Hier, sur la plage de Coogee, il avait discuté avec Dennis, un aborigène justement, joueur de didgeridoo. Et cet homme lui avait parlé de ces Blancs qui aimaient « posséder » la terre alors que les « natifs » la considéraient comme un tapis roulant traversant la vie, un élément du « *dreamtime* », un bien commun portant les cicatrices du monde et la marque des ancêtres. Les « Anglais » vénéraient à ce point leurs maisons et leur « intérieur » qu'ils ne pouvaient admettre, lorsque l'Administration concédait un pavillon aux aborigènes, que ceux-ci s'attachent d'abord à en démonter le toit, au prétexte que, dans leur culture, il n'existait d'autre plafond que le ciel. Les Australiens massacraient les dingos, ces chiens sauvages du désert. Les aborigènes, eux, vivaient paisiblement en leur compagnie. « Tu connais l'histoire de *LA* clôture ? 5 291 kilomètres de ferraille (1 600 de plus que la muraille de Chine) que les Blancs ont dressés à travers le pays pour empêcher ces fameux dingos de décimer leurs troupeaux de moutons. Mais maintenant ce sont les kangourous que les éleveurs massacrent car, privés d'un de leurs prédateurs naturels, ils prolifèrent et mangent l'herbe des moutons. Nous, on a vécu sur ces terres pendant cinquante mille ans, et on n'a jamais eu tous ces problèmes. » Dennis souffla dans sa grosse branche d'eucalyptus évidée par les termites, et un son sourd, sombre, grave, sembla remonter du fond de la mer.

Le lendemain, le visiteur prit sa voiture et, dans une nature unique, éblouissante, roula vers l'intérieur des terres. Il roula en pensant au perroquet, à George, cet inconnu, aux lois de Gustave Coriolis et à ce pays qui, par un sort étrange, en était réduit à exterminer l'animal qui le symbolisait. Il roula tant et plus qu'il arriva au fond d'une vallée nappée d'eucalyptus et noyée de brouillard. Au bout d'un chemin de terre que les gens d'ici appelaient Glenayr Road, pour la première fois, il vit un troupeau de kangourous. Fasciné, aspiré dans le vortex d'un monde qui lui sembla parfait, il contempla ces animaux jusqu'à la nuit, jusqu'à ce que, pareils à des ombres qui jamais n'avaient voulu « bouleverser le monde ni l'encombrer de leur présence », ils se fondent dans la brume et, un à un, disparaissent dans la forêt.

Sydney, 24 août 2000

Table

1. *New York City*

Ce qu'il faudra de choses nouvelles
pour remplacer les précédentes   13
En compagnie des morts   21
En attendant l'anthrax   27

2. *Histoires à dormir debout*

J'ai décroché la lune   35
Roby, Texas   41
Selma Chantz   47
L'Amérique en 325 293 680 brins d'herbe   53
Finir à Slab City   59
Star à 45 dollars   66
Seul à New York   72
Orgasme virtuel   79
Napoléon et les extraterrestres   85

3. *Légal dégoût*

Les papillons de Las Vegas   95
La vie en rose   102
Je vous présente Frank   108
Prisonniers de la folie   115

Treize prisons dans la prairie 122

Le couloir des morts 128

Les exécutants 133

4. Dieu, le docteur et les chiens

Concours de prêche 145

Les routiers de Dieu 149

Une journée d'enfer 156

Love Lab 163

Le bon docteur Biber 170

L'homme qui murmurait à l'oreille des chiots 177

5. Aliens

Des Indiens dans la ville 185

Affaires indiennes 191

L'école des cartes 197

Douglas, port de l'angoisse 203

L'Amérique latine 210

Les « astronautes » de Vancouver 218

Les clochards célestes 225

6. Cimetières

Les Kennedy et la mort 235

La mort lui va si bien 243

La mort en gangs blancs 249

Elvis à mort 255

Le dollar est mort à Ithaca 261

7. Et un peu d'Australie pour le même prix

L'autre côté du monde 271

DU MÊME AUTEUR

Compte rendu analytique
d'un sentiment désordonné
Éditions du Fleuve noir, 1984

Éloge du gaucher
Éditions Robert Laffont, 1987

Tous les matins je me lève
Éditions Robert Laffont, 1988
Le Seuil, « Points » n° P 118

Maria est morte
Éditions Robert Laffont, 1989

Les poissons me regardent
Éditions Robert Laffont, 1990
Le Seuil, « Points » n° P 854

Vous aurez de mes nouvelles
Éditions Robert Laffont, 1991

Parfois je ris tout seul
Éditions Robert Laffont, 1992

Une année sous silence
Éditions Robert Laffont, 1992
Éditions J'ai lu, 1994

Prends soin de moi
Éditions Robert Laffont, 1993
Le Seuil, « Points » n° P 315

RÉALISATION : PAO ÉDITIONS DU SEUIL
IMPRESSION : S.N. FIRMIN-DIDOT AU MESNIL-SUR-L'ESTRÉE
DÉPÔT LÉGAL : SEPTEMBRE 2003. N° 417 (64264)
IMPRIMÉ EN FRANCE